U0002047

The Art of Screen Time

How Your Family Can Balance Digital Media and Real Life

螢幕兒童

終結 3C 使用焦慮的 10 堂正向數位教養課

知名教育記者

安雅 · 卡曼尼茲 Anya Kamenetz 著

謝儀霏 譯

CONTENTS

Part 1 面對孩子，你該知道什麼？

Part 2 身為家長，你該怎麼做？

The Art of Screen Time

How Your Family Can Balance Digital Media and Real Life

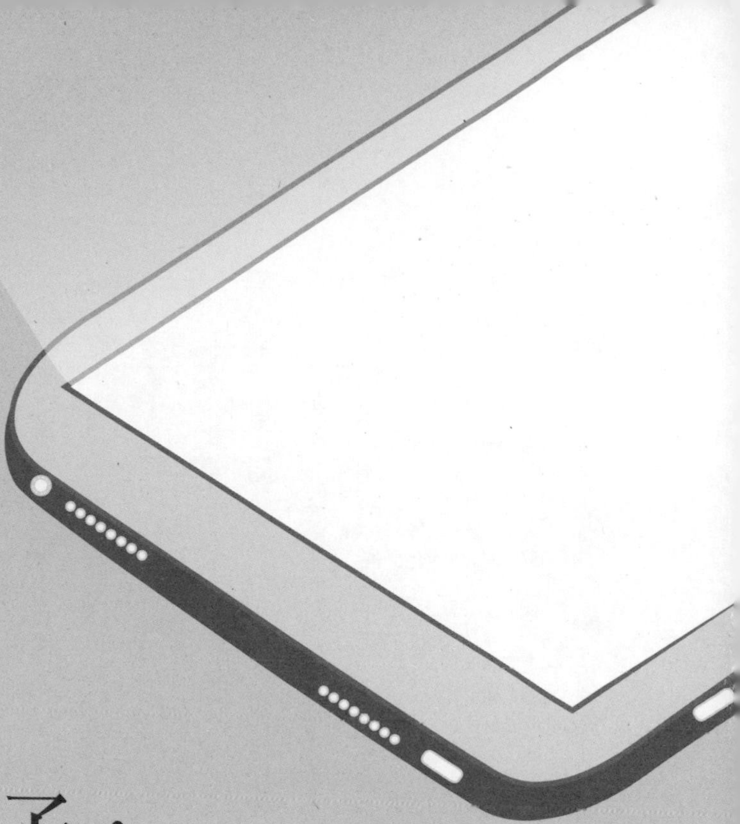

Part 1

面對孩子，你該知道什麼？

Kids and Screens

LESSON 1

訂立目標：善用科技正向育兒

你會拿起這本書是因為好奇。實話實說吧，你對孩子使用 3C 產品有些焦慮，而我也是。我之所以寫這本書，就是要幫助我們這些做家長的人停止焦慮與內疚，並杜絕外界紛紛擾擾的雜音，深入研究 3C 對孩子的影響，最終訂出一個妥善的教養計劃。

但在開始之前，容我先說個故事。

三十多年前，我還只是個黃毛小丫頭。某個深夜裡，我穿著睡衣，坐在爸媽臥室大床的床尾看電視；電視螢幕裡也有一個穿著睡衣的黃毛小丫頭，坐在她爸媽的床上，也在看著電視。

電視裡的電視上跑著片尾名單。電視裡的父母打著盹；我的父母也打著盹。電視裡的電視已到了當日的收播時間，畫面出現美國國旗，播放著國歌。電視裡的小女孩挪動身軀靠近螢幕；我也跟著挪動身軀靠近螢幕。

緊接著，一個恐怖的綠色惡靈從螢幕中的螢幕呼嘯而出。那是一九八二年的恐怖電影《鬼哭神號》（*Poltergeist*）。

那一刻帶給我一輩子的恐懼。

我其實不怕鬼，正好相反，我很喜歡幽靈一類的話題。我在充滿湖泊沼澤的南路易斯安那州長大，中學時還玩過通靈板與降神會（注：歐美流行的一種占卜方式，性質類似東亞的碟仙）。我不怕鬼，但是因為《鬼哭神號》的關係，我對電影片尾畫面感到恐懼。儘管這種恐懼隨著年紀增長慢慢消退，但直到現在，每當電影要結束的時候，我都會起身快步離開。電視影集播完時，我必須趕在Netflix倒數進入下一集前，把視窗關到最小。

二十多年後，我的大女兒第一次接觸到不當的內容是在馬桶上。為了讓學步兒可以在馬桶上坐久一點，久到可以便便，我和先生研究了各種方法，卻一點進展也沒有。其他同為父母的朋友告訴我們，唯一有效的賄賂就是「拿手機給小孩看短片」。

我們在YouTube上找到許多訓練小朋友如廁的影片：美國公共電視（PBS）《小老虎丹尼爾》（*Daniel Tiger's Neighborhood*）節目裡一首琅琅上口的洗手歌、《芝麻街》紅色絨毛怪艾摩很棒的教學短劇、一隻超嗨超熱情說著日文的貓熊。

然後有一天，我不經意點選了一部五分鐘的卡通，名稱就叫做「如廁訓練」，已經累計了幾百萬次點閱。

看了之後我才發現，那是一部極度粗俗的網路劇中的一集，顯然是給弱智的青少年看的。當然，我大女兒很愛，一次又一次地要求我重播。

我想再過二十多年，我的女兒也可能開始養兒育女，要是趨勢沒有差太多，我們到時候都會浸潤在隱隱發光的擴增實境（AR）、虛擬實境（VR）、混合實境（MR）、人工智慧（AI）與物聯網（IoT）之中。我們會二十四小時都蟄居於虛擬化身之中，和有知覺的冰箱交換GIF動畫檔，叫虛擬助理擋掉電話銷售聊天機器人。數位經驗將隨處可見，讓你身歷其境。到了那個時候，黃石國家公園看起來就像今日的紐約時代廣場；而有稜有角、有開關按鈕的實體螢幕將會消失，成為過時的模糊記憶。

我內心那個恐懼的小女孩問：我們該耗費多少心力，來擔憂科技對孩子的影響？接下來這一切將會發展成什麼樣貌？現在，在這個「真實世界」（這個詞彙在二十一世紀初還有其意義）裡，我們該怎麼做？

眾說紛紜，你該聽誰的？

這些問題催生出你手中的這本書。這是一本我希望在自己大女兒出生時，就已經出版的書，一本說理清楚、研究深入、不帶偏見的數位教養書。我在這本書中探討今日幾乎每位父母都會面臨的問題。我希望這本書能成為你完善的資源，因為我們都嘗試在恐懼與媒體炒作的暗礁水域裡航行前進，努力了解日漸重要的數位媒體在我們的家庭生活中、以及在我們的個人生活中，扮演什麼樣的角色。

我並非以不容置疑的專家自居；我只是個試著竭盡所能釐清此事的家長。我有扎實的研究工具，也有撰寫教育與科技相關主題十多年的經驗。二〇一一年我成為人母，我是最早一批在成長過程中有網路的家長，而現在我正在養育的兩個孩子，則是最早一批在成長過程中可以輕易拿到3C產品的世代。

今日孩童接觸數位媒體[1]的平均年齡是四個月，也就是當他們的眼睛聚焦可以超越鼻尖的時候。而在一九七〇年代，接觸數位媒體的平均年齡是四歲。

根據二〇一五年皮尤研究中心（Pew Research Center）的調查[2]，幾乎有半數學齡兒童的父母表示，他們的小孩花太多時間在螢幕上。平均而言，美國的孩童[3]每天花在電子媒體的時間，和花在其他清醒時活動的時間（包括上學）是一樣的。

很驚人。但又怎麼樣？

身為家長，我們發現自己沒有前人的智慧可以參考。或這麼說好了，最關鍵的是，我們沒有足夠的科學證據來回應上述的議題。當身為父母的我們，想努力弄懂這個不可思議的現實時，我認為那些自稱專家的人辜負了我們。傳統權威人士掩飾知識的斷層，退守老套無趣的說法。

我們得不到老一輩的建議，也找不到最新的研究結果。諷刺的是，我們只能上網找答案，不只為了釐清數位媒體在教養上的爭論，還有孩子與我們生活中大大小小的問題。如果要問當今的育兒權威是誰，Google 實至名歸。

然而，媒體為了吸引我們的目光，製造出大量的釣魚文章，有關兒童與3C的既有書籍、文章、影片與部落格貼文，似乎都在描述最糟的情況，目的是激起我們的強烈反應，煽動我們的情緒，好讓我們持續按「讚」、「分享」與「播放」。

而這一點又意味著，數位教養的關鍵問題並不僅僅與我們的孩子有關，也與我們使用數位媒體的習慣有關。你能欣然在虛擬村莊安居，還是受到虛擬暴民的威脅？手機是平衡工作與生活的神器，還是響個不停、令你分心的玩意兒？

這些拉鋸不是什麼新鮮事。過去衛道人士振振有辭地警告大家，要小心提防廣播、電影與電視入侵我們的生活，而這些媒體一一改變了人類的童年，影響力勝過我們手中的小小螢幕。

而現今的行動裝置讓我們能隨身攜帶，觸控螢幕操作起來更加直覺，連兒童都能輕易上手。上一代的媒體如電視和電玩，早就具備麻痺我們、使我們入迷的魔力。套句美國研究媒體對幼兒影響的權威學者，同時也是小兒科醫師的狄米崔・克里斯塔基斯（Dimitri Christakis）的話，媒體會「過度刺激或……不當刺激成長中的大腦」，失控地傳送各式各樣的訊息給家中的孩子。而行動、觸控這兩個新面向，更是增加了我們既有的焦慮感。

在二十一世紀，大部分的家長都必須面對孩子使用 3C 產品所造成的影響，這是當個盡責家長的一部分。如果你不能像控管孩子吃零食的分量那樣控管孩子使用螢幕的時間，那你至少要表現出愧疚的樣子吧！但是，使用 3C 真的和吃零食一樣嗎？

本書探索數位時代親職教養的真實世界。我調查超過五百組家庭，探討像你一樣的家長怎麼訂定 3C 使用的規則、又怎麼違反規則。我也訪談學者專家，我不但能告訴你專家怎麼說，他們哪些看法一致、哪裡見解分歧，我還能告訴你專家私底下以家長的身分，如何約束孩子使用3C。不久之前，關於使用3C最有名的專家建言，是美國兒科學會（American Academy of Pediatrics，簡稱AAP）的「兩歲以下不要看電視」原則[4]。這個原則沒什麼根據，十個家長有九個無法遵守。二〇一六年，這個原則有大幅度的修改[5]，但修改版本也依然沒有什麼根據。

結果看來，關於3C使用的研究，仍有很大的分歧，競爭激烈各據一方。不過就目前有的最佳證據顯示，如果你的家庭功能健全，即便小孩經常使用3C，也不會有什麼問題，因為3C不是毒藥。事實上，許多我們觀察到的3C使用負面影響，和美國社會不平等的現實也有關聯。簡單來說，收入與教育程度偏低家長的子女，年幼時接觸3C的時間較長，也承受較多其他傷害。此外，許多隨著3C與孩童而起的問題，不管是生理的還是情緒的，都可以追溯到像電燈那麼古早的單一影響。

四步驟找出數位育兒的準則

科技無所不在。我們呼吸的空氣中充滿 Wi-Fi 訊號，除了一些小小的次文化之外，並沒有對照組。這是我們所處的現實。如果你想找一本懇求你放棄這一切、搬到緬因州荒郊野外的書，那這本書無法滿足你的需求（不過這種書也沒少過）。請不要醞釀出走的幻想，而是要像科學家一樣思考。我想要把陳封的不理智和恐懼攤開來，在光天化日之下正面對決。而且我也想幫助你這麼做，我要提供你各式各樣的思考工具，讓你可以解析出目前最適合你家的 3C 使用規則。不用害怕未知的惡鬼。

第一步：找出已證實的危害

包括注意力、體重、睡眠、學業，與情緒……等等問題；可能與整體 3C 使用時間相關，或是與某些情況或特定類型內容牽連。我會仔細逐條詢問，以了解你的孩子在學校、和同儕什麼時候會接觸 3C；還有身為家長的你，對於隱私權、行銷、性簡訊、霸凌與其他常見擔憂應該有何種程度的了解。

第二步：探討 3C 在家中扮演的角色

你可能依賴 3C 來當褓姆。使用 3C 產品可能讓你心生罪惡，或導致家庭衝突；要協調與設定一條界線可能又讓人不自在。又或者，3C 可能是家庭暖爐，是樂趣、驚奇、刺激感的來源。有時候以上皆是。我已經開始建議家長們，如何制定並擁有實際的底線，且在不同的情況下，以合理的方式修正。心理學家和家庭治療師都特別強調：在任何議題上，設定底線時若有虛偽或不一致，會造成孩子困惑、甚至憤怒，並衍生出許多衝突。

第三步：身為家長，你如何使用 3C？

也許你覺得一直在待命、覺得被打擾。也許你覺得另一半老是盯著手機螢幕。也許 3C 產品讓你產能大增，也許這些裝置是你逃離家庭壓力的出口。社群媒體可能是珍貴的育兒智慧與助力，也可能是額外衝突的溫床。網際網路與社群媒體對父母來說，可能是強大且必要的；可是一旦失控，也同樣會引發混亂、帶來傷害。

我享受過正向的那一面。我花了兩年的時間治療不孕，才懷上大女兒，後來又經過一年的療程，才懷了小女兒。那段期間，線上論壇與臉書社群對我來說是不可或缺的虛擬世界啦啦隊。討論區的女性完全能了解那些我不想對任何人說的血淋淋細節，包括我的先生、家人與朋友。沒有她們，我無法撐過受孕或懷孕的這段時期；而我永遠都不會知道她們多數人的真實姓名或身分。

然而，我們用來連結的平台既不友善，也不中立。我曾擔任科技線記者多年，我太清楚這個舉足輕重的產業真心只想抓住我們的注意力，並且左右我們這些家長的選擇。有句話是這麼說的：如果你不是消費者，你就是商品。

你或許會想改變上網的習慣，或乾脆不用3C。一旦做出判斷，你可能會試圖改變家人的習慣，限制使用的時間、地點、場合、內容、先後順序，以及特定活動或媒體類型。我會參考其他家庭制定與奉行的實際案例，提供你可行的解決方案。這些方案成效不錯，可以從任何年紀開始。

第四步：與孩子一起挖掘3C的樂趣

沒錯，我說「樂趣」。特別在共享的時候，3C時間有好處、也很有意義，在創意、情緒、認知等面向都是如此。對於當前四散各地的家庭，或對許多在處理離異、或其他分離狀況的家庭而言，3C可以將家庭關係編織得更緊密。只要多點心思，你可以選擇如何使用網路或社群媒體，幫助你成為理想中的父母。本書有一部分的內容，是在告訴你該如何善用研究資料、權衡證據、評估建議來輔助你做決定，不只是關於3C使用時間，大多數的事情也是。這點十分重要，在這個資訊爆炸的時代，我們更應該要好好探究資訊來源及信任對象。

家長、未來的父母、祖父母、教育人士、導師們，這本書是為你們寫的。把這本書當作討論與反省的出發點，去探索你的感受，並決定如何在數位時代中養兒育女。

享受3C，一起參與，適可而止

我們應該如何描述3C對兒童的影響呢？

其中一種說法是，3C對兒童的影響就如同抽菸對兒童的影響，沒有什麼安全暴露等級可言，碰到一點都不行。有位父親曾對我坦言，說他覺得自己讓學步期的孩子看螢幕的每一分鐘，都在累積他的「壞爸爸愧疚值」。尤其是那句醫生建議、大眾擁護的「兩歲前不碰螢幕」，讓許多家長自此共享這份愧疚感。

另一種則是將3C比擬為飲食。的確，進食過量會引發疾病。沒錯，每個人生活中都會來點垃圾食物，但是認為每一口都有毒就太超過了；當然，除非你屬於嚴重過敏的少數敏感族群。而當我們談到特定媒體產品時，例如暴力內容或電動玩具，我認為同樣敏感的族群確實存在。同時，我們可以體認到食物是必須的，適切的食物能讓人心花怒放、有食補效果、又能養生。藉由思考你要用什麼行為當榜樣，該如何介紹食物給孩子，在分享如何烹飪與享用美食的過程中，你可以協助孩子養成充滿樂趣的畢生習慣，3C的使用也是一樣。

研究報告可以幫助我們做出更好的判斷，積極的宣傳者會不停呼籲分級標示要更清楚的重要性，而公眾教育與管理規範的推廣，也能發揮一定的影響力，慢慢改變大多數人的習慣，至少對那些有餘裕做更好選擇的人是如此。但這不容易，因為我們深層的演化系統挑戰我們選擇的意志，因為社會結構上的不平等讓很多人不容易改變。

而我準備引用大衛・希爾（David Hill）醫師所說的話。他為人和藹可親，喜歡打蝴蝶領結。他負責把美國兒科學會的各種立場傳達給媒體。他說：「用飲食做比喻，減害似乎抑制了肥胖症的擴散。另一方面，以香菸做比喻，確實不論什麼年紀都沒有安全暴露等級。我個人認為，飲食的比喻更為適切。」

目前還沒有一套有憑有據的建議告訴我們：「健康的 3C 使用就是要……」

但我已經有自己的觀點，套用美食作家麥可・波倫（Michael Pollan）的名言[6]：

「享受 3C，一起參與，適可而止。」

LESSON 2

找出負面影響：科學證據

上一份針對美國兒童與媒體的研究報告，是早在一九八二年發表的〈電視與行為〉；由美國國家心理衛生研究院出版，聯邦政府出資[7]。在那之後，各式各樣新的問題陸續浮現，也出現了許多針對幼兒與平板的研究，與新媒體帶來的社會影響觀察。但這些研究都還不成氣候，成天脣槍舌戰、互丟泥巴——如果你想這麼形容，簡直像是還在鬧脾氣的學步半獸人階段。

不只是身為父母的我們感到困惑，專家們也都各說各話、見解南轅北轍。狄米崔・克里斯塔基斯說：「真正的挑戰是找出健康的 3C 使用原則，以及健康的 3C 使用量。」（我在二〇一五年第一次見到他和其他本章提到的研究者是在加州大學爾灣分校，一場由「兒童與 3C：數位媒體與兒童發展機構」主辦的研討會上。「兒童與 3C」正致力於這些主題，開創嶄新、跨領域的研究議程。）

克里斯塔基斯和藹可親，鬢髮灰白，戴著眼鏡，是華盛頓大學的小兒科教授，也是西雅圖兒童醫院兒童健康、行為及發展中心的主任。他撰述了許多關於電子媒體對幼兒影響的基礎研究，也參與制定了那條大多數人都很熟悉的兒童3C定律：美國兒科學會一九九九年建議的「兩歲前不看電視」。而在二〇一六年，這則建議重新修訂——我們之後會再談到。

如果3C如同飲食，那聽聽醫師怎麼說3C對身心的影響，很合理吧。我很快就一頭栽進去，發現大部分針對兒童與3C的既有科學文獻，讀起來真的很像一份讓父母夜不成眠的焦慮清單：肥胖、睡眠品質不佳、攻擊行為、注意力缺失。這一連串的焦慮，部分反映科學跨領域科目間的系統性偏差；從實驗怎麼設計、怎麼進行，到發表了哪些研究，以及哪些研究後來會被媒體報導都是。

丹・羅莫（Dan Romer）是賓州大學安納柏格公共政策中心青少年溝通研究院的主任。「每次只要有新科技出現……就會引發擔憂，」他這麼對我說。「很多研究為了發表，都會把重點放在危害。」強調3C與負面影響有關的實驗，會比沒有顯示任何結論的實驗，得到更多關注；而那些顯示3C有益的實驗，一開始就比較不會被構思或進行——這一點在本章與下一章討論的所有領域都適用。

「我們可以提出初步建議，但證據卻相當有限。」梅琳娜・昂凱佛（Melina Uncapher）表示，她是加州大學舊金山分校年輕有為的神經科學家，參與制定關於孩童與3C的國家研究議程，戴著貓框眼鏡，氣質迷人。

問題是，昂凱佛告訴我，將來科學發現孩童與3C的真相會持續地受限，並不只是因為缺少資金，或是遭產業反對——而是這個問題的本質。

科學證實的困難

科學證據的黃金準則是隨機對照試驗，研究者將受試者隨機分成兩組。一組獲得治療（可能是某種藥、某項運動、或什麼都好），而另一組得到某種安慰劑、或什麼都沒有。如此一來，研究者就可以解釋兩組之間原先沒察覺到的差異。

但是隨機對照試驗不見得適用在人類受試者身上。你不能隨機指定孕婦去吸古柯鹼，只是為了想知道會有什麼後果。當然，你也不能隨機指定孩童去看電視。

「如果一開始研究顯示出X和Y有關聯，而且是負面的——比方說，同時用3C處理多項任務的人似乎比較容易分心——那就意味著負面關係可能是原因本身。」昂凱佛說，「這麼一來，國內沒有任何一個倫理委員會，會允許你把孩童放在可能導致負面認知改變的情況中。」

小孩很脆弱。3C很可能有害。所以你不能做對照試驗，讓小孩接觸更多3C。因此，「多數現有的研究都顯示它們有關聯。至於是否為因果關係，我們不太能確定。」

如果你不能藉由干預研究讓孩童看更多電視，那麼能不能做限定時間的研究呢？

克里斯塔基斯做過，行不通。「以前我們做過3C減量的研究，」他說，「很痛苦，因為你花了大把的精力，最後只達到大概一天二十分鐘的效應值。這麼說吧，花了四個半小時到四小時，只得到十分鐘。」簡而言之，要讓眾多家庭為了科學實驗而改變生活型態，實在是太難了。他說，身為研究者，這實在很令人沮喪。「會覺得自己到底做了什麼莫名其妙的研究啊？」

好吧。那自然實驗法呢？我們的社會裡有些族群是會限制3C使用的，比方說亞米許人（注：Amish，基督教門諾派的分支，信徒們謹守教會嚴謹的價值觀過活，不使用電力、抗拒現代科技，自給自足與世無爭）、正統派猶太人（至少一週一天）。其他宗教團體像是福音基督教會，他們可能不收看主流商業媒體，但也發展出獨家的電子媒體（像是電腦動畫《蔬菜總動員》〔*VeggieTales*〕）。華德福學校（注：Waldorf School，分布全球的另類教育學校，目前有一千兩百多所。注重實踐活動、發展自由精神）的家庭，以及一些自學家庭努力限制3C的使用。不過，這些族群都有其他的共通點：他們在很多方面都屬於非主流族群——文化上、政治上、經濟上皆然，讓我們很難歸納出不用3C，對這些族群和孩童會有什麼樣的影響。

從嬰兒開始，我們容許3C使用成為唯一一眼就能認出的活動，還遙遙領先其他嬰兒可以做的事。全世界皆如此，這儼然是個巨大的實驗，而且基本上根本沒有對照組。

在盡可能把這點納入考慮的前提下，本章將針對眾多媒體影響孩童的研究，探討其中公認最佳的調查結果，以及檢視既有的最大問題。

此外，還有一系列讓研究者在意的心理、社會、兒童發展、行為與情緒議題，儘管沒有足夠證據，但似乎也與3C使用日益頻繁有所關聯。這個部分將會在第三章著墨。

緊接著在第四章，我們會了解年輕人強大適應力的正面證據，他們對無所不在的數位科技很快就上手；以及科技如何協助兒童克服差距、學習、創造，並與他人連結。所以——讓我們漸入佳境吧！

電視與時間

目前我們手上所擁有的大量螢幕影響兒童的證據，多半要回溯到幾十年的電視媒體研究。就某方面來說，兒童進行最多的媒體活動，本質上還是被動地看影片[8]。但是研究者懷疑，互動式多媒體（遊戲、APP、社群媒體等）和電視天差地別。他們對於互動式多媒體比較有害還是比較有益，甚至能不能概括而論，見解也不一致。當然，從大眾的觀點來看，智慧型手機和平板當道的時代和從前大不相同，如今3C已經占據了我們的生活，耗盡了我們所有的時間和精力。我們醒著的每一刻，3C產品都在唾手可得的範圍之內。

手機與平板深具個人風格，和電視這個家庭電子壁龕相比，沒那麼公有、共享；另一方面，手機和平板是溝通與創作的工具，不單單是被動吸收資訊的入口。即使我們的孩子做的事情和當年的我們差不多，像是看看《芝麻街》，他們的行為也很不一樣，他們會在YouTube上直接點選最愛的片段、跳過廣告、收看一集又一集（再一集）。

就研究困難這點而言，父母教育程度、父母收入、父母自我效能[9]（相信自己能勝任父母一職）全都和小孩使用 3C 的時間多少有關。如果收入、教育程度好、較有信心的父母具備必要資金來限制 3C 使用時間，那麼就 3C 使用時間和對孩子好不好的互相關係，媒體本身的影響其實沒什麼差別。研究者能夠嘗試控制這個讓人懷疑的因素，但沒辦法百分之百成功；特別是許多案例中的倫理法則，讓他們無法隨機指定兒童去接收不同數量的媒體訊息。這也意味著，如果站在社會的角度，我們擔心使用 3C 時間過多、想減輕危害，大概就需要更多社會資源來協助低收入家庭，尤其是那些一手撐起家計的單親媽媽。

一直開著電視

時間是所有研究中都會提到的主要影響。

差不多從嬰兒發現自己的腳趾開始，螢幕就是他們世界的一部分。我小女兒大約八週大時，就會對著 Google Hangouts 裡的爺爺奶奶微笑。

當然，電視在我們的生活中存在已久。有些研究者認為，過去五十年來，整體的收視時間頗為穩定。但是出了家門仍繼續使用 3C，卻是全新的現象。接觸3C節節上升的趨勢，多半都不是過去四十年來漸進地發生，而是在過去十五年間異軍突起。

二〇一一年有個針對九千名學齡前兒童的調查[10]，這些三到五歲的孩童，平均每天四・一個小時有3C為伴。報告指出「學齡前兒童使用3C的時間漸增，超過了建議量，也超過了之前的估計值」，但這樣的陳述只是輕描淡寫。而且這個數據還是根據家長與照顧者的敘述而來；合理推測，他們應該常常對總時數避重就輕。

這些孩童通常每天睡眠時數是十二個小時；平日，他們一天內能見到上班父母的時間，不超過兩個小時。

雅爾達・沃爾斯（Yalda T. Uhls）是兒童心理學家，也是《媒體媽媽，數位爸爸》（*Media Moms & Digital Dads*）的作者，我請她說明一下這個數字。「有些家庭根本不用3C，」她說，「但同時，也有許許多多不同類型的家庭存在。很多人回家就只做一件事——打開電視，讓它一直開著……絕大多數的美國家庭介於中間，而這個中間值大概就是一天四到五個小時。」

一份二〇〇三年的研究發現，三分之二有[11]六歲以下孩童的家庭，電視開著的時間，至少占他們清醒時間的一半，即使沒有人在看。而另外三分之一的家庭，電視「多數時間」或「幾乎全部時間」都開著，這三分之一家庭孩童的閱讀量比其他孩童少，學習閱讀的能力也比較遲緩。

誰需要電視褓姆

要讓家中的幼童有事做，還要確保他們安全無虞，家長又不用花太多心力介入，最簡單也最容易的方法就是開電視給他們看。那麼，哪些人會一直開著電視，又在什麼情況下會打開？

■有很多小孩要照顧的人。
■沒有錢買很多玩具或兒童讀物的人。
■疲累、體弱、忙碌、必須工作或做家事的人。
■沒有受過幼保訓練、無償照顧、或是別無選擇只能帶小孩的人。

我可以請褓姆不要開電視，因為我付給她不錯的時薪接送小孩去跟朋友玩、去畫畫、烤杯子蛋糕、讀故事書。但如果我是拜託鄰居暫時幫忙看一下孩子呢？電視肯定就上場了。

小孩就學後，空閒時間少了一點，看電視的時間就會稍微減少。但是到了小學畢業，智慧型手機使用增加，傳訊息、聽音樂、打電動、影像留言等等，加上用電腦做功課（上述活動多半同時進行），3C的使用又提高了。針對兒童與青少年使用媒體的調查統計資料，最常被引用的是非營利組織「常識媒體」（Common Sense Media）二〇一六年的普查[12]，調查發現九四％的青少年與少年每天都會花點時間使用3C產品。電視這個老朋友還是遙遙領先：四個青少年有三個，每天看電視超過兩個小時。

用多久算成癮？

所以，我們知道小孩花很多時間在3C上，但是我們不知道合理的界線在哪裡，也不知道危險的量是多少。

克里斯塔基斯認為，既然小孩花這麼多時間在3C上，我們可以把3C風險分成兩大類來思考：使用3C的「直接影響」與「取代效應」──畢竟花較多時間在3C產品上，花在其他事物上的時間就變少了。「即使使用3C對健康無害，用量太極端也不好，因為會排擠其他的重要活動。」他告訴我，「對成年人來說也一樣，對幼童而言更是，因為孩童對3C的上癮特性毫無招架之力。」（之後我們會討論到成癮的問題。）

提出「兩歲前不看電視」建議的另一位共同作者維克多・史特拉斯伯格（Victor Strasburger）說：「研究有個漏洞。」他比克里斯塔基斯粗獷一點，是新墨西哥大學醫學院的榮譽退休教授，也是這個領域的另一位重量級人物。「如果玩電腦、滑手機、用iPad等等都算的話，我們對於3C使用量怎麼計算沒有好的對策。也許是一天四或五小時，也許用電腦做功課的時間不算、或還是要算，我們其實不知道。」

刺激與模仿

我們的孩子使用3C的時間遠超過所有其他活動，事實上大人也不遑多讓。兩個大問題：為什麼？那又怎樣？

至於為什麼，克里斯塔基斯和研究這些問題的其他人假設，電視螢幕與觸控螢幕容易讓人上癮的原因大相逕庭。

以電視而言，這個現象很容易解釋：人類有「朝向反射」（orienting reflex）的機制[13]。當我們看到新奇景象或聽到新的聲音，便會轉過頭去，看看到底發生什麼事。從演化的角度來看，原因顯而易見，這個機制在提醒我們注意環境中的危險，或是看看有什麼潛在獎賞。

而年紀較小的人類比較不能壓抑這種反射；他們對於刺激的反應更加不由自主，他們更容易目不轉睛地看。如果你有盯著小嬰兒的眼睛看過，就知道我在說什麼。他們的專注時間很短，而電視利用重複的架構，反覆提供不停歇的新鮮感給我們。

當「兒童電視工作室」（Children's Television Workshop）[14]在一九六〇年代製作《芝麻街》時，做了一些測試，看看什麼最能抓住小朋友的注意力。答案是：快速剪輯。現今兒童電視節目平均每一到二秒就編輯剪接、遙攝、或變焦鏡頭。所以電視帶給這些小視聽者的刺激，基本就是讓他們納悶：「東西跑到哪裡去了？」

等到小孩兩歲左右，他們可以認出螢幕上《海底總動員》的多莉，並且在真實世界裡模仿她的動作。孩子開始像我們一樣看電視，甚至比我們更誇張——他們密切關注角色與故事，一遍又一遍地看自己最愛的內容。幼童通常都對重複很著迷。他們渴望秩序和常規，那有助於他們學習新詞彙與概念，並能在混亂與有時候駭人的世界裡，提供可預測的標準。電子媒體，不管是錄音、錄像、重播或重放，都能全然滿足重複的需求。

學齡前兒童沉迷流行文化的程度，比御宅族cosplay動漫角色更誇張。有些媒體研究者提出假設，認為孩童和人物角色間有「擬社會」的關係[15]，孩子們視角色為充滿個人魅力和影響力的「超級同儕」（superpeers）——不管是他們用擁抱來解決問題，或是動手打妹妹。

絕對的吸引力

一九七六年，兒童心理學家布魯諾．貝特罕（Bruno Bettelheim）發表了有關童話的開創性研究——《童話的魅力》（*The Uses of Enchantment*），正如他在書中所言[16]，幼童發展初期的心靈有場硬仗要打，而童話故事扮演著相當重要的角色。兒童處於想像力與認同形成的階段，這個階段既美妙又可怕。他們正在形成認知、命名事物、克服自己暴走的情緒、培養社會意識、編織力量支配的綺想；而在這個世界裡，他們還太渺小太脆弱。超級英雄、公主、會說話的動物成了他們美夢與惡夢的素材。但和我們曾祖父母在火爐旁娓娓道出的故事不同，影像化故事所帶來的圍繞感，是否會遮蔽想像力的心靈之眼，確實有點令人擔心。

克里斯塔基斯認為，有了電玩和APP這些活潑有趣的東西，動態螢幕的吸引力便更加複雜了。小孩一個舉動就會有回應，其實和把玩具從高腳椅上丟下去、要別人撿起來沒什麼太大的不同，只不過速度更快、更頻繁、更沒完沒了；大腦內的多巴胺路徑被活化了——多巴胺是種神經傳導物質，與尋求獎勵相關。最後，對於少年與青少年而言，電子媒體是條救生索，連到他們最渴求的經驗：刺激、可以獨自探索的空間，以及時時刻刻與同儕聯繫的管道。

這就是媒體「為什麼」會有吸引力了，大致上可以這麼說。至於「那又怎樣」，就比較複雜了。「研究媒體就像在研究我們呼吸的空氣，」史特拉斯伯格表示，「媒體無所不在，很難歸整出媒體確切的影響。」

看電視的老鼠：大腦發展實驗

克里斯塔基斯力勸我們考量幼兒接觸數位媒體密集刺激可能造成的「深遠影響」——畢竟成長最初的那幾個月和那幾年間，幼兒大腦正在形成最高密度的連結，也正在發展核心功能，如注意力和記憶力。「有沒有可能過度、或不當地刺激了正在發展中的大腦呢？」他其實不是在發問。他和其他研究者都懷疑這是有可能的，但還不確定。

幼兒時期是大腦發展最快速的階段。如果真的因為使用3C造成大腦劇烈的變化，你可能在孩童五歲前就會看到3C造成的最大影響。出生到兩歲期間，連結神經元的突觸會經歷「綻放與修剪」的過程。為了進行大幅度簡化，我們根據最早的經驗讓連結過度生長，然後開始一段修剪、去蕪存菁、強化的過程，這個過程會持續到青少年以後。

沒有孩子年紀小到無法真正「理解」媒體這回事。在克里斯塔基斯的演講中，他強調了一些播放古典音樂給新生兒聽的實驗。實驗中的新生兒才出生一天，就會對莫札特的婉轉和悅或史特拉汶斯基的狂熱張力，表現出明顯不同的呼吸節奏。

為求更了解極端的3C刺激可能會對發展中的大腦造成什麼影響，克里斯塔基斯強迫老鼠花整個童年收看「老鼠電視」[17]。從出生第十天起，每天六小時，連續四十二天，那些小老鼠受到無止境的吱喳樂音與閃爍彩光的轟炸，整個視聽環境像極了拉斯維加斯的賭場。

慈悲的十天休息期之後，牠們接受所謂的「開放空間測驗」（open field test）。

如果你把普通的老鼠放在空曠的空間，牠們會謹慎地繞著邊緣走，聞聞嗅嗅、停下來聽聽看看，只有在非常少數的情況下會溜到中間，因為中間位置會讓牠們更容易受到獵食動物的攻擊。

相反地，看「老鼠電視」長大的「電視老鼠」行徑放蕩不羈。牠們過動地以之字形移動，不管有沒有風險，移動路徑就像是瘋狂的亂塗鴉。這代表牠們無法抑制反射，也有人說這是執行功能出了問題。

這意味著什麼？這頗具啟發性，針對人類的初步大腦研究也是如此，比方說有個針對習慣性重度媒體多工年輕人的研究，報告顯示這群人中樞神經的「白質」（white matter）減少，或腦部連結的密度下降。

你該搞清楚的事：風險與傷害

好。從一個不想驚慌失措的母親立場，我要告訴你：不要慌。是的，小孩花很多時間在3C上。是的，他們覺得3C超炫。是的，接觸3C，就和其他體驗一樣，都會影響他們發展中的大腦。

我們真正想知道的是，對於一般孩童的可能影響以及最壞的情況，科學研究是怎麼說的？還有應該注意哪些徵兆，好看出你的孩子是屬於一般收放自如的、還是特別容易受影響的？

桑妮雅．利文斯通（Sonia Livingstone）在倫敦政經學院媒體與通訊學系研究這些主題，她明確地區分了風險和傷害。

我們知道小孩坐車不繫安全帶會有受重傷的**風險**，但那並不代表身體**傷害**的肇因是坐車不繫安全帶。風險會隨著每趟旅程逐漸升高，但還是有可能不會造成傷害。

我們也可以觀察到，許多風險隨著個體差異而有不同。給小孩吃花生風險很高，因為你不知道小孩的過敏狀況；但如果小孩吃過了一次、沒有傷害，風險就小了很多很多。

最後，風險評估。嚴格說來，這是把任何特定事件的可能性和該事件的嚴重性集結起來整合，並且權衡行動方案的那些潛在成本與利益。

以這個分法為基礎，在科學文獻中關於 3C 最根深柢固的負面影響就是常見的睡眠、肥胖、攻擊行為、注意力失調、認知，特別是學業表現。下一章我們會討論一些比較沒有那麼既定，但潛在來說還是嚴重的風險：嚴重精神失調（如成癮）、自閉症類群障礙的互動，以及自戀、焦慮與其他情緒障礙。

現在，我們來合理評估看看這些風險。讓小孩待在室內看電視和打電動，即使一天時間長達八、十、十二小時，**對多數孩童、在多數情況下**都比較安全——比讓他們沒人管、在馬路上玩還安全；也比讓他們吸二手菸、或搭車不繫安全帶都來得安全。

研究者也懷疑，擋不擋得住最壞的負面媒體影響，個人的差異相當關鍵。換句話說，對很多小孩而言，花生不過就只是花生而已。

公認的正面關係則有入學準備度佳、整體認知表現好、自閉症與注意力失調與其他學習障礙有所改善、以及其他的正向社會與情緒結果。這些都和整體3C使用無關，而是和接觸特定的媒體種類有關。

而在一些實驗裡，部分數位媒體造成的問題，在其他實驗裡被不同的、刻意設計的數位媒體解決了。這些既令人寬慰、又教人害怕的發現，直指著孩童絕對會從媒體學習，並受媒體的引導。史特拉斯伯格表示，「小孩就像海綿。他們會從媒體學習，也可能會被媒體塑形。」也就是說，3C可能很重要，不只是我們小孩花多少時間在上面，還有他們吸收了什麼內容、如何使用。「自一九八二年國家心理衛生研究院的報告以來，什麼都沒有做。」史特拉斯伯格說，「這實在很丟臉。很難相信當小孩每天花七到十一個小時在各式各樣的3C活動上時，我們沒有更仔細地探討個中影響，思考如何對社會有利，並把負面影響降到最低。」

負面影響Ⅰ：睡眠

針對兒童與3C使用所進行的研究中，最顯著的相關性就是3C和基本生活需求間的關係，也是常見的親職戰場：睡眠。紐約州立大學石溪分校的預防醫學教授蘿倫．海爾（Lauren Hale）過去十年一直在研究這個互動。她總結了證據：「孩童與成人盯著螢幕看時，螢幕貼著臉，藍光在眼中閃爍，因而延後就寢，且需要更長的時間才能入睡，睡眠品質下降，整體睡眠時間減少。」

有個針對兩千零四十八名四年級和七年級學童的代表性調查[18]指出，臥室裡有電子裝置的學童，睡眠時間比那些沒有的學童每晚平均少二十．六分鐘。針對成人的類似研究[19]也證實了這個看法：夜間，當你的智慧型手機愈靠近床邊，你的睡眠時間就愈少、睡眠品質也愈差。

學習低落

「睡眠是學習最基本的要件之一。」小兒科醫師珍妮．拉德斯基（Jenny Radesky）告訴我，睡眠會影響記憶力，對兒童尤其重要。「就像製作果凍，你得把半成品放冰箱冰一晚，讓它凝固。」

研究者確信3C對於睡眠的影響，也非常了解3C如何影響你的睡眠機制。有兩種：其一是曝於光下，特別是螢幕的藍光[20]；藍光很像日光，會抑制褪黑激素的分泌。（褪黑激素是大腦腺體所製造的一種荷爾蒙，而分泌它的腺體確切來說是松果腺，位置介於你的兩眼之間。）螢幕離你的眼睛愈近，就有愈多光線進入。

日落後好幾個小時暴露在這種光線之下，會讓我們失去晝夜節律，也就是生理時鐘會亂掉，在適當時間入睡變得更困難。如果你把手機或筆電放在床頭櫃，半夜醒來時就更可能去查看螢幕，這樣更糟，會讓你更清醒。

隨著3C而來的第二種剝奪睡眠機制，是壓力荷爾蒙可體松分泌過盛[21]。這裡的重點不只是螢幕本身，而是3C讓使用者接觸到激情興奮的體驗，諸如臉書上的酸言酸語、飛車追逐的極速快感等。疲憊時，身體也會分泌可體松，產生反彈作用，讓我們從疲倦轉為興奮。小孩過了該上床睡覺的時間，還在房間跳來跳去，就是可體松在作祟了。

「一想到不睡覺的小孩，你腦中浮現什麼？」麻薩諸塞大學阿默斯特分校家庭研究中心的芮貝卡・史賓塞（Rebecca Spencer）問我。「不是脾氣暴躁就是瘋瘋癲癲。」她正在進行為期五年的研究[22]，對象是社經背景不一的六百名孩童；

從他們讀幼兒園起，試圖找出他們的睡眠模式與在學表現之間的關聯。她很快地發現3C時間是個因素。史賓塞的研究中，有超過六五%的孩童臥室裡有電視。有些幼兒園很看重午睡，而有些幼兒園允許不睡覺的孩童玩平板。史賓塞說，失去的睡眠不見得補得回來。「失去的睡眠會累積，可能會影響這些孩子的表現。」史賓塞表示，「未來我們更應該把這些科學發現應用在孩童身上。」

負面情緒

根據大量研究，睡眠品質不佳和一連串身體、情緒與心理問題有關——憂鬱、焦慮、肥胖、學業不佳、注意力不足、易怒、脾氣火爆，甚至免疫力下降。除了最後一項，其他或多或少都和使用3C的弊端清單一模一樣。所以，如果睡眠不足和所有負面結果有關，而使用3C又和更嚴重的睡眠不足有關，那麼研究者認為，許多與3C使用有關的負面結果，可以直接歸咎於缺乏睡眠。

也因如此，像海爾這樣的睡眠研究者，有時會覺得自己像在一間四面鋪滿軟墊的安全病房裡吶喊，「我真心覺得這件事被忽視了！」海爾說，「我覺得，等等等，總得有人站出來捍衛睡眠吧。這是主要途徑，如此我們才能看到小孩的改變有結果。」這則「至少睡前一小時不准用3C、臥室裡也禁止出現3C產品」

的建議，可能是每個家庭裡最重要、也最有效的3C法則，不管你有沒有小孩。

談到眼睛，一九七〇年代以來，美國近視人口增加了三分之二[23]，亞洲更多。科學家不確定原因為何，也還沒有全怪在3C頭上的把握。但是，很多研究都發現，花比較多時間在戶外的幼童，可以防止這樣的情況發生。在相關的脈絡下，眼科醫生一直在警告大家「電腦視覺症候群」（computer vision syndrome）[24]（盯著螢幕藍光導致的眼睛疲勞）的嚴重性，也力勸孩童與成人每使用3C二十分鐘，就要休息二十秒，注視至少六公尺以外的景物。

負面影響II：肥胖

繼睡眠後，針對兒童與3C的研究中，公認排名第二的負面影響就是兒童肥胖。

事實擺在眼前，無論哪個族群，一天看電視超過兩小時[25]，肥胖的風險就會增加一倍。而且，別忘了，學齡兒童看電視的平均時數是一天四小時。

這絕對不是什麼肥胖羞辱或肥胖恐慌，環肥燕瘦都有可能是健康體態；在孩童成長階段，體重的波動也屬正常現象。此處我們談論的是可能對孩子構成危險（慢性疾病、壽命縮短）的體重。過去三十年來，孩童的肥胖比率增加了一倍，青少年更是增加了三倍，孩子們也因此罹患疾病[26]。第一型糖尿病是遺傳疾病[27]，舊稱幼年型糖尿病，現在已經不用這個名稱了，因為有太多小孩罹患和生活型態有關的第二型糖尿病。「如果你一天花兩小時以上在電視機前面，肥胖的風險相當高，而且風險會從小到大一直存在。」史特拉斯伯格說。

原因不明

3C為什麼會讓小孩變胖？和睡眠不一樣的是，研究者不太確定。令人驚訝的是，他們還不能證實你腦袋裡迸出來最理所當然的解釋：所謂的沙發馬鈴薯假設。也就是說，並沒有明確證據顯示，看電視看很凶的小孩花比較少的時間動動身體或在戶外玩。就如克里斯塔基斯所言，用蠟筆著色和看書也都是靜態的活動。不過加拿大小兒科醫師兼該國兒童肥胖基金會的創辦人湯姆・瓦沙斯基（Tom Warshawski）告訴我，看電視的極致被動狀態，確實比其他清醒時做的活動燃燒較少卡路里。

不過，3C和體重之間關係的可能解釋，其實要來得更微妙、複雜、互有影響，也是媒體研究很常見的主題。

其中一種假設是這樣的：看電視的時候，小孩會吃比較多零食。我聽過許多挑嘴幼兒的家長承認，他們用餐時會打開 iPad 讓小孩分心，這樣就能把食物一口一口塞進他們嘴裡。這是權宜之計，但有風險存在，因為你讓孩子處於無意識的咀嚼狀態中。

研究者告訴我，也有可能遺傳上體重容易過重的孩童，由於某種未知原因，天生就比一般孩童更愛看電視。也許他們有非常節儉的新陳代謝基因，而且更容易感到疲倦。

研究者相信，3C 影響身體的另一個重大因素，就是廣告。「小孩一邊看一邊吃，吃出現在電視上的食物，」瓦沙斯基醫師說。「電視是為了行銷創造的。而九〇％行銷給小孩的食物和飲料都不健康，脂肪、鹽、糖都過多。」

廣告限制

「從食物偏好和點餐內容來看，就可知道這些廣告發揮了作用——孩童選擇那些食物的機率很高。」西北大學研究員愛倫・瓦爾特拉（Ellen Wartella）這麼說。她曾參與許多政府出資的委員會，針對媒體與肥胖的問題提出建言。她的政策重點是要求食物產業自行立下規範、重新配製食物和菜單；如在小金魚餅乾裡添加全穀物，或在麥當勞快樂兒童餐裡加入水果。還有一些準則與自發協議，要求受歡迎的「超級同儕」角色只能為健康（或至少比較健康）的食物打廣告：比方說，海綿寶寶可以代言添加維他命的水果零嘴，但甜滋滋的果漿吐司餅乾就不行。

近年來兒童肥胖比率趨於穩定。有些研究者認為部分原因來自電視被APP或電玩取代，但理由其實有點莫名：小孩的雙手都忙著打電動，沒空無意識地吃東西。此外，看隨選視訊（注：VOD，Video On Demand，一套讓使用者透過網路選擇影片的系統，台灣在相關法規實行後改名為MOD）時可以跳過廣告，或許也有關聯。

不過，瓦爾特拉還沒有把握宣布勝利。即使數位電視與影音串流戰勝了零食廣告，垃圾食物公司也推出了線上的「廣告遊戲」（advergames）來反擊，像是Oreo餅乾的網頁遊戲「Oreo Extreme Crème Control」等，就利用爆紅影片與社群媒體行銷，集中火力猛攻青少年族群。「他們讓小孩有事做，有互動，」瓦爾特拉說，「針對這些手法，我們手邊的資料比較少。」

美利堅大學溝通傳播教授凱薩琳・蒙哥馬利（Kathryn Montgomery）長期投入議案遊說，呼籲針對兒童的廣告應該要有更嚴格的限制。她指出，廣告商資料豐富，掌握吸引兒童各式各樣的手段，但獨立研究者手上卻沒有這些資料。「要讓產業負起責任，特別是食品業，一直以來都是場拉鋸戰。」她說，「廣告從各種平台滲透，四面八方直撲兒童而來。」

其他負面影響：暴力

有關3C的影響，肥胖和睡眠是研究者最有信心的部分。本章其餘的內容將談談各位家長還擔心什麼，以及專家正在進行、但還不那麼確定的研究。

- 注意力不足過動症（ADHD）
- 數學及閱讀考試分數較低
- 在校表現變差
- 攻擊行為
- 憂鬱

這些是3C造成的嗎？還是因為3C而惡化？不當內容是元兇還是幫兇？

不停有研究指出可能是 3C 惹的禍，但即便如此，也都只有非常非常少、少到幾乎察覺不出來的量。這麼少的量基本上適用人類行為絕大部分的複雜地帶，而且也很難去證明其中的因果關係。

攻擊行為

就拿暴力為例吧。一直以來只要談到情緒和心理反應，暴力內容和攻擊行為之間的關聯，是媒體影響研究中最常被研究的組合。並不意外，這也是該領域中最有爭議的一部分。

愛荷華州的道格拉斯・簡泰爾（Douglas Gentile）是該主題頂尖的專家。他不愛出鋒頭，戴著細框眼鏡，有點神似《辛普森家庭》裡的魯肉王（Ned Flanders）。「我知道，我看起來比較操老，」見面時他開玩笑說：「但我是兒童心理學家。」

他對媒體暴力這個主題非常認真。「這件事我們研究了五十幾年了，知道的也不少。衛生研究院（NIH）、國家衛生基金會（NSF）、美國兒科學會、美國管理協會（AMA）、美國心理學會（APA），還有好幾個機構都公開發表過明明白白的證據，指出媒體中的暴力會導致攻擊行為。」

他特別提到，在科學界，「導致」這個詞相當慎重。不只是有攻擊行為的小孩天生偏好暴力媒體；也不只是有攻擊行為的小孩來自疏於照顧、3C沒人管制的家庭，所以他們都在看刀光劍影的電影、玩第一人稱射擊遊戲。不只是逞凶鬥狠的小孩就有逞凶鬥狠的父母，父母愛玩打打殺殺的電動，免不了讓孩子小小年紀就開始更頻繁地接觸暴力媒體。事實上，這些全都可能是真的。

錯！像簡泰爾這樣的科學家會用「導致」一詞，有部分原因是因為小丑波波（Bobo Doll）。波波是個充氣玩偶[28]，一九六〇年代開始，學者亞伯特・班杜拉（Albert Bandura）、多莉・羅斯（Dorrie Ross）與薛拉・羅斯（Sheila Ross）讓波波「參與」他們暴力行為的一系列研究。小朋友如果看過可憐的波波被拳打腳踢的影片，往後一有機會，他們更有可能自己去海扁波波一頓。實驗足以證明，接觸媒體暴力馬上會造成暴力的模仿行為；此外，還有許多長期調查[29]顯示大量人數和時間推移的小關聯。

如同睡眠，關於邊看暴力影像、邊聽喧雜樂音時的生理變化，學者們也蒐集了不少資料[30]。你的呼吸心跳加速、瞳孔放大；你的感知增強，好像在留意威脅、思緒狂飆；你的腦袋要你馬上決定，強敵逼近的此刻，要戰還是要逃。緊接著，你控制衝動的能力下降。在你意識到這些侵犯都是你自己的想像之前，你不太可能好好思考。

不過簡泰爾說，**導致**這兩個字在科學領域和法律專業上的意義不盡相同。對於限制孩童接觸媒體暴力的公衛戰場來說，有很重要的差別。暴力影片和電玩最多也只是環境因子，就像水裡的鉛，其影響力相對微小，不能一有暴力舉動就把罪推給媒體，也不能免除人的責任和罪咎。包括美國最高法院，好幾個法律判決，這點都說得很清楚。

「電玩並沒有讓狄倫・克萊柏德（Dylan Klebold）和艾瑞克・哈里斯（Eric Harris）開槍掃射科倫拜校園（注：兩人為一九九九年科倫拜校園槍擊事件的兇手），也沒有讓亞當・藍札（Adam Lanza）（注：二〇一四年紐敦鎮桑迪胡克小學槍擊案槍手）在紐敦槍擊殺人，」史特拉斯伯格總結。

麻木不仁

有好萊塢背景的哈佛小兒科醫師——綽號「媒體兒科醫師」（Mediatrician）的麥可・瑞奇（Michael Rich）指出，接觸媒體暴力最普遍的影響，根本不是攻擊行為。「在三個持續計量的研究當中，因為接觸媒體暴力，而增加攻擊想法與行為的案例根本不多，」他說，「最常見的其實是麻木不仁[31]。」經歷過模擬暴力的生理反應後，人的身體和大腦對於真實生活中的暴力，反而會表現出減弱和緩的回應。此外瑞奇表示，對於媒體暴力排名第二的反應是「恐懼與焦慮[32]」；年幼的孩子表現得特別明顯，但所有人都差不多。

也就是說，如果每個小孩都收看了《UFC終極格鬥賽》（*UFC Fight Night*），隔天在遊樂場看見了挑釁幹架，覺得事不關己、聳聳肩轉身離開的小孩會愈來愈多，其他小孩則是會半夜做惡夢驚醒。而且，套句瑞奇的話，「覺得世界既險惡又恐怖。」

暴力媒體和暴力行為、恐懼、麻木不仁。這些關聯性讓身為家長的我坐立難安，好像只要不小心接觸到不當內容一分鐘，就會造成陰影。

但暴力媒體問題似乎也沒有惡化的跡象——這或許能帶來一絲安慰。採用行動科技，以及創造出愈來愈多身歷其境、效果逼真的第一人稱射擊遊戲，對謀殺、自殺或反社會行為的趨勢都沒有任何重大影響。

大規模槍擊案是罪大惡極的社會現象。犯罪者如克萊柏德、哈里斯與藍札通常都是年輕人，這個族群喜歡暴力電玩的人不在少數；但這並不能改變當今整體謀殺率已經降到歷史新低的事實[33]。沒有證據證明過去二十年來，血腥暴力有任何形式的增加。此外，用跨文化的角度來看[34]，很多國家的孩子和美國孩子接觸同樣的媒體內容，但那些國家的暴力犯罪率比美國低很多。

如果你想把對於暴力的實驗證明轉化成政策，那麼，你就得證明在容易受影響的孩群中，較少接觸暴力，會導致較低程度的攻擊行為；更廣義來說，暴力接觸得少，比較不會被社會疏離。這個想法很難達成，施行不易。

分級制度

研究媒體暴力的學者，和研究肥胖的學者一樣：他們大聲疾呼的事情，資產雄厚的財團企業一點也不想聽。簡泰爾還謹慎地確認我是否弄清楚，為什麼他和同事不使用**禁止**這樣的字眼——他們堅定地擁護美國憲法第一修正案（注：修正案保障宗教自由和言論自由）。史特拉斯伯格也多次提到，他大力支持藝文活動，自己就是出過書的小說家。

研究者並不見得是在尋找限制，而是根據最佳證據制定一系列的評等分級，如此家長才能做出更好的選擇，來保護那些特別容易受到影響的孩子。但可能並不容易。

電視、電影和電玩產業基本上各自為政。分級委員會（The Classification & Ratings Administration）將電影分級，電視家長指引（TV Parental Guidelines）的

分級制度評等各個電視節目，娛樂軟體分級委員會（Entertainment Software Rating Board，簡稱 ESRB）評比電玩與 APP，聯邦貿易委員會（Federal Trade Commission）也有進行部分監督；上述所有體制都有點不同。

簡泰爾問我：「妳知道電視家長指引制度裡的十一個不同符號是什麼意思嗎？[35]」我不好意思地承認，我完全沒概念。「為什麼妳會不知道？因為超難懂的啊！為什麼要搞成那樣呢？」

所有的分級制度確實都頗為複雜，再說了，分級制度是明確設計來滿足消費者與產業利益的，而不是科學家的利益。舉例來說，媒體研究人員並不擔心孩童接觸到下流字眼、裸露或放屁聲（標示為「滑稽的惡作劇」）。但是娛樂軟體分級委員會的電玩分級會把這些有的沒的說明得清清楚楚，反倒是真正該關注的事被掩蓋住了。

「家長有責任監督電玩的內容，以及孩子打電動的時間。」簡泰爾說。「為了讓父母可以做到這點，產業有責任誠實告知相關的影響，維護可信且有效的分級制度，並教育大眾分級制度的重要性。電玩製造商有責任標清楚電玩的內容，用適當的方式廣告行銷。」

派翠西亞・凡斯（Patricia Vance）是娛樂軟體分級委員會的主席。我花了好幾個月才約到她受訪。訪談時，凡斯堅稱，媒體究竟會不會帶給孩童風險，委員會並沒有既定的立場。她說：「所有的證據都不清不楚的，已經吵好幾年了。我們的目標是達到消費者的期待，選哪邊站都不特別明智。」

訪談時她的公關也拿了厚厚一大疊資料給我，來自產業贊助的文件，上頭寫著將電玩和暴力行為連結是一派胡言。凡斯說：「我們只想確保妳正反兩面的說法都有。」

蒲公英 vs. 蘭花

由於證據分歧、互相矛盾，維護孩童安全、做出明確可靠的決定對專家和立法者而言都不是什麼簡單的事，更不用說我們這群可憐的家長了。

阿姆斯特丹大學備受敬重的媒體影響研究學者派蒂・瓦肯伯格（Patti Valkenburg）[36]受發展心理學啟發，提出一套名為「差別感受性」（differential susceptibility）的理論來解釋媒體影響的小差異。簡單來說就是蒲公英對上蘭花。

在這個理論的概念基礎上，大部分的小孩是蒲公英：草根性重、適應力強，在各種不同的環境下都可以茂盛生長。但另一些孩子卻是蘭花：如果生長環境不理想，他們對於嚴重後果高度敏感；對於絕佳的培育環境，他們的感受性也與眾不同。「在我看來，我們在大樣本裡重複看到的小關聯，最說得通的原因，就是媒體影響有它的前提條件，」瓦肯伯格說，「並不是放諸四海皆準。」

知道了這個限制，下一章將針對我們的嬌嬌蘭花小孩，說說那些尚未廣為人知的媒體影響。

LESSON 3

待解密的新研究：心理與社會問題

在上一個章節，我們討論到睡眠不足、肥胖與攻擊行為，在目前林林總總的3C影響研究中，算是公認最有關聯的前三名。這表示，即使你的孩子是適應力還不錯的蒲公英小孩，你可能還是得留意臥室裡的3C產品，不要邊看電視邊吃零食，並選擇適當分級的內容。現在，我們要接著探討可能性低、風險高的類別了。本章談論的內容，包含年輕人與媒體令我們擔憂的新範疇，這部分證據較新，許多關於成癮、嚴重的大腦與行為失調、自閉症、不那麼明確但令人憂心的社會與心理問題，都還有許多疑問未解。

螢幕成癮

清晨三點鐘的橘郡，有人敲了諾薇爾家的門。兩位魁梧的退役警察前來護送她十五歲的兒子葛瑞芬，前往美國第一個治療科技成癮的冒險治療課程。

「我去叫他起床，告訴他，我和爸爸已經無計可施，我們決定他必須去接受幫助。」諾薇爾說，「他是個貼心的好孩子，很合作。那時他也認為自己的確出了狀況、必須去接受治療。他完全沒有反抗。」

諾薇爾覺得兒子不對勁好一陣子了。總是很安靜的葛瑞芬變得愈來愈孤僻內向。他換了一所學校，一直在憂鬱和焦慮間掙扎，而且睡得不是很好。

但諾薇爾並沒有馬上意識到，兒子的iPhone和電玩是罪魁禍首。而且她說，他們的治療師也沒想到。「我向治療師提起我兒子可能有成癮的狀況，但他並沒有說『喔，那就是警訊了，要注意』。即使到今天，要找到認為**媒體成癮**是個問題、或對此有通盤了解的治療師，還是非常困難。」

「我大概九歲的時候開始打電動，」葛瑞芬選擇寫電子郵件告訴我，他不想要接受電話訪問。「我打電動純粹是為了好玩，但一陣子之後，打電動多半是因為我不想與人群接觸、不想要社交，也不想面對我的問題。」

諾薇爾離過兩次婚，第一次離婚時葛瑞芬才三歲。葛瑞芬排行老二，上有姐姐，下有弟弟。諾薇爾和葛瑞芬的生父都是做小生意的——男方是汽車經銷商，女方經營美容中心，專門幫人家接假睫毛。兩邊都很忙。

葛瑞芬放學後會回到諾薇爾家或他生父家，然後開始打電動，通常玩的是第一人稱射擊遊戲，一玩就是好幾個小時。不玩 Xbox 的時候，就用筆電看 Netflix。後來，他有了自己的 iPhone，一整天無論身在何方，都在玩手遊和看 Netflix。諾薇爾說：「我們一起出去時，他甚至會死盯著手機看 Netflix。他會說，媽，我真的很迷這齣劇。」時間一久，她從懷疑到深信，兒子的問題和 3C 脫不了關係；但她不知該如何是好。

「高一高二是我 3C 上癮最嚴重的兩年，我問題很多，也完全沒去處理，」葛瑞芬說，「只要可以，我就宅在房間裡打電動。我猜我喜歡那些可以讓問題都不見的短暫時光，我很開心，什麼都不用煩惱。」

諾薇爾是不經意尋得協助的。當時她的約會對象是個演員，在幫電玩配音、錄旁白。他發現諾薇爾年紀輕輕的兒子在玩他配的那些遊戲，而當中有些非常暴力。

「他看到我十一歲的兒子在玩，後來對我兒子的行為改變感到非常訝異。他還沒看到正在配的遊戲結局，就覺得再也不要幫電玩配音了。因此，他就在臉書上宣告再也不幹了。」

臉書的貼文一傳開，有位投入新興網路成癮治療社群的女士主動支持他、謝謝他的勇氣。她也幫這家人和傑森・凱德（Jason Calder）牽上線，凱德在猶他州辦「不插電」成癮治療課程。

「我那時心想，喔！老天，葛瑞芬需要的就是這個！」諾薇爾說，「我們真的很茫然，我們根本不知道原來有專門針對網路成癮的治療。」

蓄著山羊鬍的凱德溫文儒雅，走上青少年諮商這條路，是因為他正是過來人，走過一段風風雨雨的青少年時期。「我第二次上少年法庭時，法官要我接受輔導。我很幸運配到一位諮商師，他幫助我看到自己的重要性、潛力與價值。」凱德之前服務的機構叫「內地探險」（Outback Expeditions），為患有憂鬱症、焦慮症、藥物濫用與酗酒問題的青少年開辦冒險治療課程，他二〇一四年進入該機構，幫「使用數位媒體出問題」的青少年開課；如今他是一家寄宿治療中心的負責人。

凱德因為工作而有與泛自閉症障礙青少年相處的經驗，開始對這個領域產生興趣。根據他身為臨床醫師的觀察，他相信因為不同原因，泛自閉症障礙的孩子更容易引發 3C 問題。

他看到青少年（多半是男孩）埋首於電玩中，導致人際關係逐漸「消除」：他們不再和朋友出去玩，不再和家人講話，不再下樓吃晚餐，甚至不再去上學。

往往到家人找上「不插電」課程時，小孩都幾乎要完全隱居了。個人衛生不堪入目，飲食全是垃圾食物。凱德說，這些孩子幾乎沒睡、從不運動，面色蒼白，不是營養不良就是體重過重，或兩者皆是。「我們曾目睹學生房間裡有三十個碳酸飲料瓶，裡頭裝的都是尿，因為他們抽不出身去上廁所。」

療程

葛瑞芬抵達猶他州後，首要之務就是進行全身健康檢查。療程行政人員必須確定他可以背著必需品在沙漠中長途跋涉。他交出 iPhone、鎖在箱子裡，然後搭車至郊外，離最近的電源插座足足有七十二公里之遙。他得在那邊待上六週。

要做這樣的調適很不簡單。葛瑞芬說最難熬的，就是從吃垃圾食物、喝碳酸飲料轉變為喝開水、吃豆類佐北非小米當晚餐——還是他們這群青少年自己扛來、自己想辦法煮的。冒險治療課程的學員得自己挖茅坑、在山徑上撿拾杜松枝來打造背包的支架，還要學會用樹枝摩擦生火，也就是鑽木取火。他以前可是從來沒露營過。

他說，療程中最美的風景是人。「大家人都很好、很有愛心；不只是那些大人，同學們也是。我覺得自己可以融入實在是很不可思議。」

課程過了四週，他媽媽搭飛機去看他；他們一起和治療師坐下來談。她說：「這是目前為止最有收穫的療程。」葛瑞芬變得坦率，而且精神集中。之前在家裡，她都沒辦法讓死盯著螢幕的葛瑞芬抬起頭，說說晚餐想吃什麼；現在他可以聚精會神、好好對話。「他帶給人一身輕的感覺。」

她再來接兒子回家時，直說心情好比帶著剛出生的第一個孩子從醫院回家，「覺得戰戰兢兢，非常可怕。」

不過幾個月以後，她坦言進步很緩慢。「要解決或甚至穩定這些狀況，所花的時間會比八週多很多。」凱德說：「大概有八成左右的案例，我們會建議額外住院治療。」比方說去專門的寄宿學校。但諾薇爾似乎負擔不起這個方案，而且對她來說有點太極端了。

她並沒有把家裡變成修道院。她的兒子還是在玩 Xbox，雖然她說她把遊玩時數縮減許多，也常把整台遊戲機鎖在車子裡一整晚。葛瑞芬的增強版遊戲主機已經不在了，但他還是有一般的筆電，還是在網路上看影片，還是有 iPhone；唯一的新規定是不能用筆電打電動。「治療師建議他把 iPhone 換成折疊機」，功能少一點，不能上網。諾薇爾說：「但我怕他覺得跟同儕不一樣。」葛瑞芬說：「我才不想帶著折疊機走來走去咧。」他用手機「跟朋友聯絡，規劃事情」，而筆電用來「做功課，沒事的時候看 Netflix。」

諾薇爾相當在意別人對她家的故事可能有什麼反應。一開始，她猶豫要不要答應接受我的採訪。「大家很容易妄下結論、隨口批評，**家長都上哪去了？**」她告訴我，「但這就是現實生活——單親、要工作，還得忙小孩。我們都活在這個真的很繁忙的社會裡。打電動看起來很無害，就在家裡啊，還能怎樣；就讓他們玩啊，有什麼關係。一玩好幾個小時，小孩乖乖坐在那裡，常常根本就不會注意到他們。」

嚴重性

3C引人入勝的特質，是否會讓他們上癮到病態的地步呢？在電視的年代，很少人擔心這一點。是有一些不同的聲音沒錯，像是傑瑞・曼德爾（Jerry Mander）於一九七八年出版、風靡一時的暢銷書《終結電視的四種論點》（*Four Arguments for the Elimination of Television*）[37]，書中說電視「侵略心智、改變行為、扭轉人心」。但是整體而言，在我們包羅萬象的文化裡，大家似乎沒有把電視成癮的可能看得太嚴重。「追劇」是全民消遣，看不出有什麼大問題。

那種連大白天都一個人看電視，一看好幾個小時，看到不顧工作、課業、家庭、朋友的人，我們已經有現成的詞彙來形容他：**消沉**。

但是隨著過去二十年來電玩的成長、過去十年間透過手機和平板無遠弗屆的網際網路，科學的共識正在改變。**成癮**這個詞更常出現，尤其是提到兒童與青少年時。

你的孩子上癮了嗎？

兒童心理學家道格拉斯・簡泰爾告訴我：「我剛開始接觸這個議題時，空氣中瀰漫著極度懷疑的氛圍：對電玩上癮？怎麼可能。」但是他說：「隨著數據慢慢出來，我被迫接受這確實是個問題。電玩和網路成癮確實存在，定義為『生活中多重層面嚴重功能失衡，已達臨床的顯著性』。」

根據民調，美國十八歲以下的孩童中，九成有在打電動[38]。簡泰爾說，在打電動的孩童當中，約有八％在成癮檢核表符合足夠的項目[39]，也就是說，美國有高達三百萬的孩童可能受到一定程度的影響。

以下是臨床醫師會問[40]、判斷你是否在網路與電玩使用上出狀況的問題：

■ 你多常發現自己上網時間超過預期？

- 你生活裡其他人多常抱怨你花太多時間上網？
- 你的成績或課業多常因為你花太多時間上網而退步？
- 如果你上網時有人來吵你，你有多常會發火、大吼或生氣？
- 你有多常因為上網而不睡覺？

臨床用語叫做「引發問題**或有風險**的網路使用」，源自於電玩遊戲、使用APP如社群軟體、即時訊息，或一般使用網路。這些症狀和其他狀況有關，如患有泛自閉症障礙、注意力失調如注意力不足過動症、憂鬱、焦慮，尤其是社交焦慮。而且在男孩子身上比較常見。

在美國，專家正在討論，過度使用數位媒體是否應該被視為獨立的心理疾病，還是其他疾病的表現，如憂鬱症、焦慮、泛自閉症類群障礙、或強迫症。

上述的爭論牽涉到錢。如果數位成癮在精神病學界的聖經《精神疾病診斷與統計手冊》（*Diagnostic and Statistical Manual of Mental Disorders*）中被列為獨立疾患，成為被給付診斷項目的可能性就比較高，治療費用也較可能涵蓋在醫療保險內。這也許會促成特別照顧在校生的法律規定，因為有愈來愈多的學校配置筆電給所有學生，所以愈來愈有關係。

東亞國家對此議題比較有意識。日本、中國、南韓都設有治療中心[41]，而且數位成癮被認定為公共衛生問題。而台灣則以法律明定兒童與少年不得持續使用3C超過合理的時間[42]（注：詳見〈兒童及少年福利與權益保障法部分條文修正案〉，衛福部國健署建議兩歲以下禁用3C，兩歲以上的合理時間為一次三十分鐘）。

對諾薇爾這樣的媽媽來說，問題很清楚。她認為兒子使用3C的狀況是個特定問題，需要直接處理。「我確實覺得這是很實際的問題，」她說，「我知道目前有很多爭議，但根據我的經驗，這是千真萬確的。」

育兒惡夢

最極端的反3C研究

維多利亞・鄧可莉（Victoria Dunckley）是洛杉磯的兒童精神科醫師[43]，也是我個人遇過最極端的反3C科學家。她二〇一五年出版的書《關掉螢幕，孩子大腦重開機》（*Reset Your Child's Brain*）指出，接觸3C對孩子絕對有害。（心理學家尼可拉斯・卡達拉斯〔Nicholas Kardaras〕二〇一六出版的《藍光小孩》

〔*Glow Kids*〕[44]中也有類似看法，主要探討成癮的危險。）

美國兒科學會會員迪米崔・克里斯塔基斯指出，互動媒體可能比被動看電視的傷害小一些（因為互動媒體讓孩童參與，並且要有回應），他秉持的原因，恰好就是鄧可莉和卡達拉斯認為互動媒體可能更危險的原因，至少對一些容易受影響的孩童是如此。

這個想法並非基於實驗證據，而是臨床經驗。鄧可莉為她的兒童及青少年病患開了四週的禁用3C療程，她稱之為「數位排毒」（digital detox）。她建議用這招來治療一系列令人眼花撩亂的嚴重心理、神經與情緒問題：創傷後壓力症候群（PTSD）、自閉症、注意力不足過動症、強迫症、妥瑞症、躁鬱症、精神錯亂，以及孩童目前例行被開精神藥物的新興症狀群集，如對立性違抗症（ODD）、侵擾性情緒失調症（DMDD）等等，族繁不及備載。

她的理論起源於她結訓的那一刻。「我當時在兒童之家工作，那裡收留受虐兒和棄兒。」鄧可莉解釋，她不斷讀到行為事件報告，如「傑可和羅柏星期六一起打電動的時候，傑可打了羅柏的頭」，或有個小孩整週表現很棒，獲得電動時間作為獎賞，然後，就亂七八糟了。「終於，有一家收容所同意把電玩拿掉。結果類似事件的報告硬生生少了三成。那是我最早的經驗。」

她見過嚴重的注意力不足過動症案例、診斷出有躁鬱症並服用重藥的小孩、每天洗手幾十次的強迫症小孩、甚至處理過疑似精神病的案例。當電玩和行動裝置徹底被抽離幾週、再慢慢一次開放一點點後，全部都改觀了。「我專門接那些傳統治療束手無策的棘手案例，慢慢開始有了口碑。『3C 斷食法』是我的祕密武器。」她說，有些孩子本來一開始被誤診，後來症狀完全消失；有些「症狀輕輕鬆鬆就減半。」

壓力與獎勵

鄧可莉有個理論可以解釋這個神奇的療法。互動 3C 遊戲會過度刺激大腦裡的兩個信號系統：壓力（可體松反應）和獎勵（多巴胺反應），也就是睡眠研究者所指出的那兩個系統。

大腦尋找、偵測到可能有獎勵，並接收到新的獎勵時，就會釋放多巴胺[45]。電玩的設計，就是要以極快的速度來刺激那種尋找與得到獎勵的感受。

鄧可莉說：「睡眠研究者掃描正在打電動的小孩的大腦時發現，孩子們大腦釋放的多巴胺數量，類似吸食古柯鹼的大腦。」鄧可莉接著說，小孩會迷上那種驟升的興奮感，於是更不會去尋求像是社交互動帶來的那種較溫和、較為斷斷續續的多巴胺釋放。

指出電玩玩家大腦釋放多巴胺的研究，至少可以追溯到一九九八年[46]。在類似的研究中，雖然多巴胺通常和毒品有關，但也有記錄顯示，多巴胺也會在進行正當的消遣活動時釋放[47]，如做運動、聽音樂、在助曬床上放鬆。任何感覺良好的活動，都能造成多巴胺釋放。

話說回來，腦內的多巴胺多寡[48]確實和抽搐、甚至幻覺有關。比方說，那是迷幻藥LSD的機制之一。如果你打電動打一段時間，你有可能會做與電動相關的夢——我記得自己小時候夢過俄羅斯方塊。如果你相信多巴胺假說，就能理解那是電玩的幻覺重現。

電玩遊走於人工獎勵和假想危險當中。鄧可莉從理論上推測（睡眠研究者也發現），上述機制和遊戲裝置所發出的強烈閃光及無法預料的噪音[49]，都會提高壓力荷爾蒙可體松的量。她寫道，孩童在長時間使用3C之後，會出現焦慮、暴躁、悲傷的行為。「他們擺脫不了，會卡在那個被刺激的活躍狀態，直到過度刺激消失。」

鄧可莉和睡眠研究者一樣，特別擔心晚上使用3C一事。孩童臥室裡有電視的話特別容易發生，或是大一點的孩子躲在棉被底下偷用手機或筆電[50]，這種行為有人稱為 vamping（從吸血鬼 vampire 一字而來，意指像吸血鬼一樣夜間祕密活動）。「孩子們進入惡性循環，因為淺眠、隔天很累，所以釋放大量腎上腺素來保持清醒。於是他們處於激動的狀態，又會想玩 3C，因為已經被刺激而覺得興奮了。」

夜晚使用 3C 時間過長因而熬夜，和憂鬱症、自殺，以及自殘行為（如割腕）的相互關係，在鄧可莉的病人可見，研究文獻中也有。

她說，壓力大、經常性睡眠不足、習慣 3C 的過度刺激，會讓孩童容忍挫折與調節興奮程度的能力退化。這樣的退化可能呈現出嚴重的失調症狀，或加重因為其原因已經存在的傾向。

和鄧可莉談話很駭人。她發現的那些脆弱、受創以及其他腦損孩童的成果，有多少適用於一般發展的孩童身上呢？我試著提醒自己，這我不可能知道。鄧可莉沒有任何實驗證據，更不用說隨機對照試驗了。她並沒有長期追蹤病患，不知道後續結果。一切可能都是過分恐慌。

然而，我看過自己的小孩在卡通被關掉時氣急敗壞、泫然欲泣的樣子，非常浮誇。我身邊的家長同樣見過自家小孩如此，其他的研究者也記錄過此關聯。

孩子反應大不同

珍妮・拉德斯基醫師是密西根人學的發展行為小兒科醫師，同時也是美國小兒科學會二〇一六年3C時間建議書的主筆，她對孩童較常見的難對付行為與其接觸媒體時間的關聯很感興趣。她在第一個針對該主題的研究[51]，先請家長填寫「嬰幼兒徵狀檢核表」，就九個月大到兩歲的幼兒會有的一些問題進行有效估量，如難以入睡，或過度強烈的情緒反應等，然後將檢核表的答案與小孩在兩歲時的3C使用量進行比對。

整體來說，這個研究中的孩童兩歲時每天看著螢幕的時間為二・三小時。有持續行為問題的孩子更有可能使用3C，且使用時間也更長。九個月大就被家長評為較難安撫的嬰兒，到兩歲時，每天平均多看電視十四分鐘。這個數字不大，但具有顯著意義。後續的研究也在另一群學步兒中，見到相同的作用力。

拉德斯基認為自己的嬰兒研究是「第一批顯示個中關聯的研究」，也就是行為問題和3C使用間的關聯。「我們或許想把孩子們放在3C前面久一點，因為我們想喘口氣，也有可能3C是唯一能讓他們靜下來的東西。」但諷刺的是，這些孩子或許就是最容易受過度使用3C影響的那群孩子。

目前拉德斯基正在進行第二波後續研究，看看這個難纏行為的模式和更大的3C使用量之間，長久下來會怎麼互相影響。

她見到因果關係的箭頭四面八方遊走。也許難帶的嬰幼兒的父母比較沒有信心、壓力比較大、更需要喘口氣。也許孩子靜不下來的大腦對於電視的刺激與重複更為著迷。

和派蒂・瓦肯伯格一樣，拉德斯基相信，每個孩子受到影響的程度大不相同。「可能有些小孩就是執行力很強、個性開朗正向。」一整天看好幾個小時電視也不會出問題。

「可能也有些孩子」，就像研究裡難帶的磨人精，「喜怒無常、焦躁不安。這些孩子需要更多明確的指示，才知道如何冷靜、專心、完成任務，並在艱困時刻解決問題。增加3C使用可能會剝奪他們透過玩耍、無聊沒事幹與親子互動來學習上述能力的機會。」是的——無聊沒事幹是個寶貴機會！

她說，研究人員的工作就是要找出「哪一些孩子我們最該擔心」，並且要更小心地保護他們。

身為家長，那也是我們的職責。

自閉症與螢幕使用

在低可能性、高風險的類別中，有一小群與醫學界主流相隔甚遠的研究人員散播著以下觀念：早期且過度的3C使用會對泛自閉症類群障礙（ASD）造成問題。泛自閉症類群障礙確診案例在上一個世代激增。專家把這個突然高升的現象歸因於診斷標準放寬，以及對於該障礙漸漸有普遍的認識[52]。但他們尚未完全排除一些潛在的環境因子。

研究人員、家長與臨床醫師會跟你說，跟一般大眾相比，在自閉症譜系上的孩子更容易受到3C的吸引。舉例來說，如傑森・凱德根據他的臨床觀察所言，他相信基於各種理由，在自閉症譜系上的孩童更容易引發使用3C的問題。文獻中也有證據支持：有個針對兩歲半孩童的研究[53]顯示，正常發展的孩子每天大約看兩小時的電視，自閉症孩童則平均超過四小時。

多數研究者到目前為止，尚未嘗試推導因果關係，也沒有要暗示較多的3C時間可能是造成自閉症確診或症狀的因素。然而，二〇〇六年有一份論文[54]，分析了大量資料，顯示出以下兩點：

華盛頓州、加州與奧勒岡州（注：美國西岸臨太平洋的三州）天氣多變，研究者比較這三州的幾個郡後發現，豪雨或大雪時節會和幾年後自閉症確診人數上升有關。之前的研究已證實，狂風暴雨、大雪紛飛的日子，孩童通常會多看三十分鐘的電視。

成長於七、八〇年代，住在家裡第四台裝比較多的郡，比住在沒那麼多台可選擇的郡，會有較高的自閉症兒童比例。

這份論文（純粹推論，並非下定論）並沒有獲得醫學界的支持，反而還引發了強烈反彈。部分是由於作者——康乃爾大學的麥克・沃德曼（Michael Waldman）博士——是一名經濟學家，而非醫師。而且暗示家長可能在做一些會造成、惡化或預防泛自閉症類群障礙的行為，往往會掀起軒然大波，引來非必要的恐慌。

然而，其他人也在問和沃德曼同樣的問題。凱倫・海夫勒（Karen Heffler）是名眼科醫師，有個已經成年的自閉症兒子，二〇一六年她撰寫了一份論文，發表在《醫學假說期刊》（*Journal of Medical Hypotheses*）上，清楚解釋此事，並呼籲進一步的相關研究[55]。

海夫勒認為，有自閉症遺傳體質的孩童在「感覺處理」上出了問題，而在他們身上，3C提供了視覺與聽覺的刺激；這些刺激不斷重複、可預測、也令人無法自拔。海夫勒擔心，這群孩子嗜愛3C，可能會「排擠」了其他更值得嚮往的經驗。花相當長時間盯著螢幕的孩童，可能因此與照顧者和其他人的互動變少。他們花更少的時間學習判讀他人臉部表情、辨識他人情緒、給予適切回應。光是這一點，就足以加重泛自閉症類群障礙的某些症狀。「我熱切地想幫助那些可能有危險的家庭和孩童，」海夫勒說，「要是環境危險因子真的存在，把它們找出來真的很重要。」

拉德斯基醫師根據她治療自閉症兒童的臨床經驗，主動提出相同的理論。「這很有爭議，」她闡述，「我那些兩三歲的小病人，有些自閉症的徵狀相當嚴重，唯一能讓他們冷靜下來的就只有3C。這麼一來，孩子就錯過了日常的互動。」她說，自閉症孩童尤其沒本錢這麼做。

是隔閡？還是橋樑？

當今自閉症盛行的療法稱為「應用行為分析法」（applied behavior analysis）[56]，這是種行為學派的形式，去制約、提示，或用獎勵，主要訓練病人去和人互動，並且控制有問題的外顯行為。拉德斯基說，她指導病患的父母，成為治療的第一線。「日常互動——像是穿衣服、泡澡、一起唱歌——這些都包含微小的介入。」舉例來說，你在遞給孩子毛巾之前等待一下眼神接觸，或是敦促孩子說「謝謝」來換一口食物，此時，你就是在加強社交互動與語言使用。

「所以我覺得，如果孩子一直看電視，可能也是因為那是他們少數的興趣之一，比方說我有個病人超迷《湯瑪士小火車》。這個時候就要注意過度使用 3C 可能會影響孩子的發展時程，或排擠了其他更理想的活動。」

拉德斯基指出，在用餐或洗澡時，家長要是播放孩子喜愛的影片、或打開某個 APP，那麼孩子就錯過了與家人相處的機會。久而久之，孩子不與人互動的傾向就會更明顯。徵狀可能惡化，而非改善。

很顯然，不是每個人都認同這樣的假設。我和夏儂・羅莎（Shannon Rosa）談過，她是作家兼部落客[57]，為自閉症人士發聲。她的兒子是青少年，也有泛自閉症徵狀。我問她 3C 和自閉症之間的可能關聯時，她不以為然地大笑。

「這完全就是對自閉症的社會偏見，隨便冠個惡名，而不去深入了解。」她這樣說。她引述普遍的研究，表示自閉症即便不是百分之百遺傳，也至少在孩子出生前就決定了。

此外，羅莎及其他為自閉症發聲的人士在所謂的神經多樣性運動中，對於應用行為分析法的批評不在少數。應用行為分析被視為懲罰，甚至是侮辱，只求控制自閉症者的行為，而非想辦法照顧他們的需求。

自閉症者因為很難與人互動，所以多半偏好3C，這個潛在的假定羅莎也認同。但她主張這樣的偏好最好被視為一種調節適應，而非問題。「當我兒子需要冷靜時，他就會打開一個APP；一點擊照片，就會播放出圖片裡的聲音，像是小提琴或狗。他就這樣點照片點個十分鐘，純粹為了紓壓。」拉德斯基同意羅莎的看法，3C產品的特定用法對於某些自閉症小孩來說，能發揮正向應用，雖然也有些人的症狀反而因此惡化。「我常和家長合作，限制重複的3C使用（如：一直看YouTube、玩重複的遊戲等），也一起挑選注重發展特定社交或溝通技巧的APP。」

泛自閉症類群障礙和3C之間連結的積極面，在榮恩・蘇斯金（Ron Suskind）家裡完全體現[58]。蘇斯金為《華盛頓郵報》撰稿，他出版的回憶錄《消失的男孩：無法倒帶的配角人生》（*Life, Animated*）一舉暢銷，後來又拍攝成記錄片《動畫人生》，內容是關於兒子歐文對於迪士尼電影的執念：他會一而再再而三地觀看電影，像鸚鵡學舌般複誦對白。久而久之，在治療師的協助下，蘇斯金一家利用兒子「受限的興趣」，和他一起模仿角色，演出對白。以這種方式，他們和兒子重新連上線。隨著時間，他恢復了說話的能力。

即使部分自閉症人士對3C的喜愛無法證實為確鑿罪證，卻也提醒我們要思考自己和孩子的3C使用，是人際互動的隔閡、還是橋樑。

二〇一四年有個小歸小、卻很有趣的實驗進一步證實了上述概念[59]。以之前提過的兒童心理學家雅爾達・沃爾斯為首的一群加州大學洛杉磯分校研究人員，讓配對成兩組的十幾歲孩子接受測驗，測試他們從照片和影片中推論他人情緒狀態的能力。接著其中一組受試者花五天參加戶外自然營隊，期間禁用所有3C產品。兩組再次測驗，有去戶外營隊那組在辨識情緒的任務上，有明顯的進步，優於習慣與環境沒變的另一組。

注意：這只是單一研究，取樣只有治療團體裡的五十一個小孩。也許進步單純來自營隊裡與朋友的整日相處，或是身處大自然、遠離平常的環境。然而，我想我們都希望孩子的情緒更敏銳，而非麻木無感，並能確保他們有諸多機會與他人連結，無論是線上或線下。

迪士尼公主vs.超級英雄

從醫學領域轉移到社會科學，幾十年來，研究者再三呼籲大眾關注3C對兒童想像力與身分認同的影響。

一九七〇年代[60]，法律規定不能直接在兒童電視節目行銷玩具。雷根時代（注：雷根總統任期為一九八一年至一九八九年，泛稱八〇年代）撤銷了管制，剛好是我小時候。突然間，麥當勞快樂兒童餐的包裝上都是《星際大戰》，甚至還有整個卡通系列的玩具，如《太空超人》（*He-Man*）和《草莓樂園》（*Strawberry Shortcake*）（兩個我都超愛）。

當時，兩位波士頓地區的教育學教授黛安・列文（Diane Levin）與南西・卡爾森-佩吉（Nancy Carlsson-Paige）[61]，開始聽到第一線教師訴說遊樂場的變化。她們進行了一系列的觀察研究，發表了幾本記錄兒童遊戲改變的書，顯示媒體所造成的影響。

玩具加上電視，這樣的新組合作用之下，教師看到幼童的遊戲變得較局限，甚至有點像是照稿演出，較無新意。兒童更恪守死板的性別角色，如迪士尼公主和忍者龜所呈現的形象。男孩的行為變得更好鬥，揮著武器打打殺殺的遊戲變多。

卡爾森－佩吉現在是麻州劍橋萊斯利大學的榮譽教授，訪問她時，我提出了質疑：小孩模仿自己最愛的電視人物真的有那麼糟糕嗎？我個人是不太認同、甚至有點想為自己辯護一下——因為我小時候就這樣，我女兒也一個樣。「從兒童發展的觀點來說，這是不容小覷的議題。」她告訴我，「遊戲是兒童健康發展很重要的一環，應該要是很原創的，兩個孩子玩的方式不應該一模一樣。遊戲一定會和孩子互相關聯，源自他們的想像力。如此孩子們才能產生內在的挫折忍受力，在逆境中保持樂觀，並且建立起社會和情緒的概念。」

二〇一六年，楊百翰大學的莎拉・柯尼（Sarah Coyne）發表了一份此領域的代表性研究[62]，觀察記錄了大約兩百名學齡前兒童。有六一％的女孩一週至少玩一次迪士尼公主的玩具、或看相關書籍等；一年後，這些女孩選擇性別刻板印象玩具的可能性較高，也會避免做出在性別成見中被歸為男孩子氣的行為，比如打打鬧鬧的玩耍。德州理工大學的艾瑞克・羅斯穆森（Eric Rasmussen）在另一個研究中發現類似的關聯，學齡前收看超級英雄的男孩，大一點之後會玩得比較暴力，而且玩那些帶有武器的遊戲。

我再鬼打牆重申一次：這類研究並沒有提到因果關係。也許本來就比較淑女的女孩就比較喜歡公主，衝動好鬥的男孩就比較喜歡超級英雄。或者也許買很多芭比娃娃或玩具槍械的家長，正是古板性別角色的始作俑者，也以其他方式強化這個概念。

有趣的是，那個迪士尼研究也發現，有少數小男孩玩很多公主遊戲，而他們對身體形象有較正面的看法，在別人心目中也較樂於助人。

卡爾森－佩吉主張，模仿故事本身並不是問題，視覺媒體才是。「說故事很棒，可以觸動我們身而為人內心都有的原型，然後我們可以用這些原型當跳板，發明我們自己的故事。但是觀看由別人繪製好的影像，便無法給小孩的想像力留下足夠空間。」

這一系列研究根據的樣本都很少，兒童行為的描述也都來自家長或教師的匯報。此外，也缺乏縱向證據，來證實幼時遊戲深受媒體影響的孩子，長大成人後是否某種程度來說情緒控管不佳。當然，那些對電影深深著迷的孩子當中，有些長大成了史蒂芬．史匹柏。但這個研究還是值得一提，因為我們開始去思考哪些媒體影響是我們想要加給孩子的，又有哪些是我們想為孩子設限的。

色情（社群）媒體

等到當前這一代孩童進入二位數的年紀時，他們對手機早已無法自拔了。十到十九歲的孩子可以和同儕——當然還有陌生人——時時刻刻聯絡的這種新能力，把道德恐慌帶進了教材，包括一想到青少年我們就擔心的性、毒品、犯罪，還有特別是過去所謂年輕女性的「美德」。

「今日美國成年女性生活中的主要影響力，就是社群媒體。社群媒體對整個世代的年輕女性到底做了什麼？」南西・喬・沙利斯（Nancy Jo Sales）二〇一六年出版的書《美國女孩》（*American Girls*）的行銷文案這麼寫。同年另一本類似的書是佩琪・奧倫斯坦（Peggy Orenstein）所撰，書名更直接：《女孩與性》（*Girls & Sex*）。

反應過度

兩本書都是根據訪談和案例寫成，引人入勝，也令人擔憂。但請別忘了，按照多數的標準來看，青少年，尤其是中產階級的青少年，事實上都過得滿好的。自從網際網路出現，他們過得其實更好，或至少沒有變差。上大學的比率提升，高中畢業率創歷史新高[63]。自一九九九年起，青少年駕車車禍率就一路往下降[64]，交通事故死亡率也是。一九七〇年代以來，吸毒與酗酒也大幅下降[65]。青少年懷孕比率從一九九一年以來下降了四四%[66]。和一九九〇年代相比，高中生曾有過性行為、目前有性行為、十三歲以前開始有性行為的人數變少[67]。ＨＩＶ比例下降[68]，不過青少年較輕微的性病比例稍有提高。兒童侵害研究中心（The Crimes Against Children Research Center）公布，一九九二年到二〇一〇年間，性侵兒童案件下降了六二%[69]，他們相信這真的反映出侵害的盛行度在下降，而不只是報導的改變或是強調這類的犯罪。同樣地，美國司法統計局（Bureau of Justice Statistics）匯報，一九九四年到二〇一〇年間，對婦女的性暴力下降了六四%[70]。一九九六年到二〇一四年間，青少年因各種罪行而遭逮捕的比例也大幅下降，降幅超過六〇%[71]。飲食失調的案例顯然也很穩定[72]：美國疾病管制與預防中心（CDC）每年例行的國家健康調查中[73]，家長反應孩子有嚴重情緒或行為障礙的比例，自一九九〇年代以來就沒什麼改變。

順帶一提，在一個大規模的調查中，只有大約七%的青少年[74]回報有拍過自己的裸照，並在社群媒體上分享。二〇一五年發表的第二波追蹤研究中[75]，有較高比例的學生（四人中有一人）想起自己青少年時曾傳過「性簡訊」。多數情況下，他們是和戀人分享自己的影像，而且就他們所知，除了意中人，沒有其他人看過他們的露骨照。

同樣地，在最新的全國代表性聯邦調查中[76]，只有七%的青少年說自己在網路上有被霸凌過，形式不限，而經歷過實體面對面霸凌的則有二一%。二〇一六年第二個發表的全國研究中[77]，五八%的青少年表示，網路上的人「多數都很和善」。

社群媒體對整個世代做了什麼？我們可以估量的不多。

「如果數位革命真的存在，走勢也不至於下降到讓我們擔憂的地步。」丹・羅莫下的結論讓我滿感激的。身為賓州大學安納柏格公共政策中心青少年溝通研究院的主任，他花了很多時間思考青少年到底過得好不好。他表示，我們在某種程度上全都是受害者，因為悽慘悲觀、沮喪黯淡的媒體內容才會騙到你的點擊，才能抓住你的目光。「新聞媒體的焦點都在危害上。這也合理啦，因為如果有危險，我們是應該要知道。但那些負面新聞，多半會也蓋過整體的樣貌。」

羅莫也贊同**蒲公英 vs. 蘭花理論**。「花太多時間在3C上的小孩大概都不太好，但他們畢竟是少數。我們必須密切關注他們、盡可能幫助他們。一般的青少年並沒有遇到那些問題，這是好事。」

裸照與安全性行為

道德恐慌由來已久，對花樣少女的道德恐慌尤其嚴重。每當有一種新科技出現，恐慌就會隨之而來——電報、電話、汽車。「我最愛的例子就是縫紉機。」達娜・博依德（danah boyd）說。博依德是《鍵盤參與時代來了！》（*It's Complicated: The Social Lives of Networked Teens*）的作者[78]，也是國際公認的社群網路權威。因為用縫紉機時要踩腳踏板，「有人就覺得女孩的雙腿會摩擦」，喚起淫蕩的想法。

「女孩被誘拐總會掀起軒然大波：很多人認為網際網路讓人可以染指我們的女兒。電報和電話也揹上同樣的黑鍋」，賈絲汀・卡塞爾（Justine Cassell）指出。卡塞爾是卡內基美隆大學電腦科學院的副院長，專長是科技策略與影響。卡塞爾說，對美國年輕人真正的威脅並不是來自陌生人，這點和之前的世代沒有不同。「看看統計數字：是誰在侵害女孩？一直都是同一批人：家庭成員。這真令人遺憾。」

她提出了一個在博依德的作品中也有提到的論點：對今日的青少年而言，認同的形成與試驗有部分是在網路上發生；但在之前的世代，這兩者的發生，身體要冒的風險可是高得太多了—卡塞爾舉的例子，是穿著暴露在東村（注：曼哈頓以時尚夜生活聞名的區域）遊蕩。

打個比方，青少年齡層的交通事故下降，有部分原因是由於現在青少年不太開車了，有人說，那是因為他們待在家裡上網就能和朋友相聚。「我和青少年談論性簡訊，他們一直提到：『大人都對我們耳提面命，說不准發生性關係，說我們應該要有安全性行為。嗯，調情的性簡訊聽起來像是安全性行為！』」博依德說。

關注孩子的社交生活

講到青少年感受（而非青少年的行為或遭遇）的研究報告，有些關聯值得注意。網路騷擾情事令人擔憂，即使為數不多。此外，社群媒體使用量愈多[79]，年輕人的憂鬱及焦慮程度就愈高。一九七〇年代以來，美國大學生關於自戀的自我報告有驚人的成長，而同理心則是下降[80]；二〇〇〇年以來，在關心別人與將心比心這部分，呈現出最急遽的下降。發現青少年說網路上的人「多數都很和善」的那個研究，同時也發現幾乎半數的青少年在網路上曾被辱罵過。

但同樣地，這些可能互為因果。有可能獨來獨往的年輕人花較多時間在社群媒體上，正是因為他們在現實生活中沒朋友。我們沒有小丑波波那類的研究，可以把在IG上追蹤蕾哈娜和患有飲食失調聯繫起來。

密西根大學的莎拉．孔瑞斯（Sara Konrath）是一位大型研究的主要作者，研究同理心的衰退[81]。她告訴我，「抽走**社群媒體就是主因**這個想法」的就是媒體。但她說，這樣的想法沒有科學支持一定有原因。「我們沒辦法得知原因，因為我們就不是做那種研究的專家。」然而，她並沒有屏棄這兩個現象「不知為什麼相關」的可能，尤其好幾個不同的研究都顯示，愈自戀的人，往往在社群媒體上貼文更頻繁[82]。

她的研究團隊一直試著以其人之道，還治其人之身。他們正在測試促進利社會行為的程式，方法是一直傳送訊息，比方說，提醒大家要關心目前生活不太順遂的朋友。她推斷，如果新的媒體能讓大家顧影自盼，那也同樣可以用來強化社交關係與同理心。

其他研究支持以下觀點：社群媒體平台本質上的設計能夠反過來影響使用者的情緒與行為。舉例來說，二〇一五年密西根大學發表過一個研究，使用Snapchat的大學生比用臉書或推特的學生心情還要好[83]。Snapchat是交換影片訊息的平台，上傳的訊息會在幾秒鐘後刪除。研究者猜測，Snapchat感覺更為率直、更私密，不需要那麼多「自我包裝」，或是為了觀眾而做作。

確實，有些孩子的生活因為網路霸凌、性簡訊、色情片、甚至是迫切需要網路認證而過得很悲慘。這些狀況我們應該要知道，一定有憂心忡忡的家長、教育者與其他人，想在某些情境下限制一些年輕人使用科技。總而言之，我們可能要同心協力來改變群體常規，提倡更優質的數位公民素養。

我們沒有任何具體證據能證明，光是取用新的通訊科技產品本身，就會加重真實世界中反社會行為的風險、傷害或趨勢，而非疏導本來就如影隨形的成長黑暗面。

上述和孩童與３C有關的傷害的諸多想法很恐怖，但仍屬推測。吸收這些資訊實在很煎熬；你想要恰如其分地注意潛在的危險，卻又不想過度反應。當我思考我那簡單的食物營養架構時，突然想到一個適切的比喻，就是過敏人口：有注意力不足、成癮傾向、泛自閉症障礙、或其他腦部問題的小孩，或許只能承受相當小的分量，或必須完全避免某種類型的媒體。父母必須密切注意、當個好榜樣，尤其是在較好掌握小孩經驗的學齡前時期。

與孩子一同使用

考量到我們目前的已知與未知，學界目前鬆綁官方建議的 3C 使用時間一事，實在令人覺得有點怪；但情況確實如此。

談到孩童與 3C，有一份專家建議你我皆知：美國兒科學會建議，**兩歲前不用 3C**，這個原則源自一九九九年的「兩歲前不看電視」；二〇一一年他們提出了新版本，但本質上並沒有改變。

迪米崔・克里斯塔基斯是撰寫該原則之委員會的成員，也做了很多背後的研究。如今，他不再認為這個原則是對的。「如果我們從字面上來看這個原則，那十八個月大的幼兒就不應該和阿公阿嬤用 Skype 視訊，也不可以在 iPad 上閱讀。不管在科學上或實務上，這顯然都很荒謬。」

撰寫這份政策的另一人維克多・史特拉斯伯格則有不同看法。「我在好多好多年前寫下這份聲明：兩歲前不看電視。事實上根本沒有證據——完全沒有！那是我們杜撰的，我們在討罵。結果如今看起來竟然有憑有據，有十幾個研究顯示，因為孩童過早接觸 3C，而且接觸太久，造成語言發展遲緩。」

二〇一六年秋季美國兒科學會公布修訂版原則[84]，「兩歲前不用 3C」的規定出局了。美國兒科學會現在說視訊聊天以及其他社交用途，如一起看家人的照片，對於兩歲以下的幼兒應該還好——小嬰兒也沒問題。他們並沒有舉證來支持這個建議，不過好幾個小型的觀察研究指出[85]，即使是六個月大的嬰兒，都可以分辨奶奶的 Skype 視訊是直播、還是預錄好的影像。這意味著視訊聊天可以為學說話打基礎。

那麼卡通呢？現在的建議是可以提早到十八個月，每天不超過一小時。克里斯塔基斯說，這樣的時數其實決定得很不科學：這個年紀的學步兒對玩具箱裡任何東西的興趣，大概就是持續這麼久。

而且，很重要地，現今的重點是避免單獨使用 3C。「現在強調共同使用 3C」，新版建言的主筆珍妮．拉德斯基說，「因為我們知道對幼兒來說，父母是創造意義的人。我們需要父母在使用 3C 上當孩子的榜樣，有創意、好奇、溫和，並且陪伴孩子使用，告訴他們用 3C 不只是單獨的活動。」美國兒科學會引用一些小型的研究[86]，指出即便是十五個月大的學步兒，都可以從教育影片中學習；前提是成人在一旁重複、強調與強化螢幕上的內容。

對於學齡孩子的合理限制還是一天兩小時以內，而且照顧者共同參與對大孩子來說還是較為理想。醫師正嘗試改變立場，根據內容、脈絡及使用型態來建議用量，強調積極勝過消極，獨樂樂不如眾樂樂。

克里斯塔基斯認為，互動的數位媒體在某些情況下，或許和其他種類的遊戲一樣健康。研究指出，沙發上或是螢幕的另一端若有個真實的人，即使是幼兒也可以從3C中學習，獲得社交互動。重點是把3C使用轉移到更好的活動，像是一起讀電子書、或是和親人視訊聊天；均衡使用，不偏廢其他形式的遊戲或活動。

不過，警告還是得說在前頭。美國兒科學會的更新版建議書並不是只根據證據而訂定的。學界裡對於孩童和3C時間有股新興的共識：提倡「減害」策略。克里斯塔基斯和其他許多醫師也在其中。

減害

減害是公共衛生的策略，通常和非法用藥有關。減害的立場是，有關當局無權力杜絕人民的某種特定行為。所以把該行為攤在光天化日之下，還比較實際。比方說，提供吸毒者資源來降低風險，如果他們想戒毒，就提供免費的藥癮諮詢；如果他們不想戒，就提供乾淨的針頭和安全的注射地點。

我們談論的是小朋友看卡通，不是流浪漢在陋巷裡注射毒品。儘管如此，當使用3C已相當普遍時，比起禁止，減害策略確實是比較務實的做法。克里斯塔基斯希望科學家能想出「更周詳、微妙的一套指導方針」，因為「九〇%的家長都不管」舊的那條原則。這數字並非危言聳聽——十個孩子裡有九個在兩歲前會看電視。然而科學界倍感壓力，要回答家長十萬火急的疑問，根本等不及完整的科學證據顯示到底在什麼狀況下、看了多少量的哪類內容，實際會造成什麼傷害。

拉德斯基說，那個「十萬火急的疑問」，就是如何著手把未成熟的研究，轉化成要付諸行動時的參考建議。

但這不代表干涉主義哲學就沒有用，美國兒科學會的大衛·希爾醫師如是說。「有段時間，不要在室內吸菸、去除汽油和油漆裡的鉛、孩童坐車繫安全帶等全都被視為不實際的建議，沒有人會遵守。如今大家普遍採納了這些規定，對於兒童健康也有深遠的正面影響。」

開數位排毒藥方的精神科醫師維多利亞·鄧可莉認為，克里斯塔基斯醫師那幫減害派的成員，無異在點染一池清水；因為他們提出互動媒體可能無害，即使對小嬰兒也一樣，還說要更多研究來佐證。「許多和我一樣在『前線戰壕』裡奮戰的人，都見到克里斯塔基斯這種言論引發的巨大負面效應——更明確地說，就是媒體和行銷者如何闡述這句話。這場賭注是如此巨大，我們必須想到這不只是專家說了什麼，還有別人——包括家長和媒體——會如何詮釋，以及詮釋之後可能引發的負面影響。」

克里斯塔基斯則回覆：「只因為我們對於怎麼詮釋資訊沒有信心，就拒絕提供或故意扭曲資訊，不但會辜負大眾的信任，也會削弱我們的信譽。」

家長能做的事

我自己的了解是，養育小孩的過程中，要完全遠離3C很不切實際，甚至不可能。而且，我們的選擇會帶來什麼影響，根本就不可能有完美的先見之明。研究者想爭取更多經費，而臨床醫師想給予更好的建議；此時，身為父母的我們，能做的就只有分享資訊、注意危險徵兆、相信核心價值。

簡單地回到飲食的比喻，關於健康的3C使用質與量，研究給了我們一些想法。美國人民平均3C使用量——小小孩是一天四小時，大孩子是一天六到七小時——實在不怎麼理想。比較適度的用量是四歲以上小孩一天兩小時，嬰幼兒一天只能三十分鐘。一天中什麼時候使用也很重要，因為會影響睡眠。

我們很難得到完整的「營養」內容明細，但我們確實知道暴力媒體對一些極度敏感的小孩會有負面影響。小孩可能會受到廣告的影響（包括垃圾食物的廣告），也會受到媒體中性別歧視、種族歧視和其他反社會訊息的影響——上述的看法確實是有根據的。

LESSON 4

發揮正向影響：用 3C 為育兒加分

那天是週六，下著雨，我帶著大女兒璐璐，去電影院看她人生第一部電影。那時她三歲。我們選了五彩繽紛的皮克斯動畫片《腦筋急轉彎》（*Inside Out*），內容關於小女孩腦袋裡衝突的擬人化情緒。紅色是怒怒、藍色是憂憂、綠色是厭厭、紫色是驚驚，而散發金光的則是樂樂，主導一切。

我事先預告過電影院的模樣——只要璐璐有新活動，我多半會這麼做。

「電影院有超—大的螢幕喔，」我說。

「馬麻，我們家就有啊。」她說。

「是沒錯，但電影院的更—大！我們要在指定的時間到……看電影的時候要保持安靜……也不能站起來太多次……還會有很—多很多人跟我們一起看……不是我們的朋友，是不認識的人……」

哇，我心想。到底去電影院的目的是什麼啊？

但是我喜歡電影院，我先生亞當也喜歡。璐璐也是，打從一開始就喜歡，每一個畫面都讓她著迷。她沒有被可怕的橋段嚇到，演到催淚的情節時也不會難過。電影裡呈現的家庭就像那時候的我們家：緊張焦慮、滿臉鬍渣的爸爸，正在忙創業；累壞的媽媽努力要持家。還有一個淺棕髮、傻里傻氣的小丫頭。

電影結束時，璐璐問：「沒了？」她不想走。前一分鐘還好，那個不甘心的模樣還滿可愛的。接下來她的怒氣攀升——維多利亞・鄧可莉醫師或許會稱為「暴怒」的反應——將電影的能量和興奮一口氣爆發出來。觀眾魚貫而出時，她緊抓著放映廳的門不放，高聲尖叫。

「我猜那隻紅色的怒怒跑出來了吧？」另一位媽媽同情地說。

我蹲下來、抱抱啜泣的她。在我幫她剪得有點歪的瀏海下，她那張小臉脹得紅通通的。我拿出剩下的M&M巧克力。「妳還記不記得，電影裡那個想像中的朋友『小彬彬』的眼淚，是一顆一顆的糖果？」「記得！」就這樣，她又高興了起來。那天除了那個小插曲比較棘手外，她整天都開心到不行。而且從那時候開始，我們再也沒錯過任何一部兒童電影。

到目前為止，我們一直在談論3C和孩童比較可怕的部分。我在前一章引用大量文獻來描述目前研究者知道了什麼、還不知道了什麼。研究的絕大部分，以及媒體報導研究結果的絕大部分，都聚焦於危險和傷害。天秤會偏向恐怖的這一邊，也是其來有自。這不幸地導致此時許多父母──或至少是相對富裕、焦慮，也是買最多教養書的父母──覺得自己該把重點放在限制孩子的 3C 使用，或是導向較為理想的內容形式。然而，這樣還不夠。

科技會是最好的育兒幫手

幾乎每一位我訪談的媒體研究者都相當謹慎，以免被貼上「反 3C 狂熱分子」的標籤（少數例外會註明）。他們都提到，所有關於孩童與 3C 的負面證據都有另一面。「研究很雜亂。」海瑟・柯克里安（Heather Kirkorian）說，她是威斯康辛大學認知發展與媒體實驗室的主任，她自認比多數研究者還「正向看待 3C 與育兒」。「有些類型的內容是有害的，有些可能是有益的。」

她說，電視上的教育節目真的有教育功能是益處之一。好幾個大型研究發現[87]，收看《芝麻街》幾乎和去讀幼兒園一樣好。三到五歲的幼兒從節目中學習新字、身體部位、數字、數一二三、字母怎麼念，並跟布偶們學習怎麼發某個字的音，這些都能幫他們有效地準備上小學。這是好事，因為美國孩童念幼兒原園的比例是相對低的。

而這個好處會持續下去。「收看《芝麻街》的小孩，學習準備度比較高。」柯克里安告訴我。「他們國高中的英文、數學與自然成績都比較好，也比較會參與課外活動。」

事實上，她說，「研究顯示，三歲以上的學齡前孩童，可以從傳統的電視節目中學到各式各樣的東西：課業、利社會行為或反社會行為。」這又是個充分的理由，告訴你應該注意小孩從媒體獲取什麼樣的訊息。

上一章提到的迪士尼公主研究共同作者艾瑞克・羅斯穆森做了一個更新的研究[88]。研究顯示，美國公共電視以強化社交與情緒課題為宗旨製作的節目《小老虎丹尼爾》，可以提高學齡前兒童的同理心、信心，以及辨識情緒的能力——前提是家長要常常和孩子討論節目內容。

正向應用

針對幼兒的教育媒體成效研究，是非常新的領域。過去十五年來[89]，柯克里安等人所做的研究顯示，孩童大概兩歲左右，就能把電視的知識移轉到真實生活情境，像是組裝玩具。若是不斷重複，或許還能提前到十五個月大。

不但如此，許多臨床醫師利用電玩引人入勝的特質來進行治療。事實上，為特定目的製作的遊戲、模擬軟體、以及其他 APP 可以改善一些傳統電玩和軟體所造成的問題。

研究顯示，節奏明快的電玩可以提升讀寫障礙兒童的閱讀速度[90]。電玩的效果和那些又難又無聊的傳統閱讀訓練一樣好，甚至更好。快節奏電玩也幫助孩子提升注意力控制與專注[91]，廣義來說，有可能讓人學得更好。

體能電玩遊戲，如 Wii 或 Kinect 能成功地激勵肥胖或腦性麻痺的兒童，讓他們進行輕微到中度的體能活動[92]。此外，類似生理回饋模擬器的電玩遊戲[93]被用來治療注意力不足過動症，幫助孩童培養注意力控制。舊金山加州大學的亞當・格札雷（Adam Gazzaley）開發的一款駕駛遊戲《神經賽車》（NeuroRacer），目前正在美國食品藥物管理局進行臨床測試。

史丹佛大學的傑若米・拜倫森（Jeremy Bailenson）所做的研究顯示，體驗特別設計的虛擬實境模擬程式，有可能會讓年輕人提高同理心與利他行為指數。當中有個遊戲既不是高速撞車、也不是打破窗戶，更不是用衝鋒槍掃射人群，而是讓你扮演超級英雄，飛越一幢幢的建築屋頂，去拯救病童[94]。

也有其他正在測試中的虛擬實境模擬[95]，為鐮刀型貧血的病童及燒燙傷病患提供安全的止痛方式：當醫療處理進行時，把他們帶進寧靜平和的視覺畫面裡。（我有個朋友是急診室小兒科醫師，她手機裡儲存了許多好笑的影片和手遊，用來分散小孩的注意力，這樣一來才能順利縫合或進行會引發疼痛的檢查。雖然沒那麼新潮，但本質是一樣的。）

在一些應用的實例中，使用學習軟體（從幼稚兒到大學都有）的學習成果，比單單使用傳統教學改善了許多。這部分我們會在校園中的科技應用那一章，更深入地探討。

為自閉症發聲的夏儂・羅莎經常撰文介紹一些iPad的APP，供自閉症、學習障礙及有其他問題的人多元地去運用，比方說用來溝通、紓壓、學會辨識情緒等。她有個朋友的兒子是不說話的自閉症小孩，之前被認定有學習障礙，但藉著APP的協助，比方說用視覺畫面理解數學概念，如今在正進行同年級的學習。

即使沒有那麼多科技正向應用的實例，限制和監控這兩種做法也不怎麼恰當。我們身處在數位媒體當道的世界，也在此養育下一代；這樣的環境由我們開創，也是我們每日的選擇。「科技不好也不壞，也絕非中立」是史學家梅爾文・克蘭茲柏格（Melvin Kranzberg）的名言[96]。身為家長，我相信，試著減輕壞處的同時，為小孩增強益處也是我們的職責。不僅如此，保持一顆開放的心，去了解孩子有興趣的3C內容，一定也能教會我們些什麼。

家長的媒體介入

倫敦政經學院媒體與通訊學系的教授桑妮雅・利文斯通主持了一個研究計劃，名為「數位未來的教養」。「父母很恐慌，大眾媒體不斷報導網路世界有多危險，」她說，「這些訊息的來源不清不楚，以各種形式傳送給家長——學校裡有女孩在傳性簡訊、報上說有女生被騷擾、網路上都是超危險的陌生人、霸凌；對了，還有使用時間超過兩小時會損害視力。」她說，當家長在媒體上尋找建議時，「他們通常會找到十個『不要怎樣怎樣……』，但沒有一個『該怎樣怎樣……』。」

我想用這本書來澄清那些訊息，讓你可以自己判斷決定。風險和傷害都是真的，一定得處理。我們來假設一下，你目前並沒有面臨什麼嚴重的警訊（像是病態的體重增加、睡眠不足、注意力或學習或行為問題），非得馬上限制小孩的3C使用量不可。

該來點亮使用3C的希望了。我們什麼時候藉由3C和孩子們聚在一起？

無論是近在身邊還是遠在天邊，你有用 3C 體驗過快樂、歡笑、興奮、發現、創作或心連心的時刻嗎？談到家庭與 3C，至少，這些晶瑩的點滴在危機四伏的黑暗中閃閃發光，不是嗎？

我想要建議 3C 教養的方法，而不是一味反對 3C。強調正面特質也是驅逐缺點的方法。回到健康飲食的比喻，我們對於暴飲暴食的樣貌起碼有點概念，或是哪些食材有毒、嚴重過敏會有什麼病癥。但 3C 是用小農蔬果精心烹調的家庭晚餐呢？還是在後院烤肉、加上西瓜與烤棉花糖夾心餅乾呢？

數位媒體和飲食不一樣，養出好孩子不見得一定要用數位媒體。華倫・巴克萊納（Warren Buckleitner）自一九八〇年代以來，就持續參與促進高品質教育科技發展的研究。我們對談時，他強調：「我想這個問題，一直縈繞在每個成年人的心裡：**不用任何科技產品，可不可以養出健康快樂的小孩？**答案大概是肯定的。這很難執行，但你還是做得到：小孩需要營養、關愛，說故事給他們聽，他們就會長得好。」

我認為，在某些情況下確實很需要數位媒體與通訊網路，像是家庭成員因為工作、離婚或其他情況而分隔數地，或者當小孩需要特別安置在某處的時候。此外，很多人會主張 3C 是二十一世紀教育不可或缺的一環——我們會在第六章繼續討論。

數位環境無所不在，而且還會愈來愈普遍。有愈來愈多的學者指出，如果身為父母的我們唯一的介入只是限制 3C 時間，我們並沒有幫孩子做好準備、確認悠遊世界的方向。艾瑞克・羅斯穆森說，「我不認為要完全把小孩和 3C 隔離開來」，讓他們從小就不碰 3C。羅斯穆森在德州理工大學研究有效的「家長的媒體介入」（parental mediation）：「要理解世界如何運作，就得實際接觸世界運作的方式。」

優質育兒的迷思

「家長的媒體介入」研究顯示，當家長介入子女科技使用時，危險會降低，正面影響會提高。「我認為家長嚴重低估了自己的影響力。」華盛頓州立大學的艾瑞卡・奧斯汀（Erica Austin）這麼說，她研究家長介入這個主題近乎三十年。但若要介入得宜，首先，我們必須坦蕩蕩地攤出來談。

哈佛「媒體兒科醫師」麥可・瑞奇告訴我，專家的見解的確不完美，但這些報告也根本沒有傳到家長手上。「在學術研究和消費者之間，有條巨大的鴻溝。」他說，「找得到的研究明明很多，但家長要嘛沒拿到、要嘛根本看不懂。我敢說，絕大多數的人都是聽信朋友的建議來行事，或是參考路邊聊來的消息。都是傳聞，未經證實。」

他說得沒錯，但我會再進一步解釋他的論述。我認為，即便是未經證實的訊息，多數家長也並沒有好好交流。每每看到家長電子報或臉書上的貼文，請大家推薦兒童電視節目或APP，出發點總是千篇一律的免責聲明：「我們要搭長途飛機。」大家都知道搭飛機要用平板來催眠小孩——這幾乎是國民義務了。

不過通常來說，把小孩丟在螢幕前，再怎麼樣也只能算是**小小的放縱**，我們還會反射性地因此自貶或道歉。有點像喝酒：五點以後喝、煮晚餐的時候喝、週末或假日喝、有伴的時候喝，沒有人會有意見；但是一天喝好幾小時，或是中午前就開喝，你就可能有問題了。

關於3C的「優質教養」，在上層階級裡，或至少是受過教育的家長之間，普遍的觀念就是愈少愈好和禁止。我們選擇在社群媒體上分享的教養形象中，反映出了這個價值觀——是不是很諷刺呢？我的IG牆上滿滿都是孩子各種模樣的扮裝、在沙灘玩耍、逛水族館的照片，絕對不會有我在哄嬰兒睡覺時，她死盯著《小醫師大玩偶》（*Doc McStuffins*）的貼文。艾莉西亞・布蘭－羅斯（Alicia

Blum-Ross）與桑妮雅・利文斯通有個名為「數位未來的教養」的合作專案，她訪談參與的家長有在寫部落格，二〇一六年還在部落格上發表了田野調查研究。她告訴我：「訪談的第一個小時，家長會告訴我他們寫文章得到的好處：和社群連結啦、找到自己的聲音啦，當然還有賺錢。」即使這些家長經歷了 3C 的諸多好處，卻有一套雙重標準：「當我換個話題，引導他們說說怎麼教孩子時，突然之間就變成**絕對不准用 3C！**」有位媽媽告訴她：「我希望他們接受的是《五小福》（*Famous Five*）式的教育。」她指的是一九四〇年代出版的英國兒童冒險小說全集，有划船、爬山、洞穴探險、野餐、製作檸檬水等等許多充滿鄉村風情的活動。

把不用 3C 的教養風格建立在虛構的描寫上，實在很諷刺，現實一點吧。如果我們真的和其他家長討論什麼方法可行、哪裡可以做得更好；不要一味限制 3C 時間，而是協助我們和孩子藉由 3C 學得更多——那情況又會如何呢？

你可以怎麼做？

為了悉心打造家庭使用 3C 原則，我們需要正向數位教養的銳利眼光。以下提供四個例子。

科幻作家兼記者柯利・多克托羅（Cory Doctorow）撰文敘述他講《傑克與魔豆》給兩歲女兒波西聽的情況。他在網路相簿 Flickr 上搜尋，給女兒看看豎琴、鵝、巨人長什麼樣子，還找了許多 YouTube 影片，欣賞迪士尼動畫裡，巨人察覺人類靠近時哼唱「Fee, fi, fo, fum!」的不同版本。然後父女一起演，還自己做道具。

「身為作家，我渴望和兩歲女兒分享故事。我不敢說自己已經找到這一切的答案，但我認為我們正逐步形成適合我們的方法——各式科技、說故事、演戲、還有（不可否認）一點科技臨時褓姆，讓我至少可以在早餐前回**幾封**電子郵件。」他寫道。「我們偶然發現的筆電遊戲**很棒**。不是被動、催眠地獨自看電視。反而成了共享的經驗，要投入許多想像力，真的在家裡跑來跑去（哈哈大笑，是真的！）。故事裡的世界、真實世界和玩耍，全都交織在一起。」

我們在家也仿效這種做法，模糊螢幕和客廳之間的界線。開始動筆這個章節時，我們開始讀《祕密花園》（*The Secret Garden*）給四歲的璐璐聽。想當然耳，我先生亞當得上 YouTube 研究怎麼發正統的約克郡口音，我們三個人都開始練習（聽起來像是拉長音，有點像約翰・藍儂唱《一夜狂歡》〔*A Hard Day's*

Night）那樣），然後看看約克郡高沼的照片。

黛娜‧史蒂文斯（Dana Stevens）在線上雜誌《石板》的一篇文章中，也談到類似的主題。她闡述和九歲女兒一起看《綠野仙蹤》與《一〇一忠狗》這類電影時，除了可以給她資訊，又可以增加母女一起玩耍的機會，也對她影評的工作有幫助。「我們共同的遊戲時間多半有不間斷的長篇即興演出。我們在家裡走來走去，做平常的事情，同時就像電影裡的角色那樣互動。」她寫道，「看著女兒長成和我截然不同的觀眾——沒那麼被動、沒那麼愛分析、比較合作樂群、比較投入——我欣然接受自己的視聽習慣與臆斷被剝奪。」

喬丹‧夏皮羅（Jordan Shapiro）是天普大學的心理學教授，過去幾年來，他已成為全球知名的遊戲與學習專家。他之所以深入發展這個興趣，多多少少是因為離婚。突然之間，共同監護代表著他得花更多的時間，單獨和兩個愛打電動的小男孩相處。為了和孩子更有互動，他開始學怎麼玩那些遊戲。「我從來沒自己一個人打過電動；我總是和兩個兒子（八歲和十歲）一起坐在沙發上，大家一起狂按手把。」他回應我對於用正向數位教養的某些想法時，這麼寫道：「打電動是我們聯絡感情的途徑，也是我們共享『家庭時光』的方法。」

這樣的共同參與，夏皮羅倒是看得比較嚴肅：這是父母的責任。「身為他們的父親，我覺得這是我的工作，要確定他們沒有盲目地接受這些數位化的故事。我得確定他們有學到對自己參與的儀式要進行批判思考……我和小孩一起打電動時，就是在幫助他們培養二十一世紀新的關鍵媒體素養。他們需要我幫忙分析詮釋我們一起玩的遊戲，畢竟那是天天進行的儀式。」而要能夠給予協助，他必須知道小孩在玩什麼，還有為什麼這麼喜歡玩。

最後，二〇一五年六月有一期《紐約客》雜誌的封面，是採用視覺文學家克里斯・韋爾（Chris Ware）的設計，呈現出後現代的遊戲約會。窗外是晴朗的好天氣，綠草如茵的恬靜後院裡，鞦韆上空無一人。屋內，兩個女孩背對背而坐，各自盯著螢幕，螢幕上秀出她們的分身，在《麥塊》（注：Minecraft 的暱稱，全名《當個創世神》。是個線上遊戲，玩家可以在遊戲世界中探索、蒐集資源並用方塊積木蓋出自己想要的造景、建築等等）世界裡互動。

但這個封面設計的用意，並不在於反烏托邦遠景。《麥塊》有超過一億兩千萬註冊用戶，也有很多老師在玩。許多人把《麥塊》視為建構主義最純粹的表現，而建構主義的教育哲學總是讚揚**從做中學**的好處。在這個無限的沙盒裡，孩子可以打造自己的世界，東西壞了可以修理，也可以一起制定伺服器的規則。這個遊戲也催生出大量的示範文獻，可以在部落格、YouTube、個人直播台等介面看到。

韋爾在雜誌《紐約客》的部落格上寫道，他十歲的女兒克拉拉喜歡《麥塊》，而且顯然他也喜歡看女兒玩。「過去兩年，克拉拉花了好幾個小時、好幾天，甚至好幾個禮拜來打造可通航的積木世界，而且隨著她與日俱增的感受力不斷衍生：有著層層冰淇淋穹頂的大禮堂，連著十五公尺高的狹窄走廊，跨越覆以玻璃帷幕的岩漿，往下到地底教室的階梯，冰浮的無翼飛機；還有我的最愛：雅致的紅杉木玻璃『作家幽靜屋』（裡面有小游泳池）。」你可以想見藝術家老爸和女兒兩人弓著背、挨著相鄰的螢幕，開心地畫著草圖的情景。

講故事給學步兒聽的作家、找出和兒子共同興趣的學者、觀影並和女兒住在電影世界的影評人、熱切觀察女兒線上造景的藝術家，以上這些案例的共通點就是創意。孩童的想像力飢渴地尋求各式素材的餵養，在空中蓋城堡，或更貼切地說，在螢幕上蓋。當父母和子女一起進入這個世界——或者單純當個觀眾——魔法就這麼發生。

我舉的四個正向數位教養的例子當中，有三個來自於父親、而非母親。有什麼原因嗎？我認為有。首先，男性比女性符合科技阿宅的刻板印象。另一個原因可能是西方文化通常會指派父親擔任玩伴，特別是進行比較冒險的活動、打打鬧鬧之類的；而母親則是執行規定、維護安全。但是爸爸、媽媽或其他相關成人都應該扮演 3C 介入者這個必要的角色。

一起合作玩得有創意

我已經描繪出正向數位教養的樣貌：一起合作玩得有創意、父母強化正面訊息，在 3C 和 3D 世界之間來去自如。現在我們要來了解一下為什麼這樣對孩子有益，又該如何做到。

給家長的 3C 策略不應只是對時間、地點和時機設限而已，會這麼建議可是有憑有據。孩子還小的時候應該要更嚴格地執行，然後慢慢放手，協助孩子建立自己的策略，健康地使用。

基本上，和孩子一起使用是原則之一，健康飲食習慣往往也是從家裡餐桌上開始的。從小就和孩子一起用 3C，意味著把 APP 或影片當繪本：讓小孩坐在你大腿上，指物識名、談天說地、提出問題。這意味著主動、有意識地引導 3C 使用，會導向溝通、學習、創造。

此外，這些策略包含去理解，在不同的情況下，我們可以用不同類型的內容和模式配合。網路上的東西林林總總：超級爆笑的、真正有教育功能的、充滿文化氣息的、開放式思考的、想像力豐富的、暴力的、極度商業導向的、或根本劣質的，應有盡有。我們的需求也各有千秋：要發揮創意、要創造連結、要完成事情、要回答問題、有時候只是要放空放鬆——不管是大人還是小孩。對於上述種種的品味與排序，又會隨著各個家庭的條件而有不同。

這些策略包括找出用與不用的平衡點。可以使用 3C、但也可進行一些不需要 3C 的活動，像是動態的玩耍、烹飪、手工藝、園藝等。而且有時候把 3C 延伸到上述所有活動裡，也是個找平衡點的方法，比方說進行這些活動時利用 3C「在旁輔助」。

這些策略也包括：我們自己使用 3C 要更謹慎。

第一線提倡這些見解的學者表示，未來，此舉代表對小孩的興趣一視同仁，不管是對 3C 科技、還是生活中的其他興趣。身為父母，我們都要支持、鼓勵、傾聽、協助他們搭起當下興趣及未來機會之間的橋樑。

從 3C 學習

新手父母們，我在對你們喊話：習慣養成早在幼兒期就開始，通常會持續一輩子。研究指出，小時候大量使用 3C 的人，長大後可能還是會大量使用，當然，也會伴隨所有可能的風險。

想當然耳，幼年期是父母最能掌控孩子使用 3C 的階段，此時開始關注最為理想；小孩當然也在注意我們。威斯康辛麥迪遜大學的海瑟・柯克里安和她的團隊做的研究顯示，早在十二個月大、跟著父母看電視的小嬰兒，就已經比較會跟著父母的眼光看節目了。

正向的 3C 育兒，意味著協助孩子從小從 3C 學習。喬治城大學「早期學習計劃」的發展心理學者瑞秋・巴爾（Rachel Barr）指出，如果家長和小孩一起坐在沙發上看電視、指物說明、引導孩童注意力，那麼從 3C 學習的年紀可以往下推到六個月大。「當家長說『喔，那隻貓跟我們家的很像欸』其實就是在幫助小孩把螢幕上的資訊和現實生活連結，」巴爾說，「此舉確實引發學習。」

巴爾表示，只要能支持照顧者和孩童之間的正向互動，任何形式的 3C 都可以發揮教育功能、豐富生活。

讓我再次強調：如果某種媒體形式——一本書、一首歌、一段 YouTube 上的大型貓頭鷹影片、一種繪圖 APP、一集《開心漢堡店》（*Bob's Burgers*）——都能增加照顧者與孩童之間的正向互動，對孩子來說，就是淨獲利。「光有整個書架的書不會讓你的小孩變聰明，讓小孩有參與感才能推動閱讀。同樣的道理也適用在任何形式的媒體學習——甚至任何二維的符號。」巴爾這樣說。

莎拉・羅絲貝里・萊透（Sarah Roseberry Lytle）是華盛頓大學學習與腦科學中心的推廣教育主任。他們的實驗室備有非入侵式的大腦造影裝置（看起來就像是美髮店裡的烘髮罩）。孩童還太小，沒辦法乖乖躺在傳統的磁振造影儀（MRI）裡不動，這款裝置就能讓研究者一窺孩童的腦波。看著這些大腦波形，他們可以證實，才六個月大的嬰兒就會主動想辦法理解口說語言，有點像在「預先排練」他們幾個月後將會用到的語音。對於如何能從3C有效學習，萊透和巴爾的看法如出一轍。「在可能的情況下，孩童應該和照顧者一起看影片，並將媒體經驗融入社交互動裡。」

麥可・拉文（Michael Levine）和麗莎・根希（Lisa Guernsey）在他們二〇一五年出版的書《輕觸、點擊、閱讀》（*Tap, Click, Read*）裡也談到這個主題。拉文是庫尼中心（Joan Ganz Cooney Center）研究員，這個研究分支機構隸屬製作《芝麻街》與相關兒童節目的集團。根希是位作家，也是新美國基金會的研究員，長期關注科技及早期學習。她的書《3C時間》（*Screen Time*）相當值得一讀。他們在《輕觸、點擊、閱讀》裡提出，若家長與其他成人共同參與，3C可以轉變成必要的工具，幫助孩子建立良好的閱讀習慣。

部分是因為讀寫能力的基礎是背景知識。柯利・多克托羅用照片與影片協助女兒波希了解「鵝」和「豎琴」的概念，就是在執行這個原則。

3C也可以讓孩童有機會刻意練習特定的讀寫技巧，比方說辨識字母。一起看電視節目或使用APP，能讓家長對於協助孩子學習更有概念。

「小孩還小時，我們會一起看《芝麻街》或《羅傑斯先生的鄰居們》。」拉文說，「之後我會叫小孩指出道路標誌上的字母，或是要孩子像《芝麻街》裡的伯爵那樣念數字。」他建議，現在面對小孩的「為什麼？為什麼？為什麼？」連續技，家長應該直接拿出手機查維基百科或YouTube，來滿足孩童的好奇心。

在選擇吸引（像你我這樣的）大人的電視節目或電影時，「共享媒體經驗」也是強而有力的理由。我一直覺得像《芝麻街》那樣的節目對成人觀眾使眼色有點做作，但如果此舉能激發共同觀賞，也不失為個好策略。老實說，和嬰兒一起看你喜歡的節目，比如說籃球——只要你肯花時間指出「球」、「黃色」與「藍色」隊服，或是計算比數，也算是在製造共享媒體經驗。

當然，學習目標各家不同，科技是個方法，讓你追求那些比較難在你周遭環境滿足的目標。舉例來說，線上資源能協助你的孩子學怎麼用希伯來語吟誦猶太教的律法經、或用阿拉伯語吟誦可蘭經，還有數十種專門為小孩設計的聖經與福音書 APP。「我們可以選擇星期一放學後，花兩個小時坐在沉悶無趣的房間裡，或是選擇花二十分鐘用 Skype 和她的私人教師視訊學習。」貝絲說。貝絲是住在紐約市郊區的媽媽，她女兒正準備要受猶太教成年禮。

同樣地，潔西卡・羅伯（Jessica Robles）找讀物時，都刻意去找裡頭有自然捲頭髮美國黑人女生的書，因為她希望女兒能有正面的自我形象。而《小醫師大玩偶》的主角是美國黑人小女孩，也是她女兒少數可以看的電視節目。

如果你用 3C 只是為了放空，你可能很難對共享 3C 經驗的策略買單。不過，也不見得小孩用 3C 的每分鐘都得如此。而且隨著孩子成長，他們的注意力時間會加長，也更有能力直接從媒體學習。只要時間合理、尤其是你之後有要和他們討論節目、遊戲或找到了什麼圖片，大可放心地讓他們自己用。

言教不如身教

當小孩仍需要我們幫忙開 iPad 或在 Netflix 上搜尋節目時，介入調節他們的 3C 使用相對來得簡單。他們再長大一點，我們的角色就改變了。

艾瑞卡・奧斯汀（Erica Austin）是華盛頓州立大學媒體與健康促進中心的主任，她表示，無論父母說了什麼，會影響小孩對媒體的看法；就算父母什麼都沒說，也一樣會影響。「你可能在不知不覺間，就支持了某些行為。」她說。

當小孩的榜樣很重要：看父母怎麼用 3C，最能預測小孩會怎麼用 3C。奧斯汀發現，這就跟你的飲食習慣可能會左右小孩吃的東西，是同一個道理。

回歸現實面，有個針對養育八到十八歲孩子父母的國家調查指出，這些美國父母每天平均使用 3C 的時間是七小時四十三分鐘，用在個人用途，通常是邊工作邊處理其他事。而這些父母有七八％認為，自己是小孩的好榜樣。

奧斯汀的一個研究裡，記憶中父母有對著啤酒廣告開懷大笑過的大學生，喝酒的可能性比較高。另一個研究裡，學生家長若常常談論自己聽到看到的時事，這些學生更會去參與公共事務。

成為民主威信型家長

奧斯汀用來談論父母介入孩子 3C 使用的術語，反映出一九六〇年代心理學家黛安娜・包姆林德（Diana Baumrind）極度有影響力的育兒風格架構。包姆林德以**溫暖**和**規矩**這兩個必要的育兒向度為出發點，區分出以下四種教養類型象限：**專制獨裁型**（authoritarian）的父母，嚴格苛刻不留情面；**溺愛縱容型**（permissive）父母，則是溫柔親切耳根子軟、常違背原則；**放牛吃草型**（neglectful）的父母兩種向度分數都很低；**民主威信型**（authoritative）的父母兩個向度分數都很高。怕你猜不到，我就明說了，最後一種是最理想的。

安納柏格溝通研究院的丹・羅莫指出，民主威信型的介入必須知道孩子在看什麼、做什麼。「要成為民主威信型家長，你要有信心，並能掌握現況。」

德州理工大學的艾瑞克・羅斯穆森是超級英雄、迪士尼公主與《小老虎丹尼爾》研究的作者，第二章我曾提過。本來他活躍於公關界，二〇〇九年第四個女兒即將出生時，他換了跑道，轉而研究媒體效應。他說他的研究是迷你趨勢的一環，把媒體的影響不只看成雙向的關係（兒童與 3C），而是三向的關係（兒童、家長與 3C）。家長的影響可能是關鍵，足以解釋為何有些孩子是敏感的蘭花、有些則是強健的蒲公英。「孩子對媒體的反應和態度，特別是十二歲以前，就屬父母的影響最大。直到現在大家才開始了解這點。」

而且他說，談話與傾聽比訂規則更重要。「我告訴大家，一般來說，最好的方法就是和孩子談談媒體。孩子需要知道你對於他們在使用的媒體有什麼看法。」

舉例來說，在羅斯穆森的《小老虎丹尼爾》研究中，幾週內看了十集《小老虎丹尼爾》的學齡前兒童，和觀看大自然節目的對照組相比，同理心和角色取替（注：perspective taking，指站在他人的立場來理解他人的感受與想法）的能力都進步了。這正是該節目的宗旨：強化利社會訊息。但也有一大警訊，只有早就開始和家長討論電視節目的孩子，才有這些進步。

到目前為止，奧斯汀、羅斯穆森、利文斯通這些人的相關研究，相對地都淹沒在那些責備、羞愧、放大恐懼的訊息裡。奧斯汀和羅斯穆森最想傳達的，就是**家長的影響力遠比自己想像的還要大**。我們是孩子人生中最初也最嘹亮的廣播，也就是說，我們正為孩子日後聽聞的其他訊息定調，包括那些從同儕和媒體接收的消息。

然而，比起管控，潛移默化的影響比較沒這麼直接。正如其他許許多多的事情，兒童比較有可能模仿我們的行為，而非聽我們的話。我們和孩子關係的品質，也會決定我們說話的分量。

溝通比限制有效

奧斯汀主張，整體來說太過專制的家庭，可能會讓孩子對於媒體訊息無法進行批判思考。很諷刺地，當你要求孩子無異議服從時，你可能正在唆使孩子對聽到的訊息「照單全收」。如果孩子提出問題，你和他們討論、詢問他們的想法，這種做法就提供了環境，讓他們可以思考媒體傳達的訊息有多麼複雜，或是社群媒體上的訊息是多麼錯綜交織。

舉例來說，談到《冰雪奇緣》的主角艾莎，你或許會提出自己喜歡艾莎能施展強大的魔法，喜歡艾莎能承認自己的錯誤、解決她和妹妹之間的問題。但你也要補充，要成為強而有力的女生，不見得要穿著漂亮服裝或濃妝豔抹，也不需要有一頭金髮和纖細身材。

當小孩看到令他們害怕的內容，或是接觸到不當內容的時候，都是引發討論的好機會，這些都可以開啟談話，談論虛實情境的差異、談論特效、談論「如果真的有人這樣做，你覺得會發生什麼事？」，或是談論處理強烈情緒的策略。

奧斯汀說，解釋時加入這種令人信服且支持鼓勵的助力，短期間會比硬性規定更讓孩子接受，長期下來可能會更有效。「制定規則其實效果有限，」她說，「小孩可以藐視規定，大不了去朋友家看。」

羅斯穆森同意這點。「研究指出，規定對大一點的孩子比較沒用」，尤其是進入青春期時。「孩子想要自主權，我們稱之為『心理抗拒』：你愈叫小孩不要做某件事，他就愈想做。」同時，小學快畢業之際，孩子自己對於媒體的闡釋會變得複雜、也更有經驗，他們慢慢能理解廣告訊息的本質，也能夠分辨虛實。所以他們也會出現更成熟、更老練的對話。「我想，一開始是規定多於對話，但對話絕不可或缺。慢慢地多和他交流、問他們問題，並協助他們理解。」

美國兒科學會的大衛・希爾醫師也建議家長，和學齡階段的孩童一起制定3C規則。「問問他們覺得適當的電子媒體使用應該要怎麼樣；要是打破協議好的規定，會有什麼後果。你可能需要引導他們討論，但通常你會發現，他們的期望和你的其實相去不遠。」

當制定家庭規則成為雙向的對話時，小孩可能也希望父母能改變自己的行為。你會有什麼樣的感受，可能取決你的教養方式有多民主。凱瑟琳・斯泰納－阿代爾（Catherine Steiner-Adair）的書《大差距》（*The Big Disconnect*）與雪莉・

特克（Sherry Turkle）的《在一起孤獨》（*Alone Together*）記錄了許多孩童與年輕人的共同感受：他們都希望父母在和他們互動時，能把手機放下。

當正向教養遇到色情片

對很多家長來說，介入子女使用媒體最艱難的考驗，就是小孩看到關於色情的內容，或是自製性相關的檔案上傳。當孩子有機會一直上網，接觸色情內容的機會自然就會增加，但卻沒什麼實際的證據，說明此事對於孩童的可能影響——相信我，我查過了。研究者有共識的事實，就是色情無所不在，小孩早晚會找到。常見的估計是孩子平均九歲、十歲左右開始（特別是男生），就會去找色情露骨的影像來看。我認識的父母都超級擔心此事，而且不太知道該怎麼跟孩子談。

羅斯穆森有個研究，詢問家長是否曾經和國高中的孩子談過 A 片——不是一味譴責，而是真誠分享他們的價值觀。要是家長有和孩子開誠布公地討論過 A 片，那些孩子上大學之後，比較不會主動去看 A 片；要是他們交往的對象看 A 片，也比較不會影響他們的自我形象或自尊。「要是你交往的對象會看 A 片，你的自尊會遭受打擊，」羅斯穆森引用其他研究說，「除非你父母曾經和你談過。」也許是因為能和小孩討論這麼不自在話題的家長，通常和孩子比較親、親子關係比較緊密，或是對性的態度比較健康，或是還有其他原因。總之，談過A片似乎有持續的保護作用，像預防接種一樣。

德沃拉・海特納（Devorah Heitner）專門研究媒體、教育家長，並於二〇一六年出版了《孩子，別玩手機了》（*Screenwise*）一書。「二〇一二年我開始在學校演講時就說，不要以為在瀏覽器上安裝過濾軟體，你就可以覺得自己盡了責任。我們必須盯著孩子做出好決定。不過，我一直遇到家長說兒子沉溺看A片，所以不管你有沒有用過濾軟體，都不能忽視這個問題。」有鑑於我們知道3C成癮有多普遍、理解青少年荷爾蒙作祟的力量，以及極端內容造成的心理效應，合理推估還是有一小部分的孩子恐怕會遇上麻煩，需要過濾封鎖內容等等形式的限制。

不過，多數孩子在一般情況下都會遇到A片。多數孩子僅需要我們權威式的介入即可，如同羅斯穆森的研究建議。「家長應從自身價值觀出發，和孩子們討論。」海特納這麼說。可能談談女性被物化、宗教對於衣著的規範、或在親密關係中，**性**愉悅的神聖角色。

保羅・馬藍（Paul Malan）是摩門教徒，他在 Medium 平台寫了一篇給兒子的文章，標題是〈你 iPod 裡的裸男裸女〉，簡直是此類對話的大師班課程。「第一次你偶然看到他們時，你還太小，不覺得尷尬。」他寫道。「我有問必答，希望你看不出來我的尷尬。我們都有所成長，從那時候起也有滿多討論，希望能讓你覺得 iPod 裡那些裸男裸女只是你的世界裡稀鬆平常的一部分，就像校園裡的爭風吃醋、電玩遊戲裡的血腥、汽水裡的糖分。」

馬藍把天生的人類欲望和我們選擇滿足欲望的方式區分開來，後者應該受到道德和文化的影響。不過他說，「保守的宗教」（像他自己信仰的摩門教）貶低所有的性衝動，也是太超過了。他也指出真正親密關係中的性和 A 片所描繪的性是不一樣的，年紀太小的孩子還沒有實際的生活情境，很難分辨個中差異。他也請兒子準備在要沉溺 A 片的那一刻，運用自覺停下來自問：他是不是在壓抑某些負面情緒、是不是選擇面對會比較好。當我們，或我們的孩子，不管什麼原因，伸手去拿手機時，這個檢視總是值得一試。

馬藍下了結論，「我們保守的文化想把此事弄得很可怕，其實根本不需這樣，A 片就只是你世界裡的一部分。我知道你不時會看到，我沒辦法告訴你該怎麼協調你的生理、道德和宗教。你得自己決定。有時候你可以處理得很好，有時候你的舉動會讓你覺得好像不是你自己。倘若真是如此，就從罪惡感中學習吧。不用覺得丟臉。」

我不知道他實際和兒子就這篇文章的內容談了多少。有可能這篇文章是多年來談話慢慢發展累積的集結。但他說得真好啊！

粉絲和阿宅

南加大安納柏格溝通研究院的亨利・簡金斯（Henry Jenkins）是美國卓越傑出的新媒體學者。簡金斯頂上微禿，蓄著落腮鬍，學術研究是他的主業，他也相當熱衷。他宣揚阿宅文化、迷妹文化的重要性，甚至讚揚普通的老式社群網路。「小孩打電動、組《麥塊》、寫同人小說、甚至用臉書，都是在創造分享二十一世紀的知識，」簡金斯這麼主張，「他們正掌握著相當重要的資訊。」

簡金斯的兒子如今已成年。當初兒子四、五歲時，父子倆就用電腦進行講故事的實驗。「我們每晚輪流。今天晚上我們讀故事，明天晚上編故事、用電腦打字、畫圖，然後我們把故事寄給爺爺奶奶。根本是整套的出版事業。」

簡金斯認為這種做法是和遠方親友保持聯絡的有趣方式，還可以練習閱讀、寫作技巧，並藉此機會觀察兒子如何處理、消化流行文化。他建議，「家長可以主動談到媒體的話題，讓他們能深刻去了解自己孩子所思所想。」他兒子的故事裡，常出現《皮威劇場》（*Pee-wee's Playhouse*）和他收看其他節目裡的角色，有點像「同人小說」。（你可能不是蓋章認證的專業阿宅，所以我稍微解釋：同人小說是非商業創意表現的平行宇宙，在那個平行宇宙大家可以用他們最愛的現存虛構角色來創作原創故事與藝術，通常是奇幻或科幻文學類型。《格雷的五十道陰影》大概就是同人世界最大的多媒體成功之作；該書原本是吸血鬼系列《暮光之城》的匿名自行出版同人小說。）

對簡金斯父子來說，那些床邊故事是多年來對話的開端。「那提供我們一個環境。即使到現在，我們都還是常常談論媒體以及媒體所說的故事。這已經成為我們家理解彼此的方式了。」現在，他兒子是嶄露頭角的編劇。

《鍵盤參與時代來了！》的作者達娜．博依德觀察到，在那些說故事的時光裡，還有另一件事值得注意，那就是簡金斯的幼子也學到的線上溝通必要基本原則。她說：「我希望家長花時間做的事情之一，就是讓小孩在和同儕交流之前，先和家人溝通。」我們用紙筆寫感謝函給奶奶來表達禮貌；現在兩代之間的電子郵件、傳訊息、即時聊天也有同樣的目的。「你把測試納進來。你就學會怎麼互動。」

我有個朋友的女兒，四歲的時候學會怎麼和她媽媽最好的朋友（人在加州）FaceTime。一開始覺得挺可愛的，但最終她得學會尊重時差，也不能影響到阿姨上班。對她來說，學到這兩點是非常寶貴的經驗。

教養專家的建議不夠全面

簡金斯想見到更多家長複製他的做法：尊重孩子用 3C 所做的事，並認真看待。只要把 3C 想成樂團團練即可。「如果我們把線上世界視為課外活動，就能超越目前的眼界。」他說，「好爸媽會去聽樂團成果發表，不是因為他們喜歡聽走音的蘇沙進行曲（Sousa），而是因為鼓勵藝文活動是很重要的。」

他說，基於相同的理由，認真看待小孩觀看 3C、使用 3C 的習慣，也有其價值。這麼想吧，我們的孩子，能成為首席芭蕾舞者或 NBA 球星的很少很少。但是他們每一個人未來的居住環境裡，創作、表達、連結的數位形態都會比今日來得更普及。

簡金斯說，與其憂心忡忡地看管 3C 時間，我們應該更認真看看孩子實際在網路上對什麼有興趣，比方說問問他們從節目中獲得什麼、他們在用哪些APP、在玩什麼遊戲。「家長總以為，小孩只是上網浪費時間。如果根本沒有重要的事情，那孩子幹嘛把上網看得那麼認真？」簡金斯說，所謂的專家都辜負家長了。「家長都被教成要去擔心網際網路，而非參與，所以專家沒盡到該盡的責任。」

博依德主張，孩子還會渴望你的關注時，就要開始這類對話。等到孩子長成尋求更多隱私的青少年時，溝通的管線早就鋪設好了。

簡金斯建議，在餐桌上，我們應該問：「學校還好嗎？」、「遊戲玩得怎麼樣？」、「今天在網路上有看到什麼嗎？」簡金斯說，這比安裝軟體、追蹤孩子上過的每個網站，或是堅持他們一定要加爸媽臉書好太多了。他說這種數位監控就像是給孩子腳鐐，或是他們一離家就尾隨跟蹤。

「孩子不在身邊，我們要怎麼了解他們的生活？」簡金斯問。「情境一就是跟蹤他們，開著車偷偷尾隨；另一種選擇就是直接說，我們來聊聊彼此的生活吧。」

尊重隱私

二〇一五年發表的一篇研究，支持上述的論點。具代表性的全美線上調查發現（對象是青少年及其父母），家長要是有注意孩子上了哪些網站並和孩子討論，青少年遭線上騷擾的可能性就會降低。不僅如此，這種介入的做法會有效得多，勝過於一心想全面監控、或禁止網路使用的家長。

桑妮雅·利文斯通現居倫敦，她說，談到3C裝置和社群媒體帳號，英國父母傾向尊重孩子的隱私，而美國父母比較急著監視。而且她認為，英式做法比較理想。「研究指出，如果你監視孩子，他們會加你臉書沒錯，但跟朋友都會用Tumblr，而且絕對不會讓你知道Tumblr的存在。要是你設定電腦去監控一切活動，孩子就會去朋友家用電腦。」

研究者達娜·博依德對這個議題提出相當有趣的觀點，可能會直接嚇到某些想要窺探或盤旋在頭上緊盯的直升機家長。「如果你要求交出密碼、或是每天傳訊息給小孩十幾次，實在是很不好的示範。」她說，「你等於是在說，這就是**愛**。」「愛」意味著沒有祕密；「愛」意味著時時刻刻知道對方的行蹤。要是把這個概念放到青少年的感情世界，就會造就跟蹤狂，或是其他類型的精神虐待。

廝混、瞎搞、弄懂

伊藤瑞子是爾灣加州大學的文化人類學家，她一直和簡金斯與博依德合力研究、共同發表，也隸屬於和利文斯通一樣的麥克阿瑟基金會數位媒體與學習研究網絡。她的思考邏輯也是相同的。她說，「家長從主流媒體所獲得的訊息」都是「監督、管控、限制。」她的研究指出了非常不同的方向：線上的優良育兒典範不應該和現實世界的樣貌差距甚遠。「我們希望孩子生命中的大人可以轉朝著信任、引導的面向走，看著孩子的背影，支持他們。」

伊藤是聰敏、溫暖的日裔加州人，會和青春期的孩子一起去衝浪。她觀察、傾聽，找出不同族群的年輕人從網路上獲得什麼。她和博依德等人二〇一〇年共同發表的田野調查著作影響深遠，名為《廝混、瞎搞、弄懂：新媒體時代孩童的生活與學習》（*Hanging Out, Messing Around, and Geeking Out: Kids Living and Learning with New Media*）

那幾個類別成為超級實用的簡略表達方式，讓我們了解孩子們上網都在忙些什麼。當然，他們用網路來交友，聯繫同儕（**廝混**），這對孩子成長、開始形成獨立人格都相當關鍵，他們藉此發洩精力、玩耍、享樂——所有人都需要。

然後還有其他比較少見的類別：孩子利用唾手可得的無限世界、投入有興趣的領域，教自己新的技能（**弄懂**）；然後挖掘科技的奧妙，開始摸索、創造、分享努力的果實（**瞎搞**）。當然，這當中包含設計APP和網頁，也包含寫作和分享故事、畫畫、拍片剪片、動畫、混音編曲，或是修改電玩遊戲。

了解「弄懂」和「瞎搞」是怎麼發生的，並預留空間給孩子去嘗試，是伊藤身為家長的優先考量。她支持好奇心，而非恐懼。她建議，對七歲以上的小孩，就從忘掉整體的3C使用時間限制開始。

「這些不斷朝著家長而來的媒體訊息告訴你，一定要限制3C時間。才不是！」她說，「了解小孩用3C做什麼更重要，而且重要得多。這是學習、公民參與、發掘熱情的大好機會。網路世界可以任意探索，而身為家長的你，必須引導孩子到正向積極的那一面。」

成功的孩子做對什麼？

她的研究採用一種公共衛生方法，名為「正向偏差」（positive deviance）。基本上，就是找出身處危險總人口中，那些最成功的成員，然後試圖從他們身上找出他們哪裡做對了，希望能由此增強社群內部自發出現的正向習慣，而非外部強加的解決之道。

舉例來說，伊藤的研究生瑪麗莎・布羅（Melissa Brough）一直在訪談洛杉磯的拉丁裔移民家庭族群，這族群多半是工人階級。這群青少年參與由美國空軍所贊助的課後網路安全競賽「網路愛國者」（CyberPatriot），因為美國空軍需要電腦程式技能。在資源遠不及人的社區裡，布羅選出一群開心追尋科技興趣、特別投入的數位公民，想釐清他們是怎麼辦到的。

布羅發現，這些家庭即使缺乏資源與教育，卻支持孩子對於媒體的興趣，並盡可能投資購買筆電、手機、遊戲機、家用高速網路服務等。（其他研究顯示，低收入家庭，尤其是拉丁裔家庭，傾向不成比例地投資數位資源在孩子身上，也比較可能視 3C 為對學習有利的東西。）

布羅研究中的家庭，並不見得了解自家小孩在網路上做什麼，但是他們知道那有可能與上大學和生涯規劃有關，值得珍視。他們得靠小孩翻譯英文，他們也會請小孩幫忙解決電腦病毒問題，或是設定家裡的網路。一位養育四個孩子的單親媽媽很有耐心，他兒子八歲時玩接電，結果燒斷了一條保險絲。「我說，『別擔心，兒子，下次就會成功，看看你是哪裡做錯了。』我沒有譴責他、也沒有罵他……我們都是從錯誤中學習的。」上高中以前，他兒子就在組電腦、修電腦賺錢了。

在我的記者生涯中，我和許多這樣的年輕人談過。有些孩子因為受到啟發，於是在線上自學，瑪莎・楚莫（Martha Chumo）就是一例。她在奈若比（注：肯亞的首都）念書，十八歲時找到一份實習工作，讓她人生第一次用到電腦。「學寫程式讓我著迷。」她寫道。她辭掉工作、買了自己的筆電，一頭栽進免費的線上資源和社群，如 Codecademy、Treehouse、GitHub 等。她也找到 iHub 這個真實生活中的社群，那是個共享辦公室，是給肯亞剛萌芽的新創公司的育成空間。她在推特上很活躍，在當地的 Ruby on Rails（注：用程式語言 Ruby 寫的網頁運用框架）辦公室裡找到一份程式開發的工作，教導並輔導其他有抱負的程式人員。她申請去美國讀書但簽證被拒，於是她在一個群眾募資網站上籌錢，開創了非正式、新兵訓練式的密集學程，名為「開發學院」（Dev School），讓其他年輕人也能開始學寫程式。這些事情全在她十九歲以前完成。該學校從那個時候起，就在肯亞、南蘇丹和索馬利亞提供訓練課程。

當然，並沒有什麼神奇配方可以讓小孩變成像瑪莎・楚莫那樣；單單擁有資源顯然並不夠。但是伊藤精選出兩個正向的家長習慣，那就是**支持**與**提供中介服務**。

成功的家長做對什麼？

想到「支持」，就想起足球媽媽或爸爸。接送小孩去電玩遊戲錦標賽。扮裝參加《彩虹小馬》同樂會（我朋友就帶她九歲的兒子去了）。送你的五歲女兒一台舊電腦、附送工具、鼓勵她拆解（我有個媽媽朋友是自學的工程師，她就這麼做）。甚至是朋友來家裡玩《麥塊》時，幫他們送上點心。

布羅說，她所訪談的家庭通常會採取這種策略。「他們看重孩子的興趣（不管是否和科技相關）。他們認可孩子的好奇心，也相當支持。從孩子小時候起，他們對科技就是採實際動手做的策略，讓孩子盡情探索。他們不見得直接參與，但**認同**這些事對孩子來說，彌足珍貴。」

「提供中介服務」又更進一步。小孩對電視上看到的某件事、或對 APP 裡發現的某個東西大感興奮時，我們要協助他們把這個興趣與其他學習領域結合起來。

「小孩投入同人小說或《麥塊》是很棒的，」伊藤說，「但是他們不見得看得出來目前所學與將來其他機會的關聯，除非家長擔任經紀人並加以安排。」伊藤憶起當年兒子真的超迷《星海爭霸》（*Starcraft*）——那是個大規模的戰略電玩，不同種族兵戎相見、爭奪宇宙控制權。「我們的對話很有趣，把那個戰略遊戲連到他在學校學到的戰爭和階級制度。」她說。

雖然，分享你的媒體與科技喜好會促進家庭凝聚力，伊藤提出一點讓人安心：提供支持與中介服務，並不代表你得變成科技怪咖或 3C 達人。「我不認為你一定得變成遊戲玩家，或是每分每秒都得和孩子一起做 Arduino 電路板不可。」伊藤說。

對此，我確實鬆了一口氣，因為我沒有那麼喜歡電動或機器人。我那擔任軟體工程師的先生亞當才是家裡的快樂科技人。我對璐璐這方面的貢獻，就只有和她討論電影電視上看到的故事和角色，還有和她分享我怎麼用電腦和手機來研究與交流。

你或許能找個和你孩子一樣喜歡《麥塊》的青少年來陪他玩；或是幫孩子找線上論壇，讓他們能安全分享自己著迷的事物；或是課後社團，比方說機器人或電玩社團；或是鼓勵他們善用影片剪輯技能來做學校專題。

伊藤說，支持和提供中介服務真正需要的，就是改變你的觀點，如此而已。「你能為孩子的數位生活添加價值，並不在於限制和管控使用，而是開創連結與機會。」

雪莉・皮沃斯特（Shelley Prevost）是三個孩子的媽，小孩分別是十三歲、十歲和六歲，她正面臨這個問題。「我家老大是最有科技傾向的……我得學會尊重他的這個部分。老二愛打棒球，我會去看他比賽、也會跟他玩傳接球。我一直都有這麼做。」她說。「但是對於打電動的老大，我卻沒有。我沒辦法參與、為他加油。我正在努力思考，有這種超迷電腦的小孩，我該從哪裡切入才能當個不缺席的家長呢？」

桑妮雅・利文斯通建議可以從小地方著手。「看看小孩喜歡網路上的什麼，跟他們聊聊你可以開發什麼或支持什麼。不要說『你打遊戲打太久了！』而要說，『是哪部分這麼好玩？秀給我看嘛！』」

正如皮沃斯特所指出，目前還沒有既定的「3C父母」養成藍圖，也沒有知名的、經過考驗的課程來教你的小孩該怎麼回答問題、或批判思考視覺訊息（小孩同時也在學認字、聽說完整句子），也沒有課程在教大一點的孩子怎麼線上交友、怎麼追求自己興趣。我們必須當個好榜樣。我們必須保持好奇心。最重要的是，我們必須關心注意孩子，當他們還聽我們話的時候，保持溝通與對話。

遊戲的力量

跟小小孩一起用 3C，有個做法我相當認同，就是和孩子合作、把 3C 當作創意遊戲的輔助。安琪・凱瑟（Angie Keiser）的女兒在社群網站上的綽號叫「梅姮」（Mayhem）。梅姮三歲時，真的真的超級喜歡玩扮裝遊戲，母女兩人開始用紙做梅姮的衣服。衣服愈做愈精緻——比方說完美呈現凱特・布蘭琪二〇一六年奧斯卡上的知更鳥藍羽毛禮服。目前梅姮和媽媽的設計是 I G 帳號的明星，有近五十萬人追蹤。

安琪和梅姮一起畫草圖、剪貼、做好紙衣服、拍照，幾乎都是實際動手做的活動，但是調查她們做的角色，都得用到電腦和手機。部分設計是卡通人物：米妮、艾莎、彩虹小馬。此外，在社群媒體上貼文、得到按讚數或回饋，也都激勵她們繼續做下去。

我們不是追求在網路上爆紅。但使用 YouTube、Pinterest、Flickr、I G 等等來當作在家動手玩科學與美術作品的靈感，確實相當有趣。

「3C 產品和數位的東西可以用來當作工具，讓你成功。」麗莎・布拉姆斯（Lisa Brahms）這麼說，她是匹茲堡兒童博物館的學習研究部門主任。該博物館有個世界級的空間叫MAKESHOP，讓兒童與家長一起動手做。工作空間有各個領域的專家進駐，如木工、縫紉、電子等。那是類比與數位的無縫交融，非常有趣。某個炎熱的夏日裡，陽光普照的空間擠滿了小孩，從嬰幼兒到十歲小童都有。兩個小孩在大型織布機上編織；幾個小孩在綠色螢幕前閒蕩，看著自己出現在iPad上；在中央區，十幾個小孩看著電路部件出神。簡單的木板上裝有小小的燈泡、旋轉的齒輪、以及其他可移動的部件（從舊的VCR和印表機回收來的）。一旦把鱷魚夾接上電池，這些全都可以動起來。

我和博物館的學習資源專員莫莉・狄克森（Molly Dickerson）走在一起時，有個金髮女孩過來說：「我的電池沒電了。」「妳連了哪一支，要不要試試看這支呢？」莫莉問，把兩支鱷魚夾的其中一支舉起來。轉眼間，燈泡真的亮起來了，同時腦袋一定也靈光乍現。

3C根本不是此處的重點。要裁切輕木滑翔機時，也許家長會拿出手機，查查幾個不同的設計參考。或者來訪的藝術家會很快地上YouTube查詢，好讓自己在解釋木頭與金屬魯布戈德堡（Rube Goldberg）裝置背後的物理原則時，有一點輔助。另一方面，要是無法親臨博物館，全美、全世界成千上萬的人在IG上關注博物館，把他們在展覽的視覺體驗貼在IG上，並且hashtag博物館。

許多提倡這類遊戲的人對於機器人和感應器都很興奮——將數位科技帶入3D空間裡。「實際操作有形的物件，對小孩來說是最基本的，」瑪麗亞・烏瑪斯奇・貝爾斯（Marina Umaschi Bers）斷言，「很多很多學習都來自實物操作。」貝爾斯是科技與早期教育兩大領域交會的重要思想家。她是塔夫茲大學兒童與人類發展以及電腦科學兩個系所的教授，也共同開發了專為兒童設計、教孩子怎麼寫程式的APP《ScratchJr》，以及坊間可以買得到的機器人組Kibo。

Kibo是一套可以依照指示組合成機器人的積木，但是你不見得要有專門裝置才能做到。貝爾斯贊同亨利・簡金斯的方法，透過遊戲、藉由省事好用的方式，把線上和線下的世界相連：可能是透過文字軟體、影印機，或是手機上的照相機。

「對付過度使用3C的好辦法，就是把遊戲從3C帶出來、重新帶入孩子的居所。」麻省理工學院的伊迪絲・亞克曼（Edith Ackermann）這樣建議。亞克曼寫了許多數位素養的文章（她二〇一六年十二月過世了，幾個月前我們還談過話）。「相關例子包括兒童節目鼓勵觀眾跳舞或運動。另一個選擇是騰出時間觀賞特定節目、偶爾重現影片內容，和兄弟姊妹、同儕或父母一起討論。」

把故事情節從電視電影延伸到角色扮演，就像達娜・史蒂文斯所描述，是另一種把遊戲從3C中解放出來的方式；對我們家來說，感覺真的很棒。

溝通與親密

有在關注年輕人與新科技之辯的人一定很疑惑，為什麼我還沒好好講講雪莉・特克的研究。特克是麻省理工學院教授，著有《在一起孤獨》和《重新與人對話》（*Reclaiming Conversation*）等書。她的核心論點就是數位科技正在孤立大家、削弱人與人之間的連結，尤其在較年輕一代衰退的道德習慣中，可以見到這些損害（特克是戰後嬰兒潮世代）。

我為本書進行研究時，聽過她兩次演講。我發現她提出的論點確實相當有啟發性，而且語帶幽默；但至少對我來說，她的論點理由不夠充分。對我來說，她的想法聽起來不是完全沒道理，卻也沒有事實根據或扎實的研究背書，而且偏頗片面。她過度解讀調查結果，比如她說自戀的人數提高，但那些結果連研究者自己都還無法判定有因果關係。

「特克的直覺反應很吸引媒體，但站不住腳。」卡內基美隆大學的賈絲汀・卡塞爾說。卡塞爾見多識廣，身為人工智慧研究者，她有罕見的人文背景，拿到了比較文學、文學理論、心理學、語言學和人類學的學位。

「她說，我們必須**面對面**互動，所以小孩少了面對面的機會，就沒辦法互動。但很多時候像 Skype 這樣的科技，可以做到面對面互動——而且還是以家長和小孩從未有過的全新方式互動。要是你住在紐約，但是你父母住在內布拉斯加（注：美國中西部大平原的州）呢？」或是你住在紐約，而孩子的爸爸住在加州；或是你住在佛羅里達，而孩子的媽媽派駐在阿富汗；或是你在皇后區上班，而孩子在馬尼拉。媒體縱然會分隔我們，也同時會消除極大的距離。

視訊聊天在短時間內成為幼兒的一部分。愈來愈多證據指出，這和其他形式的 3C 使相比，用意義上大不相同。喬治城大學心理學博士伊麗莎白・麥克盧爾（Elizabeth McClure）撰寫博士論文時，做了一個研究（在第三章有提過）。研究讓六個月大的嬰兒和親戚視訊聊天，或者看同一個親戚預錄的視訊，嬰兒對兩者的反應大不相同。視訊聊天時，嬰兒較為投入，會有那種來來回回的互動，這也是語言及許多學習的關鍵前兆。這個研究告訴我們，如果我和孩子在家，又迫切需要一點數位娛樂，讓他們和阿公阿嬤或姑姑阿姨視訊個十五分鐘，或許會是個不錯的選擇，比看一集《佩佩與小貓》（*Peg + Cat*）好多了。

琳・金恩－西斯可（Lyn King-Sisco）是軍官的太太，育有八歲的兒子凱頓，因為先生單位部署及臨時任務調度到韓國、沖繩、阿布達比等地駐紮，搬過了四次家。她說，這幾年來，隨著科技快速演變，保持聯絡變得簡單許多。一開始他們用電子郵件分享照片。她說，大概二〇〇九年左右，「臉書出現，成為跟他溝通的一大新方法。」即使夫妻分處不同時區，先生一上線，就能看到凱頓去植物園玩的貼文和照片。「他就會傳訊息來說，『凱頓又長大了！這些照片讓我覺得我好像也在那裡。』」

兒子年紀漸長，她說，「他比較懂事後，就會氣爸爸怎麼老是不在家，也比較會有情緒表現。而我們現在可以用 FaceTime 成功聯繫——這真是我們的救星，大大幫助我們消弭了鴻溝。」儘管分處世界的兩端，現在他們每週都會固定聊天。「如果有學校活動、生日派對、動物園郊遊，不管我們在哪裡，都可以用手機傳給爸爸看。讓我們覺得沒有相隔那麼遠，縮短了分隔兩地的距離。」

美國人口有四千兩百萬的移民。數位通訊徹底改變了他們和國外家人的相處模式。二〇一二年莫卡・瑪迪亞努（Mirca Madianou）與丹尼爾・米勒（Daniel Miller）的田野調查研究，記錄了菲律賓移工如何使用視訊聊天、臉書、電子郵件、傳訊息等來保持密切聯絡。他們的訪談對象之一是在養老院工作的唐娜。她犧牲睡眠，每天和全家人視訊聊天，每天傳訊息給兒子提醒他服用氣喘藥，和小嬰兒玩遮臉變不見的躲貓貓，還和小孩在臉書玩線上遊戲。週末時，她會視訊連到她媽媽家，有點像是遠距臨場系統，看著家庭成員來來去去，整整八個小時。以遠端遙控的方式，唐娜竟能扮演直升機家長：她有孩子的臉書和電子郵件密碼，每週查看一次他們的帳號。

到二〇一四年為止，美國只有四六%的兒童生長在傳統的家庭模式（父母都是第一段婚姻、同住）。對於離婚、單親的父母與融合的家庭而言，通訊科技愈來愈重要。我認識的一位家庭律師黛安娜・亞當斯（Diana Adams）說，「視訊探視」（virtual visitation）權是當今法官常見的裁決，或被納入監護權協議中。美國很多州都通過法律，要求把視訊探視列為選項之一。遵守這些命令可能包含協助照顧孩子的祖父母下載正確的軟體，或是把每個月的網路成本，列入子女扶養費中。

家庭魔法師

傑・奇頌（Jai Kissoon）是「家庭魔法師」（Our Family Wizard）平台的創始人。這個科技平台專門設計給離婚和分居的共同監護人，結合了安全的傳訊頻道、記載小孩預防接種記錄與鞋碼的訊息庫、支出記錄、還有共享日曆，這些都能幫忙消除共同監護引起的摩擦。

奇頌的母親長期擔任家事律師。「從我十歲開始，我就記得在我媽辦公室聽過隔壁會議室傳來毫不留情的交戰」他說。時間倒回二〇〇一年，奇頌的一個表哥試著要和剛離婚的前妻排定聖誕假期行程，但是他們倆不小心預訂了重疊的旅程，導致友好的關係變得不快。「他打電話問我媽，有什麼方法可以改善這件事？如果生活非得這樣下去的話，還不如不要離婚。」

這個應用平台一開始找不到立足點。但是幾年過去，明尼亞波里斯（注：美國中西部明尼蘇達州的最大城市）的家事法庭下令幾個衝突最甚的家庭試用看看。「這些家庭沒完沒了地為了雞毛蒜皮的小事上法庭：我從來沒拿到這個、她從來沒說過那個。法官把這四十個家庭放進網站，接下來的兩年，沒有一家回到法庭上。」

「家庭魔法師」大約有六萬名用戶，現在美國五十州和加拿大七個省，都將此網站納入法院判令。法庭一再發現，此網站以孩童的最大利益為考量，同時也節省了上家事法庭的金錢與負擔，尤其當許多地方的家事法庭都處於超載的狀況下。比方說，你希望和前妻交換帶小孩的時間，透過律師提出這個要求要花五百美元以上。「家庭魔法師」有個申請過專利的功能叫**交換專區**（trade swap），你可以在此提出請求、甚至設定到期日，免得你需要買機票或另做安排。此外，整個訊息記錄受到妥善保存，必要時可以給法官看，表明何時、為何你們兩人都違反監護權協議。

奇頌說，很不幸，有時候在爭取監護權的過程中，父母會偽造電子郵件來支持自己的論點，或是宣稱沒有收到某些訊息。而在「家庭魔法師」發出的所有訊息，都有多一層加密、時間戳章、以及收據，讓偽造或不見變得更困難。對特別有爭議的關係，還有個優質功能叫**語氣檢測**（**tone meter**）。「像拼字檢查那樣檢查你的口氣態度，」奇頌說，「防止你說出挑釁言語、或羞辱人的話，否則可能會造成共同撫養者的誤會。」

我覺得這個網站好有趣，說得委婉一點，多數的通訊科技，都不是明確設計來促進合作與和諧的。像「推送通知」和「即時通訊」這樣的功能，似乎在增加要馬上回應別人的壓力，不見得對深思熟慮或尊重的溝通有助益。但是付點費用，你就能使用這個已證實能降低家庭衝突的系統。

我也很好奇，所有的家庭能從那些因為移民、派任、離婚或其他情況而分開的家庭中學到什麼，如何能夠想出有創意的方式來使用通訊科技，讓彼此更緊密。很多人都在用可以共用的 Google 日曆及 Google 文件、共享相簿、群組聊天、支付系統、Pinterest 等等，來保持聯繫，處理家庭事務。

瑞典科技部落客與開發者彼得・菲亞爾斯通（Peder Fjallstrom）二〇一六年二月寫了篇文章，關於他們一家四口如何使用聊天 APP《Slack》（這個 APP 是設計給工作團隊用的）。他們設定不同的聊天群組，如「代辦事項」、「假期規劃」和分享 GIF 的「雜七雜八」類目。他也整合了一個線上訂購雜貨服務，只要他們想到，就可以自動把雜貨品項放進每週訂單裡。對兒子們的《尋找我的 iPhone》APP 下達「小孩在哪裡？」指令，就會出現 Google 地圖影像，顯示他十歲兒子當下的位置。「目前他們還算喜歡此事，至少是因為方便，但幾年後他們可能不會太開心，」他在訪談中說，「屆時我們會重新和他們協商。」其他的整合提供了 Google 日曆更新，還有小孩學校的消息。「一切都比以前方便許多。」菲亞爾斯通接受加拿大廣播電台訪問時這麼說。

女兒不在我身邊時，我們當然可以視訊聊天，我也可以傳訊息給照顧她們的人。我們可以交換短片或是語音訊息、或是來來回回傳表情符號、一起讀書、或是用 Google Apps 合作畫圖。有各種可能，說也說不完。

「我女兒在哥本哈根當交換學生，」教育科技專家華倫・巴克萊納說，「她的寄宿家庭裡有兩個小女孩，她們喜歡在她的 Apple Watch 上畫畫，然後傳給我。所以我手腕會有這些小小的『震動』提醒，然後看到這個叫芙蕾亞的六歲小女孩的畫，而且是即時的。」

追求快樂

亨利・簡金斯、艾瑞卡・奧斯汀、艾瑞克・羅斯穆森、達娜・博依德、伊藤瑞子等學者，已經提出了相當重要且充滿樂觀的看法，讓我們見到科技的正向教養是什麼模樣。那種盡情開放及好奇心（還有好玩！）的態度，是數位媒體與學習網絡及自造者運動獨有的，而南西・卡爾森-佩吉等研究者採取的立場則是擔心3C會限制和模式化孩子的遊戲。我對於這兩者之間的對比滿著迷的。

簡金斯之流表示，沒錯，使用3C和我們的生活與想像力密不可分，而且是從很小就開始。我們對故事角色印象深刻，也會把電視電影的內容演出來。這有好有壞，但他們相信幼小心靈的能力與想像力，在適當的支持和引導下，能夠在他們遇到的3C上展現神奇的力量。

這個看法確實有其魅力，但我不是通盤的3C樂觀派。我常覺得我得強迫自己闔上筆電螢幕，因為我知道那裡有許多讓人恍惚深陷的軟泥、還有很多對我亂噴的胡言亂語。

但重點是，我們的角色是要去介入調整子女的 3C 使用，而不是對孩子可能遇到的一切微笑以對；要成為一股保護力、以身作則、分享價值觀、灌輸批判性思考。而且，需要的話，還要找出平衡。要做到這點，我們得知道孩子們在做什麼，以及為什麼。

除了完成父母職責，還有其他好處。就像喬丹・夏皮羅和黛娜・史蒂文斯，仔細觀察自家小孩的行為、參與他們的遊戲，就能夠學習、受到啟發，並能夠領會 3C 在我們生活中提供了更廣闊的可能。

飲食比喻在這裡相當適用。全家團聚用餐，就可以交流正向價值、使關係更緊密。要是小孩和父母一起準備餐點，那就可以學習更多、有更多樂趣，也因此有更多的機會吃到蔬菜（此處比喻最有助於孩子學習成長的內容）。

如果你擔心 3C 對孩子的影響，那就更有理由努力去找出有 3C 與兒童更理想的生活是什麼樣子。如果你和孩子享受 3C 時光，就像我喜歡和孩子一起看電影，那就跟他們聊聊這些事！賭注很高。我們理當為小孩做更多，而不是一味地驚慌失措。我們必須聰明點。但是追求快樂……或許是個好的開始。

LESSON 5

借鏡：其他家庭怎麼做？

寫這本書，是為了幫我自己和其他家長弄清楚，該如何看待數位科技。我盡可能找出科學理論、個中風險與可能機會。現在，該是談談實質問題的時候了。在這一章裡，你會聽到幾百個真實家庭的做法，他們如何訂定 3C 規則，以及專家們在自己家裡都怎麼做。你可以參考其他人的做法來制定自家的 3C 規則，並隨著情況改變、更新。

我家的做法

背景

先從我自己講起吧。我成長於一九八〇年代的雙薪家庭，我爸媽不太管我和我妹看多久電視。我們沒有電動遊樂器、也沒有第四台，但有實際上無限量的電視聯播網，還有錄影機。到了一九九〇年代，我們有了電腦遊戲，家裡也有那種早期的撥接上網。我妹妹念幼兒園時，她每天下午都在播《威探闖通關》（*Who Framed Roger Rabbit*）的錄影帶，看了幾乎一整個年頭。

我先生亞當的家則是完全相反。他和妹妹還小的時候媽媽是家庭主婦，她會限制他們看電視的時間（而且只能看公共電視），玩電腦遊戲和任天堂也都有限制。

如今，我們兩人都是心智正常的大人，有工作、興趣、朋友、家庭團聚時間、運動健身的習慣……而且，我們兩個從早上鬧鐘響起的那一刻，一直到揉著乾澀的眼睛上床睡覺為止，都和3C形影不離。就這點而言，我們還頗具代表性：二〇一六年市調公司尼爾森[97]針對成年人使用3C進行調查，所得到的數字是每天平均使用十一小時又十二分鐘，其中包括六・五個小時的電視和電影，不見得包含與工作相關的使用。同樣地，非營利組織「常識媒體」二〇一六年發現[98]，家長每天使用大約九小時的3C媒體，八二%都是個人使用，與工作無關。

訂立我們家的3C時間規則，必須在我原生家庭的放任縱容和我先生家的嚴格要求之間折衷妥協。我們也都想分享使用媒體和數位科技的正向經驗，畢竟我是作家、研究者、新聞迷，我先生是程式設計師和遊戲玩家。

零到四歲的陪伴

我們的大女兒兩歲以前，我們還滿嚴格地執行不播任何影片，除非她在睡覺。幾年前，我們把電視扔了，停掉第四台，所以我們看電影和串流電視節目時，都是把筆電或 Apple TV 的畫面投影到大螢幕上——這需要花點時間來架設。也就是說，不會有無意識的不斷轉台、也不會有任電視一直開著當背景音的情況。

女兒滿兩歲之後，我們就開放看影片：星期六、搭飛機、搭車超過一小時、偶爾生病的日子可以看。星期六沒有什麼時間限制，但吃晚餐前一定要關掉。還有一些內容的限制，我們會看著，只要她害怕或難過，不論是什麼原因就會先關掉。我先生比較會去禁止那些他不愛的節目主題，比如充斥著購物和八卦的芭比系列。

一週開放一天用 3C，平日 3C 就能遠離我們的生活。這麼一來，家裡通常會比較安靜、平和，大家都回到家後，能更專注在彼此身上。（亞當和我在孩子上床睡覺後，還是會看看電視或電影，必要時會戴耳機。）星期六條款意味著我們平常不用一直回應再玩一下、再看一下、再多一點時間的要求，這點讓很多家長覺得很煩。

只要我們可以，都會盡量坐在沙發上和她一起看電視或打電玩，或至少之後和她討論內容。最後，星期六影視時間結束的過渡期她可能會發脾氣，我會請她幫忙用更好的方式來轉換心情。我們在播放影片前，會先規劃好看完以後要進行的活動。我們提醒她，要是螢幕關掉後大哭或抱怨，下次就沒得看。

在我撰寫此書時，我們的小女兒還很小，但她很有可能會因為姐姐而接觸到更多二手電視，而且更早。

週一到週五禁3C指的特別是被動收看影片，但我們還是常常用手機查問題、找答案，或是一起搜尋圖片。有一天早晨，我和璐璐在咖啡店裡享受去學校前的時光，璐璐給了我一個「愛斯基摩吻」（注：指兩個人輕輕地觸碰鼻尖），然後問我愛斯基摩是什麼。於是我們就花了十五分鐘看YouTube，了解雪橇狗和因紐特人在北極圈裡的生活。我們也會用視訊和她的祖父母聊天，大概一週一次。

另一個非被動的例外，是流行了好一陣子的兒童瑜珈系列影片。這個影片我滿喜歡的，可以讓璐璐在瑜珈墊上伸展，用各種動物角色演出二十分鐘的故事。

在不能看影片的週間，兩、三歲的璐璐常常會用她的想像力，回到她最愛的故事或角色。我們買了不少版本的動畫故事書籍以及許多服裝道具，來鼓勵這類的遊戲。三、四歲時，她幾乎每天都扮裝，還要我們也參與角色扮演，演出她最愛的人物：花木蘭、《勇敢傳說》（*Brave*）裡的梅莉達公主、《冰雪奇緣》裡的艾莎與安娜、《小美人魚》裡的愛麗兒、灰姑娘和白雪公主、《聖誕夜驚魂》（*The Nightmare Before Christmas*）裡的莎莉、《夜魔水晶》（*The Dark Crystal*）裡的簡、還有哈利波特（她看的是書，不是電影）。開車時，我們也會播放電影原聲帶和有聲書。

上幼兒園後

璐璐滿四歲以後，幼兒園裡開始使用 iPad，我們在家裡也準備了一台。我們只安裝了有限數量的遊戲和 APP，有一些有教育目的（算術遊戲《DragonBox Numbers》、學寫程式的《The Foos》、英語教學《Endless Reader》），有一些純粹好玩（繪圖應用程式《Toca Hair Salon》）。我們建立了一個 iPad 通行證制度：總共有三張通行證，每張表示可以在平日使用二十分鐘。事實上除了星期日，她幾乎沒有要求要用平板。

她的朋友使用3C就沒有這麼多限制。如果她去朋友家玩一個下午，我們還不怎麼擔心；如果時間長一點，比如說和其他家庭一起租屋度假，我們會溫和地鼓勵小孩該關掉電視休息一下、去做點別的活動，而其他小孩通常也都願意從善如流，滿令人訝異的。

我們目前的策略就是這樣。當然隨著孩子長大，做法會持續調整進化，但大致說來，這個策略在我們家執行得還不錯。

五百組家庭的3C使用規則

為了這本書，我做了一個線上調查，問大家如何處理自家的3C的問題。接下來我打電話聯絡，並和許多家長坐下來談，獲取更多的細節。

我總共收到五百多則回覆，我那不怎麼科學的樣本包含不同族群和種族、不同教育程度，以及不同居住地——大城市、郊區或鄉間。最後，我整合出一些大主題。

多數家長都試圖在家裡制定3C規則，採用的準則不一，計有下列方式：使用時間、使用時機、先後順序、內容、圖個方便和情緒。

使用時間

最常見的規則就是使用時間。在五百五十份回覆中，有三百六十份提到「時間」，一百一十四份提到「小時」或「幾小時」，還有五十八份提到「分鐘」。

在我的調查中，有一條最普遍的規則，就是「一天一小時」。假設那些家庭都遵守這條規則，那他們絕非一般的家庭。

這個策略的優點就是簡單明瞭，也吻合研究者普遍看待 3C 使用的角度——畢竟我們都在說「螢幕使用時間」（screen time）。

缺點呢？很專斷，於是很難解釋或執行，特別是對大孩子而言。這個策略也缺乏細緻度或差別對待，像是主動與被動使用。而且有時候，與其說是實際可實施的數字，倒不如說是在行事曆裡劃位。通常附屬細則比較像這樣：

「平日可以看電視的時間是〇〇〇（比方說一小時），週末可以看久一點。iPad 限制在一小時內。使用不同科技產品間要隔〇個小時。」住在郊區、兩個孩子的爸這麼規定。

使用時機

第二個常見的做法，就是限制一週裡的某幾天、或是一天裡的某個時候才能用；也有可能反過來，限制某幾天或某些時候不能用——只能週末用、或週日禁用3C、早上或下午，特定的家庭時間等等。我家就屬於這一類，週六限定。

禁用3C最常見的時機，就是晚餐餐桌上；一百五十位回覆者提到「餐桌」、「吃飯」，或「用餐時間」。

「餐桌上絕對不准出現3C！」有三個大孩子的媽媽說。

調查中另一個常見到的限制則和睡眠有關——很多家長提到晚餐後禁用3C，上床睡覺前一小時不能用，或是在臥室裡不准用。「臥室裡不能有電子產品（除了床頭櫃的鬧鐘）。」

研究者擔心3C會排擠其他優質活動，而限制使用時機——這不失為可能的解決之道。教養專家建議過，每天固定作息令人放心，有助於孩子熟悉環境；而規定一週的某一天、或是一天當中的某個時間使用3C，就類似這種做法。如果這種習慣（如同刷牙）成為作息的一部分，就比較容易執行，也比較不會引發角力拉扯。以這種方式訂立準則，有助於你思考如何讓3C配合你家的節奏。

然而，這個策略並沒有解決使用內容的問題。

先後順序

光以使用時機來規定，亦有其不足，所以許多家長（尤其是大孩子的家長）會以先後順序來制定規則。「功課沒寫完不准用 3C」就是經典的限制。另一個常見的優先事項，就是強調戶外活動。

「健康和學業優先。所以，只要他們做完家事、寫完功課、成績保持得不錯、課外活動表現好（也就是說，音樂和運動都有盡全力練習，也表現不錯）、吃好睡好，那麼就可以玩 3C 放鬆。」家住郊區、四個小孩的媽這樣說。

「限制會視天氣，以及他們那天已經進行的體能活動等等而定。」住在郊區、兩個孩子的媽表示。

「功課和家事優先。」一名青少年的家長說。

有個部落客以「第一代美籍愛爾蘭移民後裔懶鬼」（NarrowbackSlacker）為帳號名稱，在一則貼文中分享以下策略，宣傳效果奇佳，獲得超過七十萬次的點閱[99]。她是位自由撰稿人，在家工作，育有一對青少年兒女。她說她沒有限制 3C 時間，而是規定小孩在拿取任何電子裝置前，要先完成下列清單事項，在完成之前，絕對不准用 3C：

■閱讀**真正的文字**（漫畫不算）至少二十五分鐘
■功課全部完成（經過爸／媽批准，可以留一項到早上）
■日曆上標好考試或報告最後期限，並且和爸／媽約好時間一起讀書
■已經做了有創意、積極主動或有成效的事情至少四十五分鐘
■床鋪整理好，房間清乾淨
■至少做了一件家事

我聽過一些有大孩子的家庭，以每天更換 Wi-Fi 密碼為手段，堅持小孩做家事並完成功課。

正如以使用時機來定規矩一樣，明定先後順序能促進家庭平衡，維持良好節奏。不過，也有些人主張，撇開作業不談，「有創意和有成效的」活動或許常常需要用到 3C。

內容

以使用時間、時機、先後順序來訂定規則的多數父母，通常也會考量使用

內容。舉例來說，他們可能會想辦法讓十幾歲的孩子不要用IG或Snapchat，或是保留監控權。「不可以加陌生人臉書。」一位國中生的媽媽說。「媽媽有所有的密碼。」另一位媽媽寫道。或者他們會限制某些分級的電玩不能玩、某些頻道的節目不准看。

許多父母就和我們一樣，把看影片和用iPad、智慧型手機、社群媒體或其他互動使用分得很清楚，但這有好有壞。就像專家，有些父母會比較喜歡孩子用教育類型的APP，勝過看電視；有些爸媽則對電玩成癮的可能性很敏感，反而較不擔心電影或電視。

「如果我們察覺到他們口氣很差、或酸別人，就會停掉那些讓他們有這種行為的節目。」一位住在小鎮的媽媽說，她的兩個小孩都不滿十歲。

「如果是我喜歡的節目和APP，我會鼓勵，比方說學寫程式的《ScratchJr》，或是定格動畫APP等，比較需要發揮創意的那種。」

「我預選她可以看的節目，有正向訊息的、有學習元素的，比如說《小老虎丹尼爾》和《芝麻街》。」

「不准玩M級（涉及成人議題）的遊戲」一位青少年家長說。

其他方式

有些家庭把3C當作好表現的獎勵。或者用發給／收回3C裝置，作為執行時間與限制先後順序的方式。這類似我們家的iPad通行證。「我們家用3C時間許可證。每個禮拜最多可以拿十張，每張可以使用3C半小時，星期日可以免費獲得三張。只要閱讀書籍或練習數學題，就能賺取更多張許可證。」七歲小孩的家長表示。

有位家長把iPad分鐘數當作獎勵：閱讀半小時就能賺到半小時的iPad時間。「孩子們放學後要『歸還』3C產品，寫完功課才能再『借出』。要是功課需要用到3C（小孩愈大這個機會就愈多），我們用『自制力』APP來封鎖讓他們分心的功能。」一家子青少年的媽媽寫道。

圖個方便

制定3C規則和其他教養規則有一點很不同。當你教導小孩要有禮貌，或是要他們在固定時間上床睡覺，都會帶給身為家長的你**好處**，長期短期皆然。聽到他們說「請」、「謝謝」、「對不起」很愉快，晚上九點可以和另一半在安靜的家裡享受紅酒，再愜意不過。

但是限制電視與電玩時間，就等於是剝奪了你寶貴的自由時間。幾乎每一位我訪談的家長，都覺得這是內心的一大衝突，對我個人也是。晚上煮晚餐、早上準備出門、搭飛機、坐車、餐廳用餐、候診室……當有一種可以輕易打發小孩的方法一直在呼喚你時，要守住那條界線真的很難。

「坦白說，要看我壓力有多大或我有多忙！」一位媽媽這麼寫。

「我煮飯時給他們看電視，這樣才能好好做菜。只有長途車程、或在外面餐廳吃飯時可以用 iPad，這樣他們才不會吵到其他人。」

「情急之下，我會用手機來轉移他們的注意力（比方說我正在開會），不然通常不能玩我們的手機。」

「平時兒子有好表現，才能得到 3C 使用時間。但適逢假期、派對等特殊情況，為了方便我們就放手不管了。」

一般來說，遇到和平常情況不一樣的明顯例外時，如旅遊或生病，為了圖方便而開放使用 3C，會比解釋和遵守來得簡單得多。

但是在家裡，在任何一個星期四的早上十一點呢？如果這次你說好，那下一次你要怎麼說不行？

「我們沒有特定的時間表——媽媽說可以，他們就能用；媽媽說不可以，就不能用。」住在郊區、有兩個孩子的媽媽說。

為了便宜行事而允許小孩用3C會有的問題，就是父母為了方便而模糊了規矩——這會讓往後執行規定時更麻煩，也將導致激烈的衝突。

「規則就是，一切我說了算，我視情況決定可不可以。」六歲男孩的父親表示。

「我們在老大身上試過好多規則，但是都沒有用。」另一位住在郊區的兩個孩子的媽媽感嘆。

我們屈服讓步，其實就是做所謂的**間歇增強**行為，這是行為心理學的世界中，最難讓希望破滅的一種制約。

定時增強是這麼運作的：如果鴿子每次壓控制桿，你就給牠飼料，牠就會被制約，學會去壓控制桿。一旦你停止提供飼料，鴿子很快就會停止去壓控制桿這個行為。

間歇增強則是這麼運作的：如果你給鴿子飼料毫無規律可言，比方說，牠平均壓控制桿四次你才給牠飼料，即使後來你把飼料全部拿走，鴿子還是會一直去壓控制桿，抱著一絲希望試試運氣，直到真的累死為止。

我知道這聽起來很嚴厲。在為人父母的時光裡，我們沒有一個人可以對3C規則或任何其他事情，徹底執行到一點妥協空間都沒有的地步。我的意思並不是稍有不一致就會招來致命的傷害。我們都需要休息。我們偶爾會屈服於小孩的一直吵一直盧。而小孩的適應力很強，也有能力去應付規則裡的一些模糊地帶。

我只是要說，如果「因情況而異」一直是你對於3C的策略，而你覺得我所描述的那些問題已經造成了，那麼換個策略或許會好一點。

我大學就認識賈斯汀・魯本（Justin Ruben）了，他是政治籌劃員，之前在「前進」（MoveOn）組織服務，太太是瑜珈老師，他們有兩個小孩，曾經在國外住過，像是瓜地馬拉。魯本大方地承認他們也掉入方便的陷阱裡，比方說，當他們在為下一次的壯遊打包時，就允許小孩無限量使用3C。

「3C規則之所以這麼反覆無常、讓他們摸不著頭緒，是因為我們完全沒說清楚，要不要給他們用，是基於什麼考量。」他說，「從小孩的角度來看，就只是開口問可不可以用，爸媽就像神明一樣指示可以或不可以，小孩根本搞不清楚為什麼。」

並不意外，他把自己的小孩比作毒蟲：「他們使用3C就像在注射海洛因，永遠不會膩。我們關掉螢幕，他們就鬧脾氣。」

情緒

說到鬧脾氣，很多家長都會由於小孩用了3C後出現的負面情緒，而限制3C使用。這也對應到一些研究結果。

「我開始減少他看電視的時間，因為他好像沒電視就渾身不對勁，我很擔心。」七歲男孩的媽媽說。

住在小鎮裡一位兩個孩子的媽媽，不只限定3C的內容和時間，還要求要有良好的3C禮儀。這個策略旨在確定孩童能控制自己的情緒依戀。「當有人正在跟你說話，請保持尊重，停止／暫停你正在做的事。如果你當下無法停止，請告知對方。」這似乎是個值得仿效的好例子。

「當他們眼神呆滯、盯著螢幕太久，就該喊停了。」有兩名學齡孩童的家長說。「3C被拿走時，我家小孩會暴躁不安，有點類似戒斷症狀。如果他們這樣，我就不會再給他們更多3C時間。我要怎麼避免他們那種呆滯的狀態啊？」

「如果她很暴躁、極度情緒化，或是發脾氣，我們就會限制得更多，有時候甚至完全禁止，因為那只會加重她的情緒。」有五歲女兒的小鎮媽媽說。

很多人都注意到使用 3C 和情緒爆發之間的關聯，研究也支持這點。我訪談的臨床醫師輕描淡寫地談到關掉螢幕後的「火爆」反應，像是受到過度刺激的小孩，對於刺激物突然被拔除，會有高聲尖叫、甚至打人的情況。

依照情緒反應規範是個直覺且靈活的策略。但對孩子而言，他們可能還是覺得專制又不清不楚。這種做法也會讓你得在孩子心情不是最好的情況下，和他們協商或設限。

加拿大小兒科醫師湯姆・瓦沙斯基是「聰明用 3C」（Screen Smart）的鬥士，他有個讓事情變簡單的建議。「用計時器，」他說，「設定五十五分鐘，然後給他們五分鐘緩衝，放鬆下來。否則你硬生生按掉計時器的話，小孩一定會暴走。」

事先清楚地設定限制可能比較明智，提供其他活動或點心也可以協助小孩轉換心情。即使璐璐才兩歲，早上我們開始看影片前，都會先談談當天之後要去遊樂場的行程。

還有，如果那「呆滯的眼神」快要變成問題了……或許下次早點按掉計時器吧。

其他家長都怎麼做……

我打電話和家長、談他們家的3C使用規則時，幾乎不可能阻止他們談論「其他」家長的3C使用規則。

「我先生的哥哥——他們簡直就是犯罪證據。」這位住在布魯克林的媽媽告訴我，她有一個兒子。為保闔家歡度感恩節，她拒絕透露姓名。「我們滿親的，而且我也喜歡他哥這個人，但我們不想和他們一起度假，因為他老婆非常非常非——常縱容小孩。她跟我們很不熟。我希望兒子能和堂兄弟們一起玩，但他們卻都在看電視。他們晚餐時間也在使用3C。上床睡覺前都不讀故事書。」

「我有朋友連去超市，小孩都得看平板或手機。」潔西卡・羅伯（Jessica Robles）說，她是兩個幼兒的媽媽。「我們比較老派。即使是搭車，我們都還是會用唱歌來打發時間。我確實有看到女兒和同儕之間的差別。」

「有些同學有自己的手機，他們才八歲！還有電子郵件、通訊軟體帳號與IG。和他們比，我們家小孩有無限量的書籍可以閱讀。」有兩名學齡孩童的家長寫道。而且順道一提，她評論，那些家長**真的超不負責任**！「基本上3C就像那些家庭晨間、晚間和週末的消極褓姆，讓家長可以去做別的事情。要嘛你就好好跟孩子一起用（父母可以一起看，一起參與，就沒問題），不然就等著收拾後果吧。」

在這個趨於多元的社會環境裡，我們對其他家長（關於3C或其他決策）的評斷持續發生。教養決策受到高度檢視，也百家爭鳴——原因很多，因為階級路線不同，也因為網路社群的討論盛行。

丹佛大學的林恩・斯科菲爾德・克拉克（Lynn Schofield Clark）是《家長APP》（*The Parent App*）的作者[100]，該書是數位時代教養的族群研究，二〇一二年出版。克拉克的書觀察入微，深富同情心。她細心地指出，不是每個家長都有能力去限制3C使用，那是種特權，代表你有辦法提供小孩安全、或更合適的其他選擇，不管是你自己參與，還是高品質的付費托育、有規劃的活動，或是玩具遊戲等。

對家長而言，介入3C使用必定會伴隨著取捨：「限制3C可能導致付費托育的時數更長、花更多錢買外帶食物、或家裡更亂。」克拉克寫道，「對多數家庭來說，似乎不是什麼有吸引力的選擇，發展也不怎麼令人嚮往。」

禁止3C的做法「成為中上階級的行事準則，」她告訴我，「責任轉移到個人身上，而非機構與社會。」

我們都能對彼此有多一點同理心。我們也不應該把此事純然當作教養的問題。這是公共衛生體系的責任，包括管理者，應該要確保媒體環境更有益，或至少和善。各階層的政府可以做更多，從帶薪家庭假、育兒津貼到課後活動，確保所有的孩子都有更安全的機會去學習與玩耍，遠離 3C。

此外，對於其他父母的做法，我們的見解可能不是那麼正確。我問過參與線上調查的家長，覺得自己和其他家長比起來如何。不意外地，沒什麼共識。

以一到五分的量表來評，許多宣稱自己是最嚴格「五分」的家庭，聽起來和那些說自己很放任的家庭沒什麼兩樣。

「他們只有在我許可的情況下才能用 3C。一週加起來最多四小時。」

「我生病或小孩生病的時候會讓他們看電視和玩跳跳蛙（注：LeapPad，一種兒童平板遊戲機）。多半無限制。」

「放學後可以用三十到六十分鐘 3C。週末上午和下午、或星期五晚上可以用三十到六十分鐘。」

真的，他們聽起來和那些評自己為「兩分」的家庭差別並不大：

「不是他每次開口要，就能拿到手機或 iPad，除非我們在坐飛機（坐飛機時要用多久都可以）。」

「平日不能用 3C，除非把功課寫完。週末的話，我們盡量限制在兩小時（左右）。」

少數評自己為「一分」（也就是最不嚴格的等級）的家庭表示，他們是青少年的父母，差不多已經放棄控制小孩的 3C 使用了。放棄控制正是上一章裡我們的父母介入專家所建議的，前提是你沒有看到不當使用的徵兆。

「他們都是青少年，忙著課業和運動。真的花在 iPhone、遊戲機台之類的時間都是在娛樂。而且因為還有很多其他事情要忙，所以玩得並不多。」

讓小孩學會自制

社群常態問題會以另外一種方式顯現出來：劃清界線感覺很難，因為任何在你家執行的 3C 規則，只要一出家門，就會被打破。

「我們不希望他不知不覺，或是一旦離開我們，科技產品就成了他沉迷的禁果。」一名有三歲小孩的爸爸說。

「我知道當他們還小的時候，我必須限制 3C 時間。但是等到他們長大了，我不希望他們看電視看到不知節制，只因為從來沒有學過如何自制，總是依賴我設限。」

幫助小孩學會設定限制是很重要的教養目標。進行介入、從中調整，而非單純限制，是很好的主張。

家庭衝突

好奇隔壁鄰居或你家親戚怎麼做是一回事，小家庭內或大家庭之間有歧異時，要去執行一致的規定，那又是另外一回事了。我線上調查的回覆者中，有超過三分之一表示，他們不同意伴侶或其他共同照顧者認可在家使用科技產品的規範方式，也不同意對方允許小孩使用 3C 的時間。

潔西卡・羅伯說她先生比她迷科技這點，也造成了衝突。「他在科技業工作，所以總是面對著螢幕。他回到家，一直用手機更新推特動態消息……我記得我明確傳達過我的意思：『我覺得你的推文比你讀給小孩聽的書還多，這讓我很難過。』然後他回，妳說的是。」她說，他們夫妻對於兩人都投入親職教養很自豪，她先生更是驕傲自己不是個缺席的父親，但他對科技的全神貫注，已經造成兩人的分歧。

「我太太希望 3C 使用時間盡量少一點，也願意忍受極大的衝突來營造那樣的環境——我對普通級的衝突就已經敬謝不敏了。我非常感激她投入的努力，強迫女兒要和家人有連結。」卡瑞爾・巴隆（Karel Baloun）說，他有兩個女兒，家住矽谷。和青春期的女兒為了 iPhone 吵了一年後，他們請了治療師／教養顧問來仲裁。

「我們規定臥室裡不准用 3C……他們的媽媽還有別的規定，」一位繼母告訴我，「因為我十歲的繼女會講到她看的《麥塊》玩家。她八歲的妹妹也曾經告訴我們，她們會半夜醒來玩手遊。」

手足差異

很多家庭針對不同的孩子發展出不同的規則和政策，端看小孩對 3C 的反應與興趣，或只是因為家庭狀態有變動。比方說，對於弟弟妹妹來說，要堅守「兩歲前不用 3C」的規則通常比較難，甚至不可能。身處有四個兒子的混合式大家庭、身兼母親與繼母的女士說，她並沒有說服她十一歲和十七歲的兒子，在兩個學步兒弟弟靠過來時，不要看 3C。「很難！」她說。

一般來說，男孩子通常對電玩比較有興趣，女生則比較容易受社群媒體的吸引。家長的規定可能因此而異。他們給女孩的限制可能也不同，因為對於女孩的安危有不同的考量。舉例來說，「不准在 IG 上放比基尼照片」，顯然就是給女兒的規定。

艾利克斯・畢恩包姆（Alex Birnbaum）的情況比較少見：他四歲的兒子患有囊性纖維化，需要每天用手拍擊胸腔，並且穿上加壓空氣背心，連接管子到加壓器上；這兩種醫療處置可以幫助男孩釋放出肺部的積痰。他們靠 iPad 上的美國公共電視兒童台與《麥塊》影片熬了過來。「我對使用 3C 完全沒有問題，因為那能幫兒子撐過必要的療程。」畢恩包姆說。但這件事對他七歲的女兒來說，還是很難了解。「她覺得這是在針對她，不公平，為什麼弟弟就可以坐在那邊玩 iPad，她就得上床睡覺。對我們而言，真的很難熬。」

家庭團聚

研究發現，視訊聊天和其他形式的 3C 使用不一樣，我那個非正式研究裡的家長也注意到了。大家通常認為和奶奶用 Skype 視訊不算是有害的 3C 使用，即使對嬰兒也是如此。

「我們盡量不讓他看螢幕，或是我們自己根本不用，除了和阿公阿嬤用 Skype 視訊，大概一週一次，或更少。」住在小鎮、家有嬰兒的父親說。

「我先生外派，我透過手機遠端工作，所以 3C 對我們家來說是很重要的溝通工具。」住在郊區、有三個不滿五歲小孩的媽媽說。

「和住在墨西哥的阿公阿嬤用 FaceTime 視訊一小時以上」對於住在大城市、育有一女的媽媽來說，絕對是沒問題的。

會有什麼差別？

處理上網是教養的新儀式，和幫助孩子睡覺、吃飯、如廁一樣。iPhone 問世以來沒過幾年，孩童發展的大腦、人際關係與家庭生活就已經起了一波波的漣漪。

但是人有彈性、有適應力。我們不是無助地等待 3C 的憐憫。隨著一年一年過去，各個家庭會想出更好的策略。我們會發展實用的智慧並加以分享，幫助我們度過這些階段。

知道這點或許有點幫助：雖然有些醫師像小兒科醫生克里斯塔基斯這樣，

對於介入孩童接觸3C的整體見解有些宿命論，而對使用3C持樂觀看法的醫師也不在少數。目的在提供家長改變策略的針對性介入，有時候表現出顯著的效果。

二〇一四年有個研究[101]，提供了家長關於3C有害影響的資訊與諮商，以及一起共度時光的其他選擇。研究告訴家長，要把電視從孩子的臥室裡搬出來，並且在家裡其他的螢幕貼上「禁用」標示。研究期間，每戶平均的3C使用大幅下降，從一天九十分鐘降到二十分鐘。但該研究並沒有長期追蹤孩子們的狀況。

加拿大反肥胖的小兒科醫師湯姆・瓦沙斯基做過大規模的學校介入計劃，名為「聰明用3C」，受試者是三到七年級的三百四十名學童。他的「聰明用3C」教材提倡「五二一〇配方」，也就是每天攝取五份蔬果、使用3C不超過兩小時、運動一小時、零含糖飲料。

在瓦沙斯基的其中一個實驗裡，實驗組受試者與隨機的對照組相比，幾週之後，一週減少了一小時的看電視時間。「沒有你想像中那麼戲劇性。」他不情願地承認，「但是，如果你長時間追蹤，希望能持續改善。」或者說，在很多介入的研究裡，但願影響能完全消失。

看診時，瓦沙斯基會輔導面臨3C過量問題的家長，要他們逐步減量。「在三到五週之間，把時數減半。」他告訴家長，「你是家長。如果別人在抽菸，你會讓你的孩子也抽嗎？」

專家怎麼做？

我為了這本書而訪談的專家中，滿多也為人父母。所以很自然地，要是時機許可，我也會問問他們在家怎麼制定 3C 規則。沒有一位專家自詡為典範。看他們如何把自己研究中強調的重點對應到家規，非常有意思。

睡眠研究者的家規：石溪大學的蘿倫・海爾育有兩子，分別為一歲和四歲半。她嚴格執行睡前一小時不使用 3C 的規則，不允許 3C 出現在臥室裡，睡前儀式也不用 3C 產品。

「我四歲的孩子知道原因。最近，我媽用 iPad 在看影片時，他跟我媽說：『外婆，睡前不要看螢幕喔，因為那會告訴妳的頭腦要保持清醒。』」

垃圾食物廣告研究者的家規：美國大學的凱薩琳・蒙哥馬利的研究重點是在要求媒體產業負起責任。她談到自己也是有小孩的職業婦女。她小時候是開著電視寫功課的，所以她沒有給自己的孩子制定太多的規則。「每每參加那些會議，我都想，喔我的天啊！我沒有一件事情做對：我讓他們打電動、看不適當的內容。」但是她拒絕相信自己的小孩正遭受不好的後果。「一直以來，為人父母都背負太多內疚感，大眾普遍認為我們應該全年無休地保護小孩。我們做什麼都會被罵。」

反肥胖醫師的家規：湯姆・瓦沙斯基和他太太都是小兒科醫師，有一對青少年兒女。兒女還小時，夫妻倆會把班表錯開，其中一人就能留在家裡照顧孩子。「平日電視限制在一小時，功課全部做完了才能看。」他說，「我們明言禁止打電動──我女兒覺得沒差，兒子就覺得這樣很專制、很不公平；但他也只好聽從。最後，兩人都很感謝我們。」

媒體與暴力研究者的家規：愛荷華大學的道格拉斯・簡泰爾有兩個女兒，一個還在念高中，一個是大學生。他說當她們還小時，他「相當遵守美國兒科學會準則：小學階段一天一小時，大一點一天兩小時。但比起時間，內容他控管得更嚴格。」

不意外地，他並沒有倚賴分級制度；他會自己先看過內容，再允許女兒看。他們是《哈利波特》的書迷；至於電影，他們會等到 DVD 發行，再一點一點地看，演到可怕的部分就快轉。

但是他說，他這麼嚴格，有一次倒是產生了滿好笑的反效果。他自己是《星際大戰》的頭號粉絲。「最早的電影推出時，我十三歲。大女兒出生後我等了整整十年，我超想跟她分享這部經典電影。但她說：

『才不要，他們就只是一直打打殺殺。』

『噢，拜託嘛？』

『爸，我不想看。』

她學到——如果電影內容只是打來打去，她看了不會開心，也不會喜歡。」

反 3C 鬥士的家規：維多利亞・鄧可莉要她病患的家人對電玩設下嚴格限制，每兩天使用十五分鐘。她對看電視比較沒那麼擔心，尤其是慢節奏的節目。電視放在房間另一頭，進入眼睛的藍光就沒那麼多。

自閉症研究者的家規：凱倫・海夫勒已成年的兒子患有自閉症。她說她在兒子小時候並沒有制定 3C 規則，現在很後悔。「我是醫生，工作時間很長。我懷疑他當時太常接觸 3C，但我不確定。」

自閉症發聲者的家規：夏儂・羅莎的兩個女兒並沒有自閉症。她晚上會收走十七歲女兒的手機，十一歲女兒只有在做完功課和家事之後才能用 iPad。她說，她自閉症兒子的自制表現好得多。「他可以用個十分鐘，就知道自己該收起來了。」

小兒科醫師的家規：珍妮・拉德斯基是二〇一六年美國兒科學會3C指導原則的主筆。她和先生育有兩子，分別是五歲和快滿兩歲，工作都很忙。她家裡的3C規則是什麼呢？

「嗯……有點微妙……」她開口說，「我們夫妻倆小時候一天到晚都在看電視，也常常打電動。我們家有大尺寸的平板電視。我有智慧型手機。我們家不是反科技的家庭。」

到底她的答案是什麼呢？大概一天一小時……和我那不科學取樣的普遍回覆相同。下雪天會多一點，或是「如果我們要加班趕進度，老大會看很多《變形金剛》。」

家長介入子女使用媒體行為專家的家規：德州理工大學的艾瑞克・羅斯穆森有四個女兒，年紀從六歲到十五歲不等。他的研究主題是決定媒體對孩童的影響時，家長的重要性為何。而且他的態度似乎滿自由放任的。「對十五歲的大女兒，平板也好，手機也好，我們不會管那麼多。」他說，「其他小孩的話，她們得問：我可以做這個嗎，我可以玩平板嗎，我可以上YouTube看這些影片嗎。

她們愈大，我們的規則就會慢慢減少。我們家小孩能了解我們會允許什麼、不允許什麼。」在他家裡，「我們信任公共電視」，娛樂節目的話，迪士尼與尼克兒童頻道（Nickelodeon）也可以。暴力和色情的內容絕對不容許。

成功的祕方

只仰賴專家的建議是行不通的，因為研究還太新，也不夠完整。家長必須自行制定 3C 規則。事實上，專家也是這麼做的。你的考量點應該是哪些原則對你的孩子可行，哪些你覺得妥當。原則絕對會隨著時間改變，那很正常。當你的家庭正值過渡期時，如多了弟弟妹妹、搬家或分離等，都是重新檢視規則的好時機，看看還有什麼需要更新。

我訪談的家長中，有些認為早一點限制很重要，也比較有效，如此就能讓家庭成為避難所，讓孩子遠離之後會遇到的科技產品。有些家長比較在乎的是為孩子的 3C 使用搭建鷹架，介紹新科技給他們，協助他們學會節制。兩種策略都有好處。

我在整本書裡都一直回到健康飲食的比喻，以此來談論 3C 在家庭生活裡扮演的角色。攝取總量，也就是使用3C的時間，是值得思考的基本計量，但並不是唯一考量。我們也應思考避免（或適量攝取）某些可能有害的成分，並提倡有益健康的飲食習慣。最終，我們希望把使用3C像用餐一樣，變成一家團聚的時光，讓小孩養成更有創意的習慣。

多數專家建議，針對時間和內容，簡單且單方面的限制對於嬰幼兒與小小孩比較有用。但即使在他們很小的時候，你的責任也不僅如此。協助小孩去闡述他們所看的內容也相當重要，為了學習，也為了介入調整他們所得到的訊息。

小孩八、九歲時，你應該引導他們進入設定3C規則的過程，包括協商事情的輕重緩急，與家庭開放3C的時間。民主威信式的介入變得更為重要。

時間

迪米崔・克里斯塔基斯及美國兒科學會的其他成員主張，兩歲前的嬰幼兒一天的3C使用時間不要超過三十分鐘，大一點的孩子每天最多兩小時。也有些研究者認為，應該培養幼兒在沒有3C的情況下遊戲玩耍的能力，如南西・卡爾森－佩吉。相反地，強調家長介入子女使用3C行為之影響力的研究者認為，給八、九歲以上的學齡兒童設限是不必要的，只要你知道他們把時間花在什麼東西上面，也沒有特定問題出現就好。

時機／先後順序

睡眠研究者說，臥室裡禁用 3C，且在睡前一小時關機。此外，大家也有共識，闔家用餐時間也不該讓 3C 上桌。肥胖專科醫師如湯姆・沙瓦斯基，強調要有一小時戶外時間或其他體能運動，且優先進行。

家長參與

不管你的小孩是六個月大還是十六歲，他們用 3C 時，應該要有一部分時間是和你在一起的。你可以和嬰幼兒一起坐在沙發上，把電視節目當作繪本來看。等到他們大一點，就要跟他們共同討論節目與遊戲的訊息，聊聊當天他們上網時做了什麼，幫他們找機會創作，無論是直接用 3C，還是「有 3C 在旁輔助」。

聯絡感情

有些最初的研究顯示，視訊聊天比較像面對面溝通，而不是像看電視或打電動，連嬰兒都感覺得出來。數位裝置的最佳用途就是溝通：和祖父母用 Skype 視訊，傳表情符號給在工作的媽媽，畫個圖或製作一支短片傳給朋友。有時候我會徵求大女兒的同意，在社群媒體貼她的照片，然後把那些善意的留言念給她聽。等到小孩長大，開始自己使用社群媒體和同儕與陌生人互動時，你身為父母的角色就要轉換為以身作則，並且鼓勵正向的聯絡感情方式與習慣。

特別的情況

如果你的小孩面臨以下這些特別需要處理的情況，有一些訂定 3C 規則的想法可以供你參考。

健康／體重

除了限制使用 3C 一天最多兩小時，並且必須先運動，你可能要控制小孩接觸垃圾食物廣告和行銷的機會。考慮禁止邊看電視邊吃零食。試試看把看影片換成打電動。此外，不妨嘗試體能電玩遊戲主機，如 Wii 和 Kinect，以及運動相關影片，如瑜珈，或是以跳舞為主題的電視節目，如《大家一起扭一扭》（*The*

Wiggles）。

睡眠問題

除了臥室禁用3C、並在睡前關機外，也要想想看你是不是把孩子還需要的午睡時間，換成用平板或看電視了。你可能必須把電視時間換到上午，下午時段完全不用3C。如果你懷疑特定內容讓小孩太過興奮，也請查清楚。

注意力

過度接觸瘋狂動作（如卡通《飛天小女警》、賽車電動）和注意力失調之間是有關聯的。你或許應該幫小小孩選擇步調較慢的節目。至於大一點的孩子，你可以安裝《Freedom》這樣的APP，當孩子在做作業時，《Freedom》能限制多工處理。還有一些遊戲，像是《神經賽車》，宣稱能讓小孩培養注意力控制。

行為問題／情緒管控／攻擊行為

對某些孩子來說，使用3C可能會觸發攻擊行為。短期內你或許能藉由設定計時器、給予五分鐘的提醒來避開這種行為。在孩子的成長過程中，學會處理情緒觸發點是重要的一環。幫助孩子使用策略來因應3C時間結束的過渡時間，讓他們知道要是他們再發牢騷或大哭，下次就「不能用」。

如果在你家有攻擊行為的問題，請限制和這類行為相關的特定節目、網站和遊戲。一般來說，暴力內容和暴力行為脫不了關係，也會引發焦慮或導致麻木。精神科醫師維多利亞・鄧可莉在處理極端的個案時，會建議完全不要打電動，也只能看步調緩慢的電視節目，而且要離螢幕夠遠。

焦慮／憂鬱／自戀

使用社群媒體和青少年的焦慮、憂鬱、自戀有關，特別是夜深人靜時。長時間打電動也是一樣。限制這些活動，甚至進行「3C排毒」是可以考慮的治療選擇。

成癮／強迫症／引發問題的使用量

成癮不能只用玩電腦或滑手機的總時間來界定，而是對其他活動失去興趣，對於線下活動「一概不理」，在學校或家裡都出現實質問題。如果你做了第二章的檢核表、看到許多警訊的話，請和孩子聊一聊，並考慮要不要請治療師協助。

LESSON 6

延伸：校園中的科技應用

大女兒璐璐念幼兒園的時候，她告訴我們，在「自由時段」裡她最喜歡的活動就是在學校的「iPad 站」玩 iPad。即使在家裡我們有限制 3C 時間，她還是會在學校偷偷用。她真正以這種方式學到的東西只有童謠《小男孩布魯》（*Little Boy Blue*），而且透過她的演唱，曲調聽起來像一首淡淡的東歐輓歌。

過去十年來，身為記者，我的主線是教育，特別是教育創新，而這部分常常牽涉到最新的科技。我寫這本書的最大動機之一，就是弄清楚以下兩個概念間難以置信的隔閡：一個是在學校使用 3C，另一個是在其他地方的孩童與 3C。

我們已經探索好幾章了，關於「孩童與 3C」的對話，我們還是覺得被焦慮所控制。不管我們是聽到對早期大腦發展的負面影響，還是依附障礙、注意力問題與情緒調節、傳性簡訊、網路霸凌、成癮、焦慮、憂鬱、自戀……大行其道的訊息就是：要是你想做個盡責的家長，就一定得掉頭，關閉孩子的科技使用。

我一直嘗試在做的，就是加入不同的聲音、平衡上述的訊息；用健康飲食為比喻，去談論健康的3C經驗應當如何。但是關於**學校裡**的孩童與3C論述，似乎就像發生在完全不同的星球般，南轅北轍。

如果你聽科技產業領導者如馬克・祖克柏或比爾・蓋茲的話[102]，你會耳聞科技對於教育大眾有救世主般的潛力。低成本的行動裝置和免費內容，會送上基本的學習資源給大家。人工智慧的嶄新應用會加速學習，超越以往所見，方法就是以完美的步調提供客製化的內容給每一位學生——套用一位企業家的有趣說法，就是神奇的「雲端機器人家教」[103]。同時，隨著數位素養得到應有的地位，與閱讀、寫作、數學並列，每個孩子未來都要會寫程式，一整個世代的天才會傾巢而出，有能力為我們設計打造烏托邦未來。

我就直說了，很多都是炒作，有一些根本天花亂墜。但還是有把科技融入孩子教育的好論點，以及最好的做法。

這些做法可以看成數位正向教養習慣的延伸。創新教育者和創新家長的共同目標，就是促進創造力、彼此連結、弄懂、瞎搞、還有協助孩子達成個人目標與遠見，並且獲得重要技能。

網路上有不得了的學習資源與社群。有極好的範本可以使用科技把教學融入每一個科目。你可以在小孩三、四歲時就開始和他一起探索數位素養。我會給你目前最好的、有研究基礎的指導方針，去區分好壞、以及不好不壞。

但是，雖然這一章談到的是校園中的科學應用，我要先警告大家，由學校老師所創造的、真正精采的數位學習經驗很可能是特例，而非常態。很遺憾地，就跟其他精采的教學一樣。

在小孩的數位教育上，父母應該扮演支持和提供中介服務的角色。通常這都發生在非正式的學習機會上，如顧問、家教、課後輔導、夏令營等。我見過很多家長利用數位資源，來加強、補足學校的課程。因為教室裡有電腦，或是要用電腦做功課，家長得留意一些最差的使用習慣，尤其是那些有蘭花小孩的父母。

電腦的教育功能

我很驚訝地發現，個人電腦的發展史與以小孩為目標、有教育訴求的科技史密不可分。

一九六〇年代初期，南非數學家西摩爾・派普特（Seymour Papert）來到麻省理工學院[104]。認知科學家馬文・明斯基（Marvin Minsky）邀請派普特共同主持他新的人工智慧實驗室。派普特不是典型的反社會數學怪咖，他對「思考有關思考的事」極其熱衷。在這之前，他在日內瓦與尚・皮亞傑（Jean Piaget）在一起研究好幾年，皮亞傑大概是史上最著名的發展心理學家了。

當時的電腦有一個房間那麼大，造價幾十萬美元；但在那個年代，派普特是第一位主張每個小孩都應該有一台電腦的人。一九六七年，他的團隊推行第一套給兒童的程式語言LOGO。藉由組合簡單的指令，以視覺方式呈現，小孩可以對機器人海龜（或說是螢幕上的動畫海龜）下指令，讓牠去繪圖，或是播放歌曲。

約莫那個時候，有位叫艾倫・凱（Alan Kay）的博士候選人拜訪了派普特的實驗室。他深受啟發，不久就著手設計Dynabook，也就是一般公認平板和筆電最早的原型。派普特「要讓兒童可以使用電腦」的這個設計決定，啟發了個人電腦革命。

派普特稱他的學習理論為「建造主義」（constructionism），呼應皮亞傑最知名的理論「建構主義」（constructivism）。皮亞傑對孩童觀察世界、形成世界概論的過程很感興趣。他提出的概念是，隨著兒童成長，他們歷經了抽象推理大致上可預測的各個階段；還有，比起成人直接明確教導孩童，孩童主動接觸世界，能夠學習更多。

每個孩子都該有台筆電

派普特認為，寫電腦程式，並用程式當作創造力工具，能讓孩童有機會建構他們自己對於抽象概念的了解。電腦是虛擬的空間，是一種數學天地，小孩可以在其中學到數學，就像去法國學到法語一樣。

後來的幾十年，個人電腦發展得非常迅速，派普特的「教室裡的科技應用」論點，也變得容易許多。二〇〇〇年，他住在緬因州，他參與第一個州級倡議計劃，就是要提供筆電給每一位學生。

「每個七年級生都應該要有筆電，因為每個人都應該要有筆電。」那時他在貝茨大學發表的演講中這麼說[105]。「為什麼？答案還是一樣簡單：『嗯，因為我有一台。』」聽眾的笑聲平息後，他繼續說：「要是沒有筆電，我連現在在做的事情的四分之一都做不了，而且我認識的每一個從事各種腦力創意工作的人——作家、藝術家、史學家、數學家——他們都用電腦，只有極少例外。所以很明顯，電腦是當今腦力活的主要工具。你可能不認為小孩做的是腦力活……正因為不這麼想，我們現在才陷入大麻煩。小孩是在用腦，也應當如此。所以……為什麼有人會想要剝奪他們的腦力工具呢？」

小孩有重要的腦力活要做。他們需要工具。教育科技的願景簡單、先進，並且賦予人自主感。一對一的教育用途電腦——一人一機——現在已成為普及的現象。

派普特於二〇一六年過世，享壽八十八歲，他直接影響了一系列當今的教育趨勢，例如兒童的程式語言《Scratch》與《ScratchJr》、「一童一電腦」計劃、自造者運動、程式機器人樂高 Mindstorms（在他出版一本書後推出）。

但是，隨著教育科技愈來愈普及、愈來愈強大，派普特的先進願景並沒有接管主流教育，不管是在美國，還是其他地方。在教室裡使用 3C 的模式，很多時候倒是比較像我女兒在布魯克林公立學校第一年的經驗——是頗為被動、個別操作的傳統活動，受到教師和軟體設計者的管控與指示。

我們進一步來檢視為什麼會如此。

教育類 APP

現今多數父母在小孩正式就學前，就會遇到以教育為訴求的科技。自從 iPad

二〇一〇年亮相以來，幾十萬個不同的「教育」APP如雨後春筍般冒了出來。其中大量（也就是說，比其他年齡層數量都多，但不是絕對多數）是針對學齡前幼兒的。「每天都像下傾盆大雨，淹沒了市場。」發展心理學家凱西・西爾許－帕塞克（Kathy Hirsh-Pasek）說，她研究學習的科學已經幾十年了。「那是不實廣告，就像那些打著『教育』旗幟的玩具產業一樣。家長要怎麼分辨什麼才是有價值的？」

西爾許－帕塞克可以告訴你[106]。她二〇一五年主筆的論文被廣泛引述，該論文根據學習研究，提供了一系列準則來區分出哪些APP與影片是好的（少數）、哪些是壞的（占了多數）、哪些又是不好不壞的（絕大多數）。她說，除了少數例外，這堆第一波問世的APP裡，最常見的「都只是數位的學習單、遊戲、拼圖，E化再製的版本。」

根據西爾許－帕塞克與共同研究者的說法，教育科技產物，不管是影片還是互動式APP，只有在設計給參與者做到下述事項時，才最有效：

■主動參與（**心到**）vs. 被動觀看或心不在焉地回應

■深受教材吸引 vs. 被無關的鐘聲、鳥囀等雜音干擾

■獲得與生活相關的有意義經驗 vs. 毫無脈絡、粗淺與機械式的學習
■以高品質的方式使用新素材和他人進行社交互動

讓我們把這四項原則解釋得更清楚一些。

主動參與：學習者要進行一些思考。舉例來說，在一個研究中[107]，成年受試者被要求看影片學習如何打海軍結。若他們可以暫停、倒帶，而不是只是順順看過去，表現得會更好。在兒童的 APP 裡，可以是在尋寶圖裡找某一個形狀，或是傾斜螢幕，讓會動的球滑過迷宮。

受到吸引：這方面你要小心。會讓人目不轉睛的電視節目或 APP 往往充斥著鮮明的色彩、大聲嘈雜的音樂、轉變快速的鏡頭，以及「獎勵」效果；這些都會偏離學習目標。舉例來說，二〇一三年西爾許—帕塞克等人的研究發現[108]，若電子繪本上有動畫，隨機分布穿插在插圖中——比方說背景的青草在搖動——那麼，三歲小孩就比較難跟上故事的情節進展。另一方面，如果大象巴巴揮著手說「嗨」，對孩子而言，認出他就是主角會變得容易許多。

分齡與特別興趣：為了讓學習遊戲或 APP 持續抓住孩子的注意力，就必

須要分齡。要是能與孩子的特別興趣相稱更好，如動物或音樂。故事與吸引人的角色是引發投入的不二法門。

最愛的角色：研究指出，十八個月大的幼兒[109]，就能和他在影片中遇到、在遊戲中發揮的最愛角色建立利社會關係。除此之外，如果某個學習任務，比方說數學好了，如果陪孩子學的角色是《芝麻街》裡的艾摩，會比隨便用一隻紅色熊熊來得理想：孩子會學得更好。

有意義的經驗：西爾許-帕塞克寫道，研究指出，如果教學內容和某個故事有關，孩童回憶起來會容易得多。要是該任務能夠與孩童過往的生活經驗結合，那就更好了。西爾許-帕塞克舉一個APP為例，該APP要小孩拍攝「正方形的東西」或「三個一組的東西」，要求他們用新的視角來觀看周遭的物品。

社交互動：如我們在第二章和第四章所見，研究指出，當有另一個人在旁傾聽、提問、鼓勵與提供回饋時，小孩學得最好。然而，西爾許-帕塞克承認「有時候你得洗碗或洗衣服」，對多數父母而言，還有現實上在許多教室裡，教育性質APP的重點就在於讓小孩能自立自強、有事可忙。

「這些特色當中，要是一個也沒有具備的話，就不可能是個好的APP。」

西爾許－帕塞克主張，而「其中最可有可無的特色，就是社交互動。但如果你要讓學習臻於完善，毫無疑問最好的方式就是和小孩一起玩。」

值得下載嗎？

華倫・巴克萊納一九八四年完成碩士論文以來，就致力於評比和評論教育科技[110]。他發表了「兒童科技評論」（Children's Technology Review），其線上資料庫有一萬兩千筆數位教育產品的評論（只供付費訂戶使用）。他還舉辦年度會議，針對該主題進行研究。巴克萊納呼應西爾許－帕塞克，他說，在兒童的教育媒體世界裡，「有很多不好不壞的產品，一些真的很棒很優秀的，還有一些品質實在很差的。」

巴克萊納認為家長在考量教育APP時應該問的問題有：

■用了這個APP會得到什麼經驗，是小孩一開始沒有的？也就是說，有什麼新內容或新概念？

■這個經驗如何賦予（或奪取）孩子的能力？（用西爾許－帕塞克的用詞，需要主動投入及提供意義就是**賦予能力**；透過重複，不斷把概念灌輸到某人的腦裡就是**奪取能力**。）

■ 這個經驗是否利用了科技的潛力，達到傳統、非數位、非線性經驗無法達到的結果？（那基本上是數位化的學習單，還是一套記憶卡牌？）

■ 這個產品和其他類似的產品相較之下如何？

他說，劣質的APP通常是「劣質教學法數位化」的結果，他也不怕直接指名道姓。舉例來說，有個一・九九美元的APP叫《獅子里歐與朋友2D形狀》（Leo and Pals 2D Shapes），是針對學齡前兒童設計的，但是需要閱讀能力才能用主選單。無論是動畫還是音檔都很外行，動物角色也偏離教育內容：比方說，你會看到一個藍色三角形出現在畫面上，依指示點下去，只會看到和藍色三角形毫無關聯的里歐形象跑出來，直接在里歐的鬃毛裡找出三角形不是更好嗎？這串選擇的程序也許有可能挑戰兩、三歲孩童的注意力持久度。此外，這個APP提供的回饋是皺眉或微笑的臉，而巴克萊納說，「就發展來說，這樣做並不好。」

《獅子里歐與朋友2D形狀》的開發者戴倫・史德曼（Darren Steadman）回應說，他打造這個APP部分有根據「兒童電視工作室」的建議，而且這個

APP在美國和英國的教育機構裡每天都在用。「沒有APP是完美的，但我們覺得從我們創造的第一款APP中學到很多。而且收到回饋（不管好壞）我們都很開心，這會幫助我們將來做出更好的APP。」

除了「兒童科技評論」（介面是活潑的一九九〇年代風格），非營利組織「常識媒體」有超過兩千筆針對教育APP、影片和網站的免費評比與評論[111]可供參考。

為了尋找更高品質的方式讓孩子使用3C，有時候和沒那麼明確標示「教育性質」的APP和內容反而是最妥當的，符合巴克萊納和西爾許—帕塞克的指標，派普特的路線就更不用說了。相機和濾鏡、畫具箱APP、錄音軟體、文字處理程式、語音搜尋、數位樂器等，都可以是活潑、迷人、有意義、增加自信心的利用科技學習法。

教室裡的電腦

學校使用3C已成定局。「國際學生能力評估計劃」（The Programme for International Student Assessment，簡稱PISA）發現，至二〇一二年，美國學生和電腦設備的平均比例是三比一[112]。從二〇一一年起，超過四十個州採用「各州共同核心標準」（Common Core State Standards），隨之而來的是在線上實施的全新州考，更進一步加速購買電腦和增加頻寬的需求。光是二〇一六年，美國K－12（注：指大班到高三）年級就增購了一千兩百六十萬台電子裝置，如筆電和平板，比起前一年增加了一八%[113]。如果把許多美國小孩通常十歲就會開始擁有的行動裝置算進去的話，多數學校真正3C的數量大概就是一個學生一台，甚至更多。

有那樣強大的運算能力，實際上拿來做的事卻叫人沮喪。正如一般消費性教育類APP的世界，我們可以分成一些好的、部分壞的、一大堆不好不壞的；或是用數位版本的學習單，以及用科技融入不太好的教學法來區分。同樣地，整體來說，教室裡使用的APP與科技也沒好到哪裡去，這些科技融入校外的方式也是如此。

我通常一個月會參訪全國各地的教室好幾次。談到科技如何實際運用，我和其他研究者遇到最普遍的趨勢與場景，可以濃縮成以下三種：無紙化教室、輪替教學與分心大賽。

無紙化教室

GAFE（Google APPs for Education，Google 開發的免費教育服務）[114]或許是目前學校所用最普遍的軟體工具，二〇一七年有七千萬使用者，也是目前為止最穩定的系統。基本上，G Suite（注：Google 作業軟體工具的總稱，包括 Gmail、Google 日曆、Google 雲端硬碟等等）和其他學習管理系統的用途，就是把基礎的教室功能，如日曆、成績記錄、作業、課程大綱和筆記帶回家，還有把行為計分表放上網，到哪裡都可以存取和搜尋。

這麼做，有一些教學法上的優點。以文字為本的討論，或許能給害羞怕生的學生更多時間去思考答案。用 Google 文件上改作文可以在不同版本間來回翻閱，讓學生能對改寫的過程有更多的了解。小組報告若是用 Google 簡報來做，老師可以確實看到每個人做了多少編修，便能根據編修狀況打合作成績。有一些系統讓家長有很多機會去了解學習過程，提供每天的文本、相片，甚至可以偷查成績，這點是否有幫助，端看家長如何利用這個資訊。

即使 G Suite 或類似的學習管理系統只用來支援傳統的教學，你會覺得任何可以把老師從繁文縟節的行政工作中拯救出來的東西，對於教學應該都是淨增益。問題在於，與類比的老前輩相比，數位工具（軟硬體皆然）日新月異的速度更快，在更短的時間內就會過時了。這些系統也會受到流行趨勢的波及：舉例來說，二〇一三年Apple產品在教室的市占率為四〇%（當時是iPad風潮的高峰），二〇一六年的第一季則掉到一七%[115]，因為學校發現，他們寧願讓學生用鍵盤。

軟硬體需要持續更新這一點（更明顯的是，需要專業發展，把教師都帶上軌道，使用新系統），讓無紙化陷入泥淖。網際網路的速度在許多公立學校也是個問題。因此，就效率來說，無紙化教室的淨利益此刻很難評估，並不是說不讓學區登記申請支出這筆預算。

輪替教學

在學校裡，和數位化記錄一樣常見的，就是使用電腦和軟體來協助傳統科目的教學。通常以輪流的模式進行：學生們每天或每週花時間在教室的電腦區、電腦教室、或是圖書館，進行單獨練習、隨堂問答、小考，偶爾有教師的支援。教師也可以利用那段時間，提供個別的關注給各個小組的學生。科技為本的課程也可能採取「抽取」的模式，幫助那些被認為需要額外協助或加強的學生。又或是科技教師可能會帶著筆電或平板「進入」教室，指導學生寫程式這類的課程。

所有主要的紙本教科書出版商，以及一些後起之秀，現在都在生產學習軟體。大多數的主力放在數學與語言學習上，然後是社會、自然，以及其他科目。幾家業界最有名的廠商有：i-Ready、360 Degree Math、ST Math、Lexia、DreamBox 與可汗學院（Khan Academy）。

今日的教育軟體添加了「遊戲化」的功能，比如說金色星星和排行榜，提供學生相對無痛的方式去記憶內容，如字母發音或九九乘法表。但這只是這些產品製造反映需求的開始。

這些課程最大的賣點，就是學生可以按著自己的步調來使用教材。二〇一四年有個大規模的調查[116]，兩萬名美國教師中，有四分之三說他們班上學生的閱讀能力天差地別，高低落差至少四個年級。然而，在傳統的公立學校教室裡，每一天授課的內容是根據課表訂定的，而不是依照班上二十五或三十名能力不同的學生、以及個人精熟的程度量身打造。在 DreamBox 或 i-Ready 這樣的課程裡，學生一開始會做診斷測驗；除非他們選擇題答對的題數夠多，證明他們已經掌握了那個單元，否則不能往更高階的課程走。

但是教育科技開發者允諾的，不只是每位學生可以按自己的步調學習。最好的情況下，這些工具讓學生能選擇教材要如何呈現，擺脫傳統課程的局限。文字、影片、互動題示與練習、提示、無盡的應用練習題，應有盡有。

舉例來說，DreamBox 讓學生透過虛擬「操作」來探索數學，也就是說可以操作動畫、互動版本的算盤、積木、拼圖、指南針、時鐘以及其他工具，這些都是學生在傳統紙筆黑板的教室裡比較少親手接觸的，因為時間或空間就是不夠。

DreamBox 公司的學習部副理提姆・哈德森（Tim Hudson）表示，上述活動的線上版本更活潑、效果更好。他說，通常一年級的數學練習題裡，學生可能會被要求要排出三十七顆木頭珠子。如果有學生表現出較好的數感，選了十個珠子三組、五個珠子一組，再另外拿兩個珠子，DreamBox 系統就會給該生較高的分數，優於辛辛苦苦從一數到三十七的學生。如果這道題目是在真實世界裡做的，那麼從結果看，兩個學生都答對，老師不會知道個中差異，除非在現場看過程；學生也不會得到回饋。（另一方面，小孩子特別比較可能從實際觸摸木珠而有所學習，那是從數位顯示中無法得到的。）

我講的每間軟體公司都可以提出研究報告，表示他們能夠改善、加速學生學習。相似課程的大型整合分析也顯示，在部分情況下，這些教材的效果和現場私人家教一樣好。

但是PISA二〇一五年提出的綜合報告，給部分上述說法滅了點威風[117]。

PISA是一種標準化測驗，施測對象是全世界的十五歲學生。報告發現，在三十八個已開發國家中，愈**少**用電腦做功課的國家，數學的分數就愈**高**。在閱讀素養評量裡，使用電腦時數較少，則會有正面影響。而成績最好的學生，用電腦做練習或從事其他與學業相關的活動，**一個月**頂多一次。即使當他們測試十年級生，執行真的需要用到電腦的任務時（測試在網路上閱讀一段文字的流暢度與記憶力，測試瀏覽網路尋找資訊時能否確認方向，且不受干擾地專心完成任務），那些自稱使用電腦最頻繁的，成績最差。

用電子郵件傳送訊息，絕對比寄信快。在網站上訂機位，毫無疑問比透過旅行社買還要簡單。但是像**學習**這麼複雜的過程，似乎沒那麼容易透過自動化就可以變得有效率，至少在人生這麼早的階段是如此。

許多今日的教育科技業務正在調整他們的定位，把重點擺在協助教師，而非取代教師。「我們的目標放在支援優質的教學活動。」Dreambox 執行長潔西卡・伍利－威爾森（Jessica Woolley-Wilson）這告訴我。「也有些人會認為，使用軟體的混合式教學將會取代現場的授課。」以她之見，並非如此。「最棒的混合式教學實踐出現在……和教師合作……那才是真正的成功。」

說得更清楚些，那就表示當學生在 DreamBox 或 i-Ready 等「輪替教學」課程裡做功課時，理論上老師隔天踏進教室的那一刻，就已經知道每個學生對於當天要教的概念，目前掌握的進度如何。如果老師只有五分鐘可以和學生一對一互動，那老師就能把那五分鐘花在解決學生最需要幫助的那個問題上。而且，老師不用手動批改選擇題。

布萊恩・葛林柏（Brian Greenberg）經營一個名叫「矽谷學校」的基金會。他們投資許多矽谷地區的特許學校，這些學校在使用科技方面都走在時代的最尖端，包括高峰學校（Summit Schools）、可汗學院與阿爾發學校（Alpha Schools）。在這些「輪替教學」的學校裡，學生有部分時間用筆電進行個人化「播放清單」，完成線上實習問題及活動，然後部分時間進行小組教學與更多實際動手做的小組合作。學生通常依照能力與興趣分組，而非年齡。

此處的願景，就是借重科技的超專業教學。「如果孩子不用耐著性子熬過那些不適合他們、或他們還沒準備好要上的課，而教師花少一點時間在可以被科技取代的事務上，把心力移轉到只有專業教師才能做的任務——設定目標、回饋、深度蘇格拉底式的對談——那將會如何呢？」葛林柏問道。「我認為收穫會非常大。」

科技不是魔藥，不能把《霸凌女教師》（*Bad Teacher*）裡的卡麥隆・狄亞茲

（Cameron Diaz）變成《危險遊戲》（*Dangerous Minds*）裡的蜜雪兒・菲佛（Michelle Pfeiffer）。這些創新者指出，學習科技如果只是傳統課堂的附加物，效果並不會好。學習科技必須經過深思熟慮後好好整合，再加上許多來自教師的支援，因為教師才能傳達個中好處。再者，非常可惜，太多數的教師沒有受過那樣的訓練。

分心大賽

即使學校體系把科技工具融入教學流程和例行公事的收益並不太大，但還是有成本。尼爾・塞爾文（Neil Selwyn）是澳洲蒙納士大學的教育學教授，他做了三年的田野調查研究，研究三所不同高中的科技使用狀況[118]。他刻意選擇在使用科技上一點也算不上是尖端的學校，其中一所學校給每個學生一台戴爾筆電，第二所學校有 iPad 計劃，學生可以帶自己的、也可以跟學校租借，第三所學校有「帶自己的 3C 來」計劃，也就是學生可以使用任何型號的筆電、平板或是手機。

研究有一大發現，就是「學校方面還沒準備好要使用科技」。充電一直是個問題，還有網路速度，過時的舊電腦也會因為惡意軟體、病毒、灑出來的汽水而陷入停滯狀態，搞得師生都一直在檢修故障。幾乎我拜訪的每一所學校，都有這樣的問題。

另一個問題所有的家長一定都不陌生。當學生彈指之間就能獲取全世界的資訊與娛樂時，教師便陷入了博取學生注意力的苦戰。塞爾文描述，每堂課的頭五分鐘，通常都是在「交火」，教師一再重複著「筆電闔上、耳機拿下、手機擺桌上。」

在E化教室裡，學生的工作習慣開始像那些現代辦公室員工，這有好也有壞。好處是電腦給學生選擇，可以獨立工作，能進行比較個人化的學習，就如同廣告所言。壞處是，據塞爾文觀察，有些教師允許學生一整天聽音樂，而且很常見到學生開一個視窗做作業，同時也開另一個視窗逛社群媒體或聊天。

塞爾文未必把此事看成災難。每個人時不時都需要放空一下，尤其在這個受嚴格控制與標準化的學校氣氛之下。「你我都有可能望著窗外發呆。這些小孩聽聽饒舌歌手 Jay-Z 或電音才女 Grimes。很合理。」

但有些小孩或許無法應付這些每分每秒都在、令人分心的事物。這可能會加重注意力不足過動症或其他問題。第三章的反 3C 精神科醫師維多利亞・鄧可莉說，不過才幾年前，她只要寫個醫囑，就能讓她最敏感的病人在學校免用電腦。她說，一人一機 iPad 計劃的出現改變了一切。「我試著跟學校溝通，我說，請停止使用，卻遭遇到許多更大的反彈。我說，這孩子有自閉症。我們得協助他的發展。誰管什麼共同核心標準啊？」

課業和回家功課都會用到電腦，也讓此事更為困難。就像我們家之前也有的情況，父母得協商整體 3C 時間以及在家的使用界線。你要怎麼規範需要用電腦做作業的小朋友呢？

《孩子，別玩手機了》一書作者德沃拉．海特納也是位親職教育者，她提出很實際的建議：「詢問小孩的老師，各個年級的作業預計要花多少時間做。如果是九十分鐘，而你家小孩卻花了四小時，那就有問題啦，你可能要查一下。也許小孩騙你說在寫功課，其實在打電動或做別的事，或是他們真的沒有意識到分心所付出的代價。」海特納說，你可以試用一款生產力 APP，如《Freedom》，或是晚上過了某個時間就把 Wi-Fi 關掉。但一如往常，不管你做什麼計劃，請試著得到你家學童的同意，並且告訴他們你內心的掙扎，還有可使用的策略。沒有人能對分心免疫。

桑妮雅．利文斯通二〇一六年出版了《我們這一班：數位時代的生活與學習》（*The Class: Living and Learning in the Digital Age*），近距離地檢視倫敦中學生使用科技的習慣[119]。塞爾文和利文斯通走訪過多校，我自己也拜會過許多學校，我們都發現，兩個世界最糟糕的部分，詭異地混合在一起：也就是舊世界撞上新世界。科技的命令由上級頒布，年年改變；軟硬體的採購訂單則是由學區辦公室負責的。科技通常會加重教師的工作負擔，因為要處理的電子郵件量增加，或是課後還得密切關注學生在線上論壇的發言。有些老師似乎不費力地把他們對科技的熱誠傳達給學生，但他們是少數中的少數。「我沒有聽到和十年前一樣的興奮之情，」利文斯通說，「只有那些科技狂老師才在乎這些事。」海特納在她合作的學校也見到同樣的問題。「很多學校的宣傳打著一人一機計劃的優勢。然而，他們不見得有提供教師們足夠的專業成長訓練，以致於教師沒有同樣等級的自信與能力。」

置入行銷的問題

當教育科技開發者努力開發新的APP，中學與大學也正設法找出最佳的利用方式時，有些人卻主張「隱藏版課程」正在進行中，那就是科技公司的行銷訊息。布雷特・弗里舒曼（Brett Frischmann）是卡多佐法學院的智慧財產權專家，也是《二十一世紀身而為人》（*Being Human in the 21st Century*）的作者。他指出，「當麥當勞或芝多司（注：Cheetos，一種起士玉米棒，台灣現改名為「奇多」）把他們糟糕透頂的食物帶入校園時，重點並不是賺錢，而是形塑孩童的喜好。Apple 和 Google 也在做相同的事：把教育 APP、iPad 和 Chromebook 筆電帶進校園。他們……在建立終身的客戶，」他說。「為什麼二年級的學生就要用 Chromebook 來算數學？也許有一些收穫，大家就會去強調。而大家都不談的是，此舉無異是在訓練小孩總是透過科技產品來互相交流。」

廣告商和教科書出版商一樣，總是和公立學校做生意。儘管如此，教育科技的成長，代表其角色日益重要，尤其對公司利益而言，從大型科技娛樂公司到小型新創公司皆然。培生教育公司（Pearson Education）的經歷是這個轉變的最佳典範：培生剛創立時，本來是一家英國建築公司，後來成長為大企業。過去幾年來，該公司慢慢賣掉非教育的部門，成為全世界最大的教育產業，提供標準化測驗、軟體、教材，甚至經辦完全私營的學校，有實體學校，也有網路學院。

多一台筆電，少一位教師？

科技與利潤動機相交，已對學生造成不好的結果。今日在美國，幾乎有二十萬孩童與青少年就讀營利性質、課程完全線上的K－12特許學校[120]。他們的結果通常糟糕透頂，就連特許學校遊說團都呼籲許多學校該關門停止招生[121]。

同時，在非洲和亞洲[122]，連鎖營利學校如大橋國際學院（Bridge International Academies）提供老師僅短短幾週的訓練課程，因此老師就真的只能看著平板電腦照「板」宣科——這樣的互動所需要的技能，就跟租車公司櫃台人員所具備的沒什麼兩樣。培生、蓋茲基金會、馬克・祖克柏全都投資這所學校，而且令人難以置信的是，賴比瑞亞從二〇一六年開始，竟把全國的公立學校體系全外包給大橋國際學院[123]。

川普總統任命的教育部長貝琪・戴弗斯（Betsy DeVos）是線上學校和教育私有化的主要支持者。她的慈善事業和遊說活動都集中在密西根州，該州有八〇%的實體特許學校都是營利經營，為全美比例最高[124]。

未成年人的數據危機

隨著對教育私有化的擔憂而來的，是對隱私的擔憂。教育科技產業持續蒐集更多學生的資訊，讓教師更容易記錄與分享。

愈來愈多的學生資料量，代表著個資遭駭、不小心洩露、被商家竊取的可能性也愈來愈高。許多權利侵害情事已登記有案：二〇一六年二月，中央佛羅里達大學承認有六萬三千筆學生與校友的社會安全號碼和姓名遭竊[125]。學校和資料儲存供應商之間現行的協議中，大部分根本沒有規定學生資料曝光時要告知家長[126]。

除了他們蒐集記錄的資料，學校提供的電腦也把一些學校變成了「老大哥」。我曾為全國公共廣播電台報導過一個叫 GoGuardian 的安全計劃，這個計劃引發了好幾起干預事件，學校資訊組長因為一名學生上網搜尋與自殺有關的字眼（晚上在自己家裡），而打電話給家長[127]。紐約大學資訊法中心的研究員伊拉娜・采德（Elana Zeide）是學生隱私與資料方面的專家，她告訴我她擔心此事隱藏的訊息：「我們是否在讓小孩習慣，接受持續不斷的監控是日常生活的正常情況呢？」

有個明顯的道德及法律問題待解決：現實生活中這些永久記錄的未來。今日的學生資料檔案包含一大堆個人資訊，若遭濫用，可能會改變當事人的一生。目前，法律並沒有權利封印或修改這些記錄。不覺得很恐怖嗎？你家小孩在小學三年級的停學處分，可能會讓他十五年後的求職不順。或者是某人從大學榜單上被刷下來，因為大數據預測她很有可能會輟學。

「如果有人根據你的信用卡記錄做出對你『不利的決定』，他們必須要知會你。」喬爾・萊登伯格（Joel Reidenberg）說，他是福特漢姆大學法學院的隱私專家。但對於學生個資，知的權利並不存在，更別說上訴的權利了。

有些州，包括紐約州和加州，都有指派學生隱私特派員，也有幾條法規正在執行。如果你關心這個議題，希望進一步了解，有個好地方可以著手——美國電子隱私資訊中心的學生隱私計劃[128]。

學習夥伴

到目前為止，對於學校使用3C，我描繪出的景色都是灰暗的。追這個領域這麼多年，還真的連我都很驚訝，為什麼我採取的觀點這麼負面。但事實上，學校的科技媒體常常以毫無想像力的方式應用，為教學流程徒增困擾，還敞開學校大門讓商業利益闖入。隱私權是個需要擔心的問題。而且對於學習的影響（你可能覺得那是整件事的重點）充其量也不過是混雜不一的。

一方面，利文斯通說，科技「對學校正在努力的方向是好的。」也就是所謂的二十一世紀技能，像是多媒體通訊、合作專案、興趣導向學習，當然還有工程和其他與科技相關的技能。另一方面，她說，「對學校來說，好處到底是哪些也還沒有定論。我們要求學校改變教師訓練課程、管理、投資、資金，然後換來的是一些評估，顯示出學習更優質、更平等的結果；但是也有許多研究顯示未必有成效。所以，『全面改變說不定有用喔』這個訊息實在是差強人意。我們絕不會在這樣的基礎下推出新政策。」

我同意利文斯通所說，在科技使用和培養小孩需要體驗的學習方式之間，有真正的共鳴，今日尤甚。我自己就曾親眼見證一些科技工具與好奇小孩的神奇邂逅。二〇〇九年，我和史丹佛大學的教授保羅・金（Paul Kim）一起到了墨西哥州下加利福尼亞的移工臨時安頓處，看到一群沒有機會好好上學的原住民小孩。他們三三兩兩成群，研究掌上型教育面板「學習夥伴」（TeacherMate）該怎麼操控[129]。沒幾分鐘，他們就能讀著西班牙文的故事，也能玩數學遊戲，完全不需要直接指導。

激發科技潛力

二〇一四年，在皇后區的世界自造者盛會（World Maker Faire，在這裡可以看到派普特的願景成真）上[130]，我和鈦虎隊的隊長張桓盈（音譯，Huan Ying Zhang）聊了一下，這個機器人隊的成員全都是高中女生。她們剛成軍時做了一個用程式控制的小裝置，可以滾動、撿起積木並堆疊，並且靠此打入分區決賽。「平常上課都很死板，」十七歲的桓盈跟我說，「念書、念書、念書！我都快悶死了。但做這個我可以自己努力。作品就像我的小孩，我看著它有了生命。」

洛杉磯有一所公立學校叫「育成學校」（Incubator School），由教師蘇姬塔・巴特（Sujata Bhatt）創立。二〇一五年秋天，我在該校和一群六年級生聊天[131]，他們在用電玩遊戲平台《麥塊》為特定的新石器時代人類蓋了符合史實的環境，以在巴基斯坦考古遺址發現的真實生活手工藝品為根據。有些學生專門負責背景研究，有些學生解決科技問題。「我真的愛死了這個歷史專題！」阿哈德・拉哈尼（Ahad Lakhani）告訴我，六年級的他戴著眼鏡，能言善道。「如果我讀其他學校，根本不可能一整年都在玩《麥塊》。這個專題教我們怎麼合作，因為要算小組成績，也算個人成績，所以真的要慎選隊友，然後整組好好合作。事情不見得都能如意，這是我學到的。」

全美國、全世界有創意的教師，正利用孩子對數位媒體的迷戀，搭好舞台創造美好的學習經驗，不管是在學校、還是課後。受熱情驅動的學習、合作、鑽研，全部都有。通常這些經驗結合個人研究、團體合作、創意呈現——全都「利用科技的潛力，而那是傳統、非數位的經驗做不到的，」巴克萊特說。

巴特的學校之所以會這麼有趣，另外一個原因就是師生並肩合作、接下挑戰，去想像二十一世紀的教育應該是什麼樣子。「我們想提供嚴謹、創意和自由。」巴特告訴我。

一言以蔽之，如果你希望小孩有這樣的課程和課後活動，可以留意一件事，就是讓一群小孩共用一個平板（或至少部分時間）。那就表示他們通常在合作完成共同目標、一起認真地參與討論，而非分心在聊別的、或是打電動、聽音樂。

馬爾・班-以斯瑞爾（Maer Ben-Yisrael）是柏克萊雙語學校（Ecole Bilingue de Berkeley）的資訊組長，該校是獨立的法國雙語學校，專收學齡前到八年級的學生。「每個學年，四到八年級都會有家長徵詢我的意見，想了解學生對於科技的使用。」他表示。他鼓勵父母把自己看成學校的合夥人，而且謹記，不同時候，科技會有不同的用法。

「我總是推薦兩件事：

■ 鼓勵並給學生空間去做有建設性的、有創意的、協力合作的科技使用（或介紹新的方法達到上述目標）。其實他們手邊就有簡單的入門點：《Scratch》、《麥塊》、在 iPad 上剪輯影片……孩子可以把這些技能應用在學業上，以及個人的探索上。

■ 給他們定量的 3C 專屬時間盡情去玩（不管是看影片還是打電動），當作釋放壓力的出口。有動機的小孩**總是**有辦法消磨這段時間，但就我的經驗來說，六年級到八年級的一人一機的計劃裡，小孩必須要有能力去探索自己的裝置、探索 3C 可以讓他們叩門進入的世界。當你給他們時間和空間去做這件事，他們比較可能會重視上路規則，不論是在學校還是在家裡。」

全面電腦科學教育

「未來幾年……每個學生都能修到實務的電腦科學與數學課，讓他們在入學第一天就作足就業準備。」這是來自美國前總統歐巴馬的承諾，是他二〇一六年最後一次國情咨文中的內容。

這個想法氣勢很旺。美國最大的公立學校體系——紐約市和洛杉磯聯合學區——都宣布他們的目標就是讓所有學生都能上到電腦科學課。

這個做法有經濟上的理由，就是愈來愈多的工作都需要對程式有基本了解。文化上的考量則是，數位科技在我們的社會裡愈來愈占優勢，缺乏關鍵能力去打造科技方案來解決問題的人——在今日社會中多為女性和弱勢族群——不管身為公民，還是身而為人，都會變得愈來愈沒信心、沒能力。教育上的論點則是，數位素養確實是基本素養——寫程式需要的能力，也是規律閱讀、寫作、算數必備的能力，例如排序（把概念依照特定順序排好），以及語法（把抽象符號和概念配對）。

不管你對於每個論點的優點有什麼看法，都還有很長一段路要走。電腦科學教師協會估計，美國只有十分之一的高中（更不用說中小學了）目前有提供電腦科學課程[132]。「電腦科學教師的供應管線是最大的問題——根本沒有供應管線。」CSNYC的黎安・蘇多-笛來瑟（Leigh Ann Sudol-DeLyser）告訴我（CSNYC是個非營利組織，協助實施紐約的「全面電腦科學教育」倡議），問題很明顯：有科技能力的人在私人企業工作會比當老師賺得多很多。

但是這個領域有很多動力，每天都有新資源。有個非營利組織叫「Code.org」，在軟體業界廣泛支援之下，於二〇一三年創立，讓千萬學生參加其「一小時玩程式（Hour of Code）」專案（一個在公立學校舉辦、玩遊戲寫程式的年度線上學習日），並協助培訓三萬一千名教師去教電腦科學。

程式教育

企業家和教育家也參與兒童的程式教育。我女兒喜歡一個叫《The Foos》的遊戲，專門教還那些沒有閱讀能力的小朋友程式的基本規則。開發者格蘭特・霍斯福德（Grant Hosford）的大女兒一年級時選了機器人課程，這件事讓他很有感。他女兒是學員裡唯一的女生，也是年紀最小的，跟同學的年紀差了一大截。

「如果我們教程式和教閱讀與數學一樣，我們會把課程分解成一口一口的分量，用歌曲和故事讓學習過程更有趣，給學生二十年慢慢達到精熟。」霍斯福德告訴我，「但是現在高中、大學裡的程式課，是把你扔著不管，叫你自求多福，再來訝異大部分的學生都自生自滅。」

米契爾・瑞斯尼克（Mitchel Resnick）是西摩爾・派普特的老同事、老朋友，幾十年來都一直在電腦科學與早期教育的最前線。他領導「終身幼兒園」（Lifelong Kindergarten）團隊，在麻省理工學院的媒體實驗室開發新的創意科技。他的團隊開發專為孩童設計的視覺化程式設計語言《Scratch》，以積木來描繪指令，可以像樂高一樣串聯，變成複雜的指令串。《Scratch》有個版本叫作《ScratchJr》，是專為五歲的幼童設計的，在Apple商店已被下載超過一百五十萬次，還有簽署合夥關係，使用公共廣播電視和卡通頻道的人物[133]。

一開始玩《ScratchJr》通常要下指令叫卡通人物跳舞、唱歌、演出對白。「編寫程式不只是一套技術能力而已，」瑞斯尼克告訴我，「那是表達你自己的新方法，有點像學寫作，讓孩子去組織、表達、分享想法。」

瑪麗亞・烏瑪斯奇・貝爾斯是另一位和派普特合作過的研究者。她發表過一個小型的研究，顯示寫程式提升了孩子在其他領域的技能[134]。舉例來說，我們要小孩描述刷牙的過程，他們只會給三到四個步驟。上過機器人和程式課程後，他們就能把過程分解成二十個以上的步驟。

「如果你排序的能力變好，對閱讀理解力會有顯著的正面影響。」貝爾斯說，「即使家長知道，許多小孩未來不會成為程式設計師，但因為有這些廣泛的好處，還是可以讓小孩去學寫程式。」

未來值得期待

學校的問題一長串——不公平、受教機會不是人人有、沒資金，還缺乏對教師的尊重與支援。上述種種都超乎科技可以處理的範疇。但即便我對學校裡的3C現狀抱有一點點成見，我對於接下來的走向倒也還算樂觀有信心。當教師和父母愈來愈懂科技融入學習的理想樣貌應該如何，就愈有機會找到好的項目、踢掉壞的部分；而那些不好不壞的，就讓它消失吧。至於我自己的兩個女兒，我知道只需要有一位好老師或導師，就能讓她們對科技的本領大感興奮，也許在學校，也許在夏令營，也許在中學裡的機器人社團。前微軟工程師艾佛德・湯普森（Alfred Thompson）轉任佛蒙特州的中學電腦科學教師，他也是電腦科學教師協會的理事。他告訴我，「至少每學期一次，我會聽到某個孩子大叫：『哇！太神奇了吧！』」

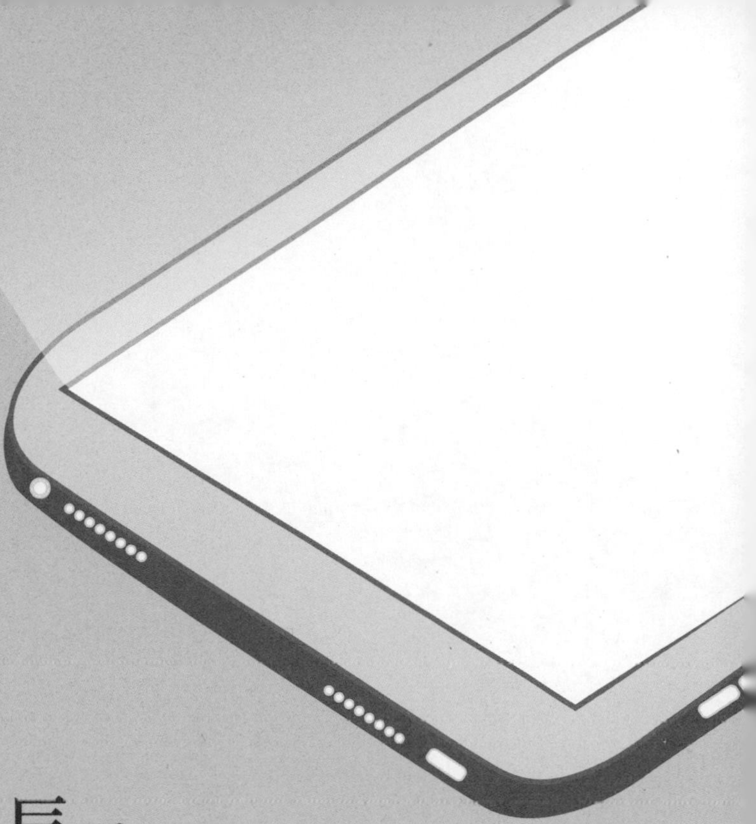

Part 2

身為家長，你該怎麼做？

Our Own Devices: Parents and Screens

LESSON 7

檢視習慣：你是螢幕家長嗎？

記得二〇一四年六月，一個晴朗明亮的週日早晨，我跟大女兒璐璐在公園裡的遊樂區，當時她兩歲半。我剛開始一份新工作，急著想證明自己的能力。我正用電子郵件和老闆來來回回討論一則即時新聞要怎麼做後續報導，偶爾抬頭看一下女兒，她開開心心、歪歪斜斜地走在遊樂器材上。

那一天，我就是個「手機媽媽」，這是二〇一二年一則部落格貼文的標題，口氣辛辣、語帶責罵，控訴在遊樂場盯著手機的罪惡。作者是這麼寫的：

> 妳正推著鞦韆上的小寶貝[135]。她很開心！妳每推一下，她就咯咯笑。但是其實妳沒看到對吧？妳頭低著，眼睛盯著手機，心不在焉地推著鞦韆。
>
> 跟她說話。媽咪，跟她說說天邊的雲朵，說說雲的造物者。當她跑到妳身邊時，搔搔她的小肚子，享受她的開懷大笑，因為那是稍縱即逝的時光。

把妳的眼光放回妳的珍寶上……妳的孩子。

那則貼文累積了一千萬次的點閱。顯然，她牽動了大家的敏感神經，當然也有我的。我納悶，這名女子是誰？根據她的部落格，她是基督徒，全職媽媽，有四個小孩。她很有紀律，座右銘是「沒有馬上聽話等於不聽話。」但是她寫的內容中最掏心的，至少對我而言，是二〇一五年一月寫的那篇。她速速關了她的部落格，原因是她太沉溺科技了。在她下台一鞠躬的那篇貼文裡，她說：「我兒子帕斯頓用雙手捧著我的臉，把我移開螢幕前。每一次他講『馬麻，看著我』，就離他再也不說這句話的時刻更近了一步。」

所以，原來「手機媽媽」其實就是對她自己說的。

聽著，養兒育女的時光很短暫，大家都這麼說。但是日子……日子可能無窮無盡。有時候你真的需要收一下電子郵件。

有這麼嚴重嗎？

我著手寫這本《螢幕兒童》時，我很快了解到，數位教養方程式的關鍵部分不見了。本章和下一章會解開家長使用科技所出現的問題。尤其是千禧世代的家長，比起之前任何一個世代，都花更多時間上網[136]。這點會影響我們的育兒方式。

我朋友珍妮佛・布萊爾（Jennifer Bleyer）是作家、編輯[137]，也是三個孩子的媽，她理直氣壯地回應育兒網站「Babble」上的那則貼文，想知道「我習慣藉著和別人傳傳訊息，讓我從長時間的全神貫注中喘口氣，這真的有那麼糟嗎？」一

好問題。

和飲食一樣，研究顯示，在3C使用習慣方面，孩子通常會追隨父母的腳步。如果你自己的習慣是毫無節制、偷偷摸摸、愧疚自責，那就很難培養孩子和食物之間的健康關係。基於同樣的道理，使用3C也是如此。

孩童過度使用3C所引發的問題——睡眠不足、飲食習慣不好、焦慮、憂鬱——也同樣會影響成人，而且還會進一步影響到你的育兒品質及其他關係。然而，先不對那些非常真實的風險嗤之以鼻，如果我們說針對孩童的研究有限，那麼針對家長每天主要的3C使用（且不論其他奇奇怪怪的因素）可能會影響小孩的現代研究，幾乎可以說是不存在。深入探究就會發現，譴責家長使用3C的這個舉動，根據的通常不是證據，而是意識型態的立場；實質是在批判母親沒

有時時刻刻回應小孩的需求，還特別把勞工階級家庭當作代罪羔羊。

這一章我把重點放在母親，是因為她們是這個相互指責的主要目標。兒童發展與依戀關係的歷史理論也一次又一次地聚焦在母親身上。知道有這個文化包袱後，本章以批判的觀點，來審視關於數位媒體使用的研究與爭論，特別是攜帶型的3C產品，並檢視數位媒體對於家庭動力的影響。

3C破壞家庭和諧？

你在第二章遇過珍妮・拉德斯基醫師。她剛開始對育兒與數位媒體的關係產生興趣時，她在西雅圖某個富裕的社區工作。

「我在一家大醫院做基層醫療，很多微軟員工的家庭會到這家醫院看診。當時iPad才剛推出，但這些家庭全都有智慧型手機。這改變了診間的互動方式，我覺得還滿有趣的。」她告訴我，她其實滿樂見家長步入診間時有備而來；但她還在提第一個看法時，坐在對面的家長就公然上網搜尋第二個意見，此時她就沒那麼開心了。這當中最讓她著迷的，其實是科技如何轉移、疏導，有時候也阻撓我們的育兒直覺。

使用科技而導致分心，進而影響育兒，這類的研究為數不多，拉德斯基曾發表過一些。她二〇一四年發表的一個小型觀察研究，被全球媒體報導[138]。

她和助理坐在一家速食餐廳做田野筆記。她們觀察，五十五名和十歲以下兒童用餐的成年人當中，其中四十個人擁有並使用智慧型手機。爸爸、媽媽，或是褓姆低頭滑手機時，小孩會表現出更多、更誇張的行為來引起照顧者的注意，不管是正面的（唱歌、扮鬼臉）還是負面的（打妹妹）。當照顧者專注於眼前的螢幕時，他們回應小孩的速度比較慢、比較嚴厲，也比較不恰當。

「照顧者若全神貫注在 3C 上，經常會忽視小孩的行為一段時間，然後以責罵的語氣回應，用呆板的方式重複下指令（例如：沒有看著小孩或是沒有做出與小孩行為相稱的回應），似乎對小孩表達出的需求無動於衷，或是使用肢體回應（例如：一位成年女性在餐桌下踢小孩的腳，另一位女性照顧者把小男孩的手推開，因為男孩一直試圖把她的臉從平板電腦前托起）。」

又是放在家長臉上的那雙懇求小手。

所以，這個研究的目的何在？為了讓你的心碎成一百萬片？

「我對於手機如何形塑互動很感興趣，」拉德斯基告訴我，「那是改變家庭關係與互動的可能窗口嗎？特別是在家庭時間這個部分？我們都知道那對小孩社交與情緒幸福感很重要。」

與低頭滑手機的媽媽一起吃快樂兒童餐，這和理想的闔家晚餐相去甚遠，但在今日卻相當常見。這真的失衡了嗎？與健康、功能健全的家庭背道而馳了嗎？

嗯，對於這點，我們還沒有完善的大規模資料可供分析定論。我們確實知道，看比較多電視的父母，小孩就會看比較多電視[139]，如此一來，對這些孩子就會有負面影響。但是，其實沒有什麼證據，可以證明家長在一般情況下使用行動裝置會傷害或影響孩子，不管是此刻還是將來。

正如我們在第二章所談的，劑量的多寡似乎會決定是否有毒。只觀察一個家庭幾分鐘，不可能知道上速食餐廳是不是該照顧者工作十四小時唯一的休息時間，或她是不是正在回覆很龜毛的老闆，或正在查看生病的親人是否安好。

我們也不會知道，在過去，這些照顧者在餐廳裡是不是曾埋頭看書、看雜誌或是看電視，而不是專心在小孩身上。

我們可以肯定的是，科學界、媒體，還有整個社會公然責罵、侮辱和監控母親的做法行之有年，而且早在任何數位科技出現之前就存在了。當我們談論在遊樂場或任何其他地方滑手機的媽媽，那段歷史絕對會出來作祟。就這點來看，對於媽媽滑手機的恐慌，就很像對女孩、3C與性的道德恐慌。

不過，我們必須對家長是否真的太常都「以呆板方式」應對的質疑，給予公平的申辯機會——要一半憑感覺，一半用常識。

真正的危險

很多科技都是為了抓住我們的注意力而設計的，提供不間斷的機會，讓你和不在你面前的人有連結。太容易取得這樣的科技，真正的危險便確實有可能出現。

二〇一五年六月有三兄弟在德州的歐文市溺斃[140]。他們的母親派翠西亞・艾倫（Patricia Allen）當時和他們一起在游泳池，旁邊還有兩名更小的弟妹。一位目擊證人一開始說，艾倫是因為在用手機傳訊息而分心，才沒注意到十一歲的安東尼、十歲的奧古斯和九歲的崔尚潛到水底下。

這是場悲劇。這種事是否經常出現，頻率高到已成為公共衛生威脅？有個設計得滿有意思的研究指出，因為科技產品而分心的家長，確實讓孩子暴露於真正的傷害之下。二〇〇七（iPhone 問世那年）到二〇一〇年間[141]，根據美國疾病控制與預防中心雜誌的急診室記錄判讀，全美五歲以下孩童受到非致命傷害的比率，提高了一二%，在這之前的十年都還在下降。iPhone 首次推出時，只能在 AT&T 的 3G 網路上使用，也就是說，iPhone 不平均地擴展到其他類似的社區裡。這個情況於是創造了完全自然的實驗，可以調查受傷案件的增加和智慧型手機的普及是否有因果關係。

在二〇一四年出版的一份研究報告中[142]，耶魯經濟學者克雷格・帕爾森（Craig Palsson）斷定他已經找到其中關聯。帕爾森查看了由美國消費產品安全委員會所蒐集的醫院傷患報告，這些報告描述事故發生時孩童在哪裡、當時在做什麼、和誰在一起。

結果相當令人難過。在 iPhone 可以收到訊號的郡，孩童年紀愈小，受重傷增加的比例就愈高。和無法使用 iPhone 的地區相比，一歲以下嬰兒的受傷率最高增長了一〇%。耐人尋味的是，只有發生在孩子有爸媽顧著的情況下，受傷機率增加了——根據推測，教練、老師、托兒所員工在受雇看顧兒童的時候，是刻意不用或是被禁止使用手機的。

帕爾森表示，智慧型手機「增加了看顧兒童的機會成本」，因為手機會誘惑父母去進行工作或娛樂——果真是經濟學者會說的話。就我個人來說，當我在遊樂場掏出手機時，成本效益分析根本不是我的考量。反倒是，我太常像「巴夫洛夫的狗」，全神貫注地去回應那聲「叮咚！」。

最後再針對危險提醒一下：我們有充足的證據指出，父母使用手機最危險的時機，就是坐在駕駛座上。車禍是學齡兒童最常見的死亡原因[143]，而目前估計每四起死亡車禍，就有一起和手機脫不了關係[144]。死亡交通事故從二〇一四年起持續往上升[145]，之前幾十年都是下降走勢，有些人認定攜帶式電子裝置就是罪魁禍首。同時，在二〇一四年的一個調查裡[146]，九〇％的家長說，開車載小孩時，他們會因智慧型手機、CD播放器、或是車上安裝的導航系統而分心。光是承認的家長就有這麼多了。

面無表情實驗

科技使人分心一事，給我們的孩子帶來真正的危險。但是，「媽媽在遊樂場滑手機」現象讓人焦急煩惱的，多半不是小孩身體受傷的風險小小增加，而是很難量化的情緒風險，會對我們家庭及發展中孩童的健康造成威脅。而這是個問題，需要深入探討（雖然被埋在一大堆批評指責底下）。

有個心理實驗的影片[147]（我賭你看了很難不鼻酸）：小嬰孩被綁在餐椅上，媽媽朝他傾身，微笑，睜大眼睛，跟他玩著遮臉露臉的躲貓貓遊戲，唱著手指謠，搔搔腳丫子。小嬰孩叫著、笑著，回應媽媽的溫柔低語，那種寶寶的對話是語言發展與健康依戀關係的關鍵。然後媽媽轉過頭一會兒。當媽媽回過頭來面對小嬰孩時，她面無表情，一臉木然、毫無反應。

就像拉德斯基醫師速食店研究裡的小孩一樣，小嬰兒做出一連串的反應來懇求媽媽的注意力。他先是微笑，然後咯咯笑。他試了一次又一次，尖叫、弓起背、拍手、朝媽媽伸出手、指東指西——使盡渾身解數。媽媽的表情毫無改變。小嬰孩一臉困惑，開始不確定地咬著拳頭，轉過身看觀察者。研究者發現他的壓力荷爾蒙在小小的身體裡迅速攀升，他的脈搏加速。

最後，小嬰孩頹然跌坐在餐椅上，開始嚎啕大哭，小臉脹紅，此時媽媽表情改變，趕緊安撫他。整個過程不過幾分鐘，沒有受傷、沒有不適、沒有大吼大叫或高聲責罵。四個月大的小嬰孩似乎可以記得這短暫的經驗，長達兩週；如果你重現這個情況，小孩激動的速度會更快。

麻州大學波士頓分校的愛德華・特洛尼克（Edward Tronick）從一九七〇年代起，就在做這些「面無表情」實驗[148]。他用這些實驗來當作漠視與母親憂鬱症

（尤其是產後憂鬱症，大約十個媽媽裡會有一個）影響的實驗室模型。他發現，一再拒絕給小孩機會進行情感交流，可能會引發嚴重的憂慮。但是即使長期被忽略，孩童回到穩定、有回應的關愛照顧之後，還是會好轉並茁壯成長。

當我看「面無表情」實驗影片時，腦中瞬間閃過我自己當著孩子的面、面無表情盯著手機黑色螢幕的樣子。我想像璐璐在遊樂場試著新把戲，四處搜尋我的身影，想要得到我的讚許，但只能陷入絕望的光景。

我們愈來愈沉溺3C，勢必得做出取捨，對我們所有的人際關係皆然。分隔兩地的人，3C可以將他們連在一起；但當我們人在一起時，3C爭奪家長和孩童的注意力，又讓我們不那麼親密。這和我們在前幾章裡談到的排擠效應是一樣的。

共享媒體經驗，需要家長這方有意識地去做。相反的，目前比較像是「共享媒體疏離感」，而這可能更為常見。

迪米崔・克里斯塔基斯醫師所做的研究中[149]，在對照實驗裡，當家裡可以聽到電視的聲響，即使只是背景音，成人每小時對嬰幼兒說的單字量會減少九〇%。他推論，這種對話的減少，對於兒童重度使用3C可見的效應來說（例如語言遲緩），可能是個主要機制。

智慧型手機與吃角子老虎

3C使用增多和不太理想的家庭關係或兒童發展之間有關聯，並不代表前者造成後者。有可能是有社交焦慮或憂鬱的家長，覺得工作太忙，或覺得經濟壓力大，就轉而投入3C的懷抱，而非和小孩互動。如此一來，因為上述種種原因，小孩就比較沒有安全的依戀關係。

我們知道，收入較低、教育程度較低的家長，比較有可能在白天把電視開著[150]，他們比較贊同的教養風格是強調服從，多於和年幼的孩子對話[151]。此外，針對移民家庭的一些研究發現[152]，他們偏好讓孩子透過媒體接觸英語，而非用家裡使用的語言和他們說話、或讀故事書給他們聽，這個因素也會影響重度媒體使用和兒童發展之間的關係。

所以，情況很複雜。但是科技的影響還是值得審視。電視，包含「背景」電視，都會讓人從彼此的關係中分神，減少面對面的對話，如同我們討論過的。固定的電話機座讓家長有辦法和不在場的人說話，而忽略在場的小孩。但是智慧型手機上述兩者都能做到，不管你人在哪裡。而且智慧型手機是為了抓住我們的注意力而設計的，電視即使有聲光俱佳的廣告和搞笑無厘頭的節目，還是望塵莫及。

智慧型手機上的「推播」通知功能，對於偶爾傳來的真正有意義或有趣的訊息，提供了間歇增強。二〇一四年一個小型的研究指出[153]，大家平均每天收到六十三・五則通知，也就是清醒的時間裡每十五分鐘就會收到一則。而那些收到更多通知的人，根據報告，也有更負面的情緒。

娜塔莎・道・舒爾（Natasha Dow Schüll）二〇一二年的書《設計成癮》（*Addiction by Design*），是根據為期十五年、針對電腦化吃角子老虎機世界的田野調查而寫成[154]。她描述了博弈產業的程式設計師如何創造出催眠般的獲勝節奏，還有設計「差一點就中」的結果，好讓玩家停留在機器前的時間最大化。她和其他研究者主張，消費性電子科技的製造者也差不多為了同樣的理由、以同樣的方式在做同樣的事情。「網際網路的貨幣就是花在上面的時間。」崔斯坦・哈里斯（Tristan Harris）用的措辭差不多，他之前是Google的設計倫理學家。「變成各種科技在比看誰先到腦幹。我們需要換個新貨幣。」

罪惡感 vs. 夠好了

焦慮是新鮮事，因為這些科技這麼新。我們這些父母，是不是帶著叮咚作響的手機在遊樂場、在速食餐廳、在游泳池畔，不經意地把面無表情實驗強加到自己的孩子身上了呢？通常這樣的劑量是不是不太可能導致傷害？

我不是有意要提出這些問題，來引發不自覺的批判或相互指責。我們一起以較寬廣的脈絡來思考這個動力。

在母親、小孩與行動裝置的三角關係中，有複雜、無形的力量在打轉。同一個影像可以套用多種濾鏡，像IG那樣。

有種觀點是，因數位而分心是公衛危險，尤其是駕駛、或監督孩子進行有危險的遊戲這類活動時。我們或許需要更強硬的規定、強制實施，還有更佳的文化習俗來提高意識，抑制風險。

然後，還有由像凱瑟琳．斯泰納－阿代爾這樣的心理學家、雪莉．特克這樣的批評家、珍妮．拉德斯基這樣的小兒科醫師提出的擔憂，也就是父母因為數位科技而分心，會傷害親子互動的質與量，而在嬰幼兒成長茁壯的期間，親子互動是那麼的不可或缺。

但此事更為複雜。我們的孩子確實需要我們的慈愛、回應與注意，且分量要足。然而，他們不需要我們時時刻刻都把全盤的注意力都放在他們的需求上。事實上，過度的審視關注本身就是種傷害。如果我們不給孩子空間去發展、探索、犯錯，或去了解他們其實可以靠自己的力量克服難過的情緒，不需要總是被拯救，或被告知該如何感受，我們可能會傷害孩子的發展。

模範媽媽

英國小兒科醫師兼心理分析心理學家唐諾・溫尼考特（Donald Winnicott）提到所謂的「夠好的媽媽」，常常被引述為母子關係的權威，這點滿值得記下來[155]。

他說，小嬰兒最初是母體的一部分。剛出生時，完全仰賴母親的照顧。隨著孩子能力漸長，他逐漸成為獨立的存在，母親慢慢收手。她「一開始幾乎完全配合嬰兒的需求。隨著時間，她逐漸調整，離完全配合愈來愈遠，端看嬰兒處理自己失敗的能力增長了多少。」

但是模範媽媽的當代形象似乎沒這麼「消極」，而是根本不放手的。社會科學家以「密集母職」（intensive mothering）和「精心栽培」（concerted cultivation）兩個詞來描繪這個迷思。

社會學家雪倫・海耶斯（Sharon Hays）在她一九九六年出版的《母職的文化矛盾》（*The Cultural Contradictions of Motherhood*）書中創造了「密集母職」這個詞[156]。另外一篇論文給這個詞彙下了定義，就是「以子女為中心、以專家為依歸、情感上全心投入、勞力密集的意識形態。這當中，母親主要負責『聖子』的培育與發展，而且得把子女的需求放在母親的個人需求之前。[157]」社會學家安奈特・拉羅（Annette Lareau）把重點放在精心栽培這個相關概念，那是往上爬升的中產階級的育兒策略[158]：家長用課外活動把孩子的時間填得滿滿的，並參與孩子的教育、協助作業、總是和孩子談話，詢問他們的意見。

在此刻這個文化裡，我們似乎把寸步不離、情感高度連結的家長理想化：始終付出最大的注意力；教導、引導、敘述孩子的經驗；徵詢專家意見；提供各種經驗上的充實；投入情感上的努力以養育快樂可愛的孩子。而且這個理想化角色的精神壓力都落在母親身上，畢竟母親仍被視為主要的照顧者。

但也不見得各處總是如此。大衛・蘭西（David Lancy）那本常常被用來當教科書的著作《童年人類學》（*The Anthropology of Childhood*）[159]，說明了許多我們認為的「普遍現象」——關於兒童、童年、為人父母、甚至母愛與依戀——其實是一派胡言。事實上，為了能穩定工作，我們漸漸演化出集體帶小孩的策略，女人會為此編織社會網絡，就像我為什麼記得要買禮物送我老公的姑姑她那個要結婚的繼女，道理是一樣的。如今，這種情感上的經營常常借助電子郵件、臉書和傳訊息來執行。

親密育兒法

如果過去十年來你有小孩的話，你大概聽過「親密育兒法」（attachment parenting）[160]。這一派家長支持一系列的做法，包括延長哺乳期至學步階段、和孩子同床；無論在家裡還是出門在外，用背巾或背帶揹著嬰幼兒一天數小時；快速回應嬰兒的需求，不施行時間表；實施正向管教，不採取罰站、面壁等暫時隔離法；也不提高音量，更不用說體罰了。

「親密育兒法」一詞想當然耳和「依戀理論」（attachment theory）相關，如溫尼考特等人所描述。概念就是在孩子年幼時，這種親密感會建立健康的安全依戀。但要是你認為這指的是時時刻刻都在孩子身邊，那也情有可原。「國際親密育兒組織」把這些做法稱為「我們生理的必然性……『本能』。」[161]

蘭西更為明確。依他的解讀，親密育兒法大幅仿效孔族（!Kung）的做法，他們是非洲喀拉哈里沙漠的採集民族（之前叫做布希曼人）。蘭西寫到，他們是

「世界上受到最仔細研究的採集社會」。他們最著名的特別之處，就是從來不讓嬰兒哭。

不過，他指出，孔族在採集社會裡是非典型的，而採集社會在眾多世界族群中也是非典型的——看看孔族小孩可以玩耍（還不會中途被叫去幫忙）的時間長度就知道了。

所以，有了 Ergobaby 背巾和「Baby in Car」貼紙，我們有最稀奇的育兒準備：一個小天使社會。這麼一來，得天獨厚的美國人和之前被稱為小矮人的非洲森林住民的共通點，其實……呃……怎麼說呢，太像清教徒。

但是蘭西主張，我們其實是非主流中的非主流。他認為，美國人和歐洲人形成「幼兒至上」的文化，小嬰兒是高高在上的君主，而家長則是奴婢。「在幼兒至上文化裡的小孩被疼愛與寵溺得非常誇張，是人類文化中前所未見的。」他寫道。

他說，對這種社會中的小孩來說，普遍的危險不是感冒或飢餓，而是令人窒息的父母之愛。父母親，尤其是母親，覺得有社會壓力，要緊緊抓住孩子、寸步不離。

我想要強調，蘭西描述的特性多半適用於中上階層（這一點海耶斯和拉羅提出密集母職和精心栽培也都說過）。從最新的數字來看，超過一半的美國孩童成長在貧窮線上或接近貧窮線[162]，這其中有六〇%是非裔、拉丁裔與美國原住民兒童，和單親媽媽相依為命的孩童也占了六〇%。那麼，多數的美國孩童，並沒有過度被疼愛，也沒有極度被寵溺。

然而，對於會去買育兒書籍、認為育兒是種活動、需要採用某種「風格」的那群人來說，幼兒至上的理念當道。而親密育兒、密集母職、精心栽培全都看似與母親擁有個人生活或進入職場互相衝突，至少在孩子還小時。

世界上最重要的工作

事實上，海耶斯使用「意識形態」（ideology）一詞，正是切中要點。如果密集母職被視為理所當然的文化常態，就不用這麼強烈地為其辯護了。但並非如此。這個概念其實是因應女性進入受薪職場而起。從這個角度看，沒有出外工作的女性，這群人愈來愈有可能是受過教育且富裕的女性，她們都會鼓吹密集母職是「世界上最重要的工作」，試圖捍衛自己的社會地位。而那些確實在工作賺錢養家的多數母親，回到家後也覺得有壓力要「上第二個班」，奉行密集母職，全都因為那些待在家裡的媽媽們訂下了這套標準。

蘭西是個六十幾歲的男人，已從猶他大學退休，比我認識那些自稱女性主義者的人，還要更女性主義。他說這些媽咪戰爭實在是很「荒謬」。「比方說，對於托兒所的爭辯就是根據這個大迷思、大謬誤而來，認為養育兒童的正常自然方式就是母親的全職照顧與關注。如果你看看人類學和歷史，就會知道那樣完全錯了。」反之，「世界上形形色色的社會裡，」蘭西的書中這麼寫，「女性在懷孕期間照樣工作，孩子出生之後不久就重回工作崗位。」而這點在今日確實如此。

現在理想的母親形象，就是不管是身體還是心理，要隨時隨地跟小孩在一起。這同時也是理想員工的形象。美國勞工比世界上其他富裕國家花在工作上的時間較多、能休的假較少。支薪的專業人士比起領時薪的低薪勞工，事實上投入更多時數在工作上。但是後者比較苦惱的是排班不定，班表通常由電腦指派，每週都會改變。

美國是唯一沒有保證支薪產假、唯一沒有保證支薪病假[163]、唯一沒有強制休假天數[164]的已開發國家，也是父親沒辦法請育嬰假的九個已開發國家之一[165]。部分也要感謝行動通訊科技，三分之二的勞工告訴蓋洛普民調人員[166]，過去十年來，正常工時之外還得花在工作上的時間明顯增加。勞工管理者正在研議制裁這個做法，美國和法國皆然[167]。

「關於如何養育小孩，我們最好的（也非常耗時的）想法已經出現了，就在這個尷尬的時間點[168]。」撰寫《工作！工作！：影響我們生命的重要風景》（*The Pleasures and Sorrows of Work*）的當代哲學家艾倫・狄波頓（Alain de Botton）如此觀察，「我們對於如何運作經濟體的最佳辦法，以及我們對於如何養家的最佳辦法完全不一致。」

支離破碎的照顧

經濟勢力把父母從小孩身旁拉走，文化勢力卻催促著我們要時時刻刻盤旋在他們頭上。職業婦女尤其經常利用科技，來因應我們必須總是同時身處兩地的需求——工作與家庭都要兼顧。

密集母職這樣的意識形態，以及它被用來攻擊女性一事，實在有悖常理。二〇一六年一月出現的那篇心理學論文便是最佳例子（我沒辦法想出更具代表性的了）。〈把手機收起來！支離破碎地照顧寶寶可能影響腦部發展[169]〉——這是加州大學爾灣分部發布的新聞稿標題。看到這篇論文我好興奮，因為這是第一份我看到聲稱能顯示母親因科技分心而造成長期情緒影響的研究。

然後我發現，研究樣本是老鼠。該論文其實在觀察在有壓力的成長過程下，青少鼠行為上發現到的改變。這些老鼠沒那麼愛吃甜的，也不太愛與同儕玩耍——簡直是老鼠的憂鬱症。

沒差啦，我心想。當然，比起真的在人類身上做實驗，這個研究結果比較不能應用。但也許他們有聰明地模擬老鼠媽媽因數位科技而分心的情況，就像狄米崔・克里斯塔基在「看電視的老鼠」研究中所做的那樣。

但沒有。研究中壓力被引發的方式，其實是給予鼠寶寶和母鼠有限的築窩材料；換句話說，就是貧窮。所以，比較合理得宜的新聞稿標題應該是「在貧窮中成長會長期傷害嬰兒的腦部」，這個結論有一大票以人類為受試者的研究已經表明了。

但不知怎地，研究者把焦點放在「拮据時媽媽會變得更喜怒無常」這個事實上。他們決定無端地羞辱母親使用科技一事。「我們的論文以許多研究為基礎，這些研究顯示，母親的照顧對未來的情緒健康很重要。重要的點在於，研究顯示，影響青少年行為的，不是母親的照顧**有多少**，而是避免支離破碎與陰晴不定的照顧，那才是關鍵。在照顧小嬰孩時，我們可能要把手機關機，表現出前後一致的態度。」研究主筆塔莉・巴阮（Tallie Z. Baram）說。只不過此處根本沒有證據，能證明在一般情況下一般的媽媽使用一般的手機會和「支離破碎與陰晴不定的照顧」有關。

既然談到這個主題，記得派翠西亞・艾倫嗎？那位三個小孩溺斃的媽媽。她的故事還沒講完。目擊證人陳述，艾倫在事發當下正在用手機傳訊息[170]，這個說法也成了全國的報紙標題，但稍晚該陳述被正式撤銷。後來也發現，她帶小孩去的那個游泳池位於一個破敗的公寓大樓裡，之前已多次被註記安全設備損壞失修，以及水質骯髒。達拉斯的兒童保護服務處已經帶走她兩名倖存的年幼子女，並且因三子溺斃而逮捕她。她提出告訴，要奪回孩子，還要補償損失。

艾倫是非裔美國人。新的報導描述她是有執照的護理助理員[171]，在達拉斯，這份工作年收入大約是兩萬七千美元（注：二〇一九年第一季，達拉斯的平均年薪將近六萬美元）。這樣的薪水要養五個孩子，她生活在貧窮線以下。其他報導說，她一直找不到穩定的工作。

對這些成長於「支離破碎與陰晴不定」照顧下的孩童，誰／什麼才是罪魁禍首？是手機嗎？還是讓太多像艾倫這樣的家庭得掙扎求生的社會結構呢？

身為人母的症狀

我們沒有忘記原本的脈絡，依然得處理 3C 對於家長注意力的影響。因為雙薪家庭父母壓力都很大、太多家庭很貧困、社會與經濟結構干擾了工作生活的平衡，家長和手機的關係令人不安是個趨勢。我想我們確實如此；我知道我們確實如此。而且如果你往下看這串過度使用 3C 相關的危害清單，就會發現這和新手媽媽特有的各種心理問題重疊的不在少數：睡眠干擾、焦慮、憂鬱等，僅舉這些為例。

產後失眠是公認的症狀[172]，可能單獨發生，也可能是產後憂鬱的徵兆。這十分殘酷。在間隔不等的時間醒來，會嚴重破壞睡眠模式。即使當小嬰兒入睡了，全面警戒的需求卻很難關掉。當然，失眠和手機成癮是雙向的作用力；如果你想要安穩地休息，床邊有手機、監控器，甚至是嬰兒，都不是個好主意。

除此之外，還有當代的長期干擾條件。我記得我和先生剛成為新手爸媽，第一次步出家門的那一刻。當時璐璐三個月大，在家睡覺，有爺爺奶奶作伴。電影院離我家才幾條街的距離。放映廳的燈光漸漸暗了下來，我本能地拿出手機，準備要關機……不對，我不能錯過任何一則照顧我女兒的人所發來的訊息，任何時候都不行。未來幾十年都是如此，我必須隨時聯絡得上，以免真有什麼事發生。所以當你和小孩分開時，手機的訊號成了延伸的臍帶，而這一點，可能也增加了家長對手機的依賴。

某種意義上來說，一旦你有了小孩，就不可能一心不多用。前景是「我正在從事的任何事情」，然後背景都是「小孩還好嗎？」你的心出了竅，在外遊蕩——你會恍神，也是理所當然。

有個新興的研究顯示，為人母者同時處理多個任務的情況比單身女性多、也比為人父者多[173]。她們不管在家裡或是在職場皆如此。在家裡，我們做比較多的家事，特別是腦力活，要排行程、組織行事曆、列代辦事項；在職場上，我們是生產力超高的員工。一直以來，我們都覺得比較累，需要比較多睡眠。用熊媽媽模式來比喻，我們持續不斷地掃視地平線、注意機會、留心威脅——這讓我們更容易沮喪與焦慮，而這些情況也驅使我們又回到手機上。

媽媽依舊多勞

原本被吹捧為提升效能的科技，常常最後又讓媽媽們長期地覺得不知所措、而且什麼都沒做好，這似乎很諷刺。但事實上，有個模式可以追溯到殖民時期。茹絲・史瓦茲・考恩（Ruth Schwartz Cowen）一九八三年出版了《媽媽多勞》（*More Work for Mother*）一書[174]。透過仔細的歷史研究，她闡明一個顯而易見的迷思：經過了幾世代的省力裝置之後，跟幾世紀以前相比，為什麼女性花在家事上的時間，沒有比以前少？

在逐漸工業化卻又父權當道的社會裡，似乎每樣創新產品都需要來自家庭外的更多現金，讓男性做的家事更少、女性則更多。舉例來說，當女性用壁爐煮飯時，男性就要負責生火、添柴火。十九世紀出現鑄鐵爐之後，男性就不用再做那些家事了。突然之間，家庭需要更多錢購買燃料，也就是說，出門在外工作的機會就變多。而女性卻要花很長的時間清理爐子上的煤灰，擦拭爐子以防生鏽。同樣地，新的家電用品問世時，新期望也同時出現。從很少洗的羊毛衣到燙平的亞麻床單與餐巾、從在灰燼裡烘烤的玉米餅到白麵粉麵包與蓬鬆的蛋糕。爸爸和媽媽都不再花好幾個小時照顧花園了，媽媽們就把那些時間用來開車上超市。諸如此類。

手機是另外一個沒有給我們帶來額外時間、反而延長工時的新發明，同時擴大了我們為人父母的責任。有次我奉派參加大型研討會的專家小組，和我同一組的人遲到了。她終於抵達時，解釋說她兒子一直從教室傳訊息給她，請她協助法文功課。

「媽媽少點工作」絕對不會單單因為科技先進就實現。一定要伴侶雙方展開關於家事的誠懇協商，當然還有來自於政府和雇主的更多社會支援。

往日情懷本是空

過去幾十年來，許多觀察家記錄了一個轉變：當我們談論到女性的恰當角色時，典範從「家庭主婦」（housewife）一詞變成了「全職媽媽」（stay-at-home mom）。家務管理規則稍微放鬆了一點，外帶餐點也比以前多了一點，但是現在女性應該要時時刻刻照料家人的幸福安康（而**小孩**是現在最重要的家庭成員，並非**丈夫**）。

許多部落客、文化評論家、甚至學者，都觸及了家長因數位科技而分心的敏感話題，但他們似乎都提出了不真實、理想化的過往，認為以前的母親比較關心注意小孩。

「現在家長比較不在場。」維克多・史特拉斯伯格告訴我，他是重要的3C研究者、父親、小兒科醫師，也是《童年之死》（*The Death of Childhood*）一書的作者。「家長沒有花那麼多時間和孩子相處了。比起家長，孩子對媒體更有興趣。」他不是唯一一位告訴我這件事的男性兒童發展專家。

但是，我溫和地指出，並非如此。事實上，情況完全相反。一九六〇年代以來的時間利用研究指出，家長比以前花更多的時間在孩子身上[175]。一九六五年，母親據報每週花十・二個小時照顧兒童，而父親是極其懸殊的二・四個小時。二〇一一年的母親雖然花在支薪工作上的時間增加了兩倍，但每週花十三・五個小時照顧小孩；而父親，雖然工作時數超微減少幾個小時，照顧小孩的時間提升到七・三個小時，只比母親照顧孩子時間的一半多一點。

此外，當代的家庭規模也比戰後嬰兒潮世代來得小一點。因此，給予每個孩子的個別注意力，可能更為增加。

再次想想「遊樂場的 iPhone」研究。確實，過去十年間，兒童受傷比例可能稍微上升。但那是在一九七〇年代驟降之後，當時幼兒至上的觀念大受歡迎。今日，和戰後嬰兒潮世代與 X 世代小時候的玩耍環境相比，遊樂場的地面比較安全、攀爬架比較低，翹翹板和旋轉木馬都消失不見了。而持續密切的家長監督（即使對大孩子也一樣）是新的常態。

因此，手機把我們從孩子身旁拉開的看法，可以完全顛覆了。如果那個星期日我無法在遊樂場滑手機，我根本就不會去遊樂場，我可能就直接進辦公室和老闆即時對談——後來在小孩午睡時我把報導發出去了。

或者，如果現在是一九六五年，我的小孩有可能自己在遊樂場玩、或者由哥哥姐姐或鄰居沒那麼警覺地看著，而我可能在家裡打掃煮飯，沒有人會認為在這種情況下小孩需要有家長看著。我們只會說：「天黑前回來喔，孩子。」

事實上，那位寫了智慧型手機受傷案例研究的經濟學者帕爾森，也呼應了這樣的觀察。他把能取得智慧型手機比擬成「收入效應」。

「因為取得娛樂和進行工作的成本都變低了，家長就可以花更多時間陪小孩。舉例來說，媽媽可能不需要進辦公室，因為她可以在動物園發電子郵件；爸爸可能更願意去遊樂場，因為他有新的電子書。」換句話說，這當中是有條件交換的：當小孩處在危險的情境時，手機可能會降低你的警覺性，但手機也增加了你開始帶小孩出門的機會。

那麼，優質時光怎麼辦呢？家人的感情有因為工作和家庭需求不斷重疊而變淡嗎？我們的小孩真的有因為我們似乎寧願和其他人講話而受苦嗎？

老話一句，你得問，跟什麼比？跟什麼時候比？

媽媽能擁有自我嗎？

「當我隨手拿起一本書、或開始構思寫一封信、或發現自己正真情流露地講電話，我精神都來了。孩子（或孩子們）可能正忙著，埋首在自己的夢想世界；但只要他感覺到我神遊至另一個沒有他的世界，他就會前來拉拉我的手、請求幫助、敲敲打字機上的鍵。我感覺得出來，此刻他的需求都是假的，像是圖謀騙走我為自己而活的十五分鐘。」

詩人兼文評家亞卓安・芮曲（Adrienne Rich）一九七六年出版了《女人所生》（*Of Woman Born*）[176]，書中探索她自己身為三個兒子母親的經歷。她刻劃了相當私密且有成就感的母愛經驗，以及發生在當時社會歷史脈絡中的喜怒哀樂，正如我們與孩子最親密的關係。就她來說，那個脈絡是表面傳統的婚姻：一九五〇年代的核心家庭、和大社會一樣父權的學術次文化，是貝蒂・傅瑞丹（Betty Friedan）的地盤，也是西蒙・波娃（Simone de Beauvoir）的領土。

即使呈現的內容錯綜複雜，這本書理直氣壯，斬釘截鐵。芮曲顯然很愛她的孩子。她撰寫此書時，含辛茹苦照顧幼子的時期已經過去，她的兒子都成年了，他們受人尊敬，也都讓她引以為傲。她離開了那段看似傳統的婚姻，出櫃表明自己是女同志。但即便這個（就當時來看十分激進的）舉動，她作為母親那滿滿的安全感和權威感，也絲毫沒有減損半分。

芮曲無懼地檢視當媽媽頭幾年時反覆無常的心境，她一直相當努力地調節孩子的需求，以及她自己要思考、創作、閱讀、寫作、工作的需求。「我可以愛得更好更多，我告訴我自己，就算我獨享清靜、脫離小孩、自私個十五分鐘。」**自私**，她這麼說，但這其實不就是「擁有自我嗎」？芮曲主張，在現實裡，這個衝突是被製造出來的、是人為造成的，就像戰後商店陳列架上塞滿滿的加工食品。這些小男孩一直來跟她討時間，她直覺到其中有詐：

「……這個圈圈，這個我們居住的**磁場**，不是個自然現象。」

這個比喻很驚人。她所說的磁場，就是由一個核心家庭簡化再簡化的**核心**所造成的——只有母親和孩子，長時間孤立，父親在外工作。

至於什麼是「自然現象」，只要牽涉到人，都很複雜。但是核心家庭不論是時間還是空間，確實都是反常現象。母親犧牲奉獻、在社會中扮演照顧者的角色，一點也不是什麼前無古人的奇異壯舉，如蘭西所言，根本就和牛奶一樣常見。這個國家、這個時代中，最不尋常的就是極端、簡化的苦行主義，以及對「親子關係第一順位、強力鞏固雙方連結」的堅持。

任何人想要逃離這樣的壓力，是再自然不過的事了。芮曲有書、有電話、有打字機可以讓她稍微逃避。如今，這三樣我們同時都有。

我時時刻刻都在工作

我為這本書而調查的許多家庭，都宣稱每天都在分心的教養中掙扎。很少（五百多個家庭中有十五個）家庭表示，孩子在身邊時他們有「嚴格」限制自己使用 3C。

其中一位回覆者是有位兩歲小孩的媽媽，在節制 3C 使用的一到五分量表上，她自評為三分，比平均值稍微節制一點。她寫道：「我照顧女兒的時候，只有在有來電或需要打電話、回訊息、或是查資料時，我才會看手機或用電腦。」

這其實還滿長一串。

「孩子在身邊時，我希望我更能限制自己 3C 的使用，」一位住在小鎮、有兩個小孩的媽媽寫道，「但我是自由撰稿人，沒有所謂的上下班時間，時時刻刻都在工作。而且，他們一個禮拜有一天在家，我還是得回客戶信件，有時候還要接電話。」

「我希望我們有更好的規則。」住在大城市、有一個寶寶的媽媽也這麼回應。「我試著在兒子面前不要用手機，但是我先生就很糟糕。我發現自己躲在餐桌底下查看手機，感覺對兒子很不尊重，而且好像有雙重標準。」

「呃，我常常在她面前滑手機。真希望我沒有。」另外一位家有小嬰兒的媽媽寫道。

「我有時候會邊聽podcast（耳機戴一邊），邊和她們互動。」有兩個孩子的家長這麼說。

「我跟孩子在一起的時候，我想把手機收起來，但不知道為什麼，很難。」另一位家長寫道，「然後我因為分心而有罪惡感。」

「我希望，」「我希望，」「我希望，」「我覺得有罪惡感。」這些父母都在描述自己對於使用手機的無能為力。罪惡感被獻上來當作代幣，讓我們購買想做的事來放縱一下，享受一段又一段的時光。

我聽到的這類用語像是塊遮羞布，用來掩蓋我們不太能對自己和他人承認的事情。當然，身為父母，我們希望能夠陪伴孩子，我們不想錯過孩子的笑聲、他們的提問以及成長的那些片刻。然而，同時，我們也渴望一點空間，暫時抽離照顧他們接連不斷的需求，以及需求產生的身心疲憊感。而且，如果我們得不到生理上的空間，我們的意識就會恍神，當作小小的替代補償。也許我們內心在反抗密集母職的意識形態。也許一天一連好幾個小時套著這個枷鎖實在是太沉重。

我們想要有機會去了解周遭的世界、去完成事情、去與人溝通。我們很常需要分身，才能兩邊兼顧。而帶著手機去遊樂場，我們就能做到——代價就是覺得很掙扎，或者至少要**說**我們很掙扎。

其中當然有不可否認的偽善，孩子一定會注意到，如同達娜・博依德所指出：「你不希望孩子邊吃晚餐邊滑手機吧？那你就不行。你不希望他們帶手機上床睡覺？那你也不可以。」

讓人很無力吧，似乎沒有人能豁免。我問珍妮・拉德斯基醫師（她就是速食餐廳研究的作者，觀察到「呆板」的家長和媽媽臉上那雙懇求的小手），她在家裡陪兩個小孩時，怎麼處理數位分心的問題。

「我先生真的很棒，」她說，「他的東西都在廚房桌上，除非響了，否則他很少去查看。但要是我待命，我會帶著呼叫器，有什麼緊急狀況，醫院就可以聯絡我。」要是她沒有在待命，那麼五點到七點的晚餐到上床時間是「神聖的」，她說……除非真的有病人怎麼樣，她必須進一步處置。

我沒有資格指責別人，但我不知道該哭還是該笑。這件事情並不簡單。我們需要外力介入。我們需要一個更好的方式去思考我們在做什麼，還有我們希望自己怎麼做。因為孩子都在看，每天從我們的習慣中學習。

相信孩子的能力

親密育兒那一套，我的表現差強人意；但我對另一套教養哲學相當熱衷，名稱滿乏味的，就叫「嬰兒教養者資源」（Resources for Infant Educarers，簡稱RIE）。

嬰兒教養者資源是瑪德・葛伯（Magda Gerber）想出來的，她在匈牙利出生，在巴黎索邦大學受教育，是兒童治療師與嬰兒專家，二〇〇七年過世了。如同在她的書《親愛的父母》（*Dear Parent*）中所傳達的[177]，嬰兒教養者資源所根據的基礎，並不是某些遙遠異國文化的不完美重現。嬰兒教養者資源擷取科學對於兒童發展的認識，融合了當代西方對於個人主義的理想。

運用嬰兒教養者資源，從襁褓時期開始，在照顧的儀式中，你真的專注於寶寶上。你溫柔地走向他，用尊重的語氣和他說話，用簡單的語言描述即將要做什麼，給他機會去反應。在換尿布、餵食、洗澡、哄睡時，你說話、唱歌、交流情感。

剩下的時間，只要你的寶寶沒有清楚地要求你注意他，你就可以把他留在安全、圍起來的空間，裡頭的物品簡單就好——手持小鏡子、紗布巾。基本上，你讓他放鬆，去做小寶寶做的事。這有點像親密育兒、密集母職、精心栽培的相反。

「我女兒三個月大時，我帶她去上嬰兒教養者資源課程。」珍娜特・蘭斯貝里（Janet Lansbury）說，她是嬰兒教養者資源教育者、作家、還是加州好萊塢的 podcast 主持人，有二十年以上的資歷[178]。「只要她醒著，我就在逗她。我都快累死了，覺得自己很失敗。然後他們說，只要把她放到這條毯子上，觀察她就好。整整兩個小時，她躺在那裡，靜靜的，在她的毯子上，吸著大拇指，看著某些光源，我這才第一次看著自己孩子，領悟到她是個完整的個體，有自己的思想和意見。」

很多嬰兒教養者資源的宗旨——比方說容許很多時間「趴撐」（Tummy Time）、讓小孩以自己的步調發展、對小嬰兒說話、敘述周遭環境的狀況——都有最棒的發展科學背書。但最終嬰兒教養者資源所傳達的感受，比其背後的研究要強烈得多了。那是一種哲學，告訴你在孩子身邊如何放鬆和保持尊重；那讓你覺得和孩子相處的時光很愉快，但親子雙方也都有其他重要的事情要做。嬰兒教養者資源幫助你找出充滿愛又有趣的互動節奏，點綴著舒服寧靜的休止符。這個方法提供了一些強而有力的答案，來回答 3C 時間和分心問題該怎麼解決，親子皆適用。

「專家提出警告和批評的時候，我很困惑，但沒有人提供父母可行的替代方案，來取代電視褓姆。」蘭斯貝里說。她所提供的誘人選擇如下：當你有規律地讓嬰兒在安全的地方、不打擾她和玩法多樣的玩具互動，當你抗拒誘惑、忍住不要用那些會發出噪音或閃光的東西為自己買幾分鐘時間，那麼嬰兒就會長成一位可以自己玩球四十五分鐘的幼兒。（蘭斯貝里的部落格有影片，記錄這段不可思議的過程，供懷疑者觀看。）

給予尊重

先進的蒙特梭利法裡的教育人員支持類似的理念。「環境本身就會教小孩……不需要家長或教師介入，師長應該當個安靜的觀察者，觀察一切。」蒙特梭利教育法創始人瑪麗亞・蒙特梭利（Maria Montessori）寫道。

蒙特梭利書籍建議家長讓小孩做一些明確的家事——掃地、煮飯——並提供小孩機會（用他們兒童版的工具）幫忙，或是繼續進行自己的玩耍或探索，一樣是玩玩法多樣的玩具。我朋友瑪莉娜的媽媽是蒙特梭利教師，她建議女兒要教褓姆讓他們的三歲女兒自己玩玩具（不是3C產品），一天玩三十到四十五分鐘，慢慢拉長她自己玩的耐力與能力。

適度讓孩子自處，幼兒就會長成在教室裡更專注的孩子，能在遊戲中發揮想像力，對朋友更有耐心。同時，你看顧小孩的時候，也會有許多自由時間，可以回老闆的信、傳訊息給工作夥伴、洗碗，或是慰問一下朋友。

老實說，我想不出有什麼交易比這個更好了。

「這是從小孩出生就可以培養的。但是其他的育兒法都沒有談到這一招。」蘭斯貝里說。「我們都被告知說應該要刺激他們這個那個的。」

要做對，需要時間、耐心、自我覺察。嬰兒教養者資源的基石，就是你和小孩互動時，或小孩表達出需要你時，你給予小孩「尊重」的注意力。在恰當的時間把焦點放在孩子身上，其他時間你就可以給你自己和孩子空間，去關注其他的事情。換句話說，把反覆無常的工作切換和分心，換成全神貫注的注意力輪替。

從小女兒出生開始，我才更規律地嘗試這個做法；部分也是由於有這個必要，畢竟家裡變成有兩個孩子要顧。而且我們二抽的手氣也太好，小女兒的注意力時間長得不得了。我手機裡有一段影片，她四個半月大，趴著，伸手去抓一落透明塑膠膜，發出有趣的聲響，不同顏色的光映在她的臉上。她就這樣玩了二十分鐘。

你和你的手機

只因為沒有經驗實證我經常在公園裡用智慧型手機，會導致我女兒不可彌補的情緒傷害，並不代表我就不會對此事苦惱。我不是來這裡告訴成年人該怎麼在自家和生活中使用3C的，每個人都有不同的狀況要處理。而且，就和我們的孩子一樣，健康使用模式的自由空間大概很寬。如果你跟我一樣是要工作的家長，平日只見到孩子三小時（相較於全職照顧者一天和小孩對看十四個小時），那麼就更該保持警覺。但如果你擔心的話，我有些建議。

- 行行好，開車時，手機收起來吧。在游泳池的時候也是。
- 晚上盡量不要在臥室裡充手機。

■ 上床睡覺前一小時盡量把3C關掉。
■ 早上一起來盡量不要馬上查看手機。
■ 盡量把手機上的推播通知統統關掉，只留下最必要的APP。這對我來說差很多。
■ iPhone上的「勿擾模式」可以讓你只接到幾位緊急聯絡人的電話——比方說看電影時可以用。
■ 試試看移除臉書或任何你覺得會上癮的APP。
■ 在家門口附近設個手機專區，一回到家就把手機丟進去。

「在小孩面前，表現出你的全心全意。吃飯或孩子需要你注意時，把手機放一邊。」美國兒科學會的大衛・希爾醫師說。

珍妮・拉德斯基醫師已經開始和同事談，如何與家長溝通他們自己使用3C的狀況。「正視自己和3C的關係很重要，搞清楚為什麼有時候很難停下來也很重要。去了解什麼讓你壓力特別大、什麼會改變你的情緒管控。是臉書嗎？工作上的電子郵件嗎？如果你知道某種類型的使用會讓你沉迷，那就在家庭時間刻意避開。」她建議。反倒是要把焦點擺在正向使用上，比如「我先生出差，我收到附照片的訊息，就跟小孩分享。如果我們知道如何過濾使用方式，我沒說家庭時間一定要百分之百禁止3C。」

博依德還有一個相關的建議：每次你在孩子面前拿起手機，就跟他們說你要做什麼，讓他們覺得你坦坦蕩蕩、光明磊落。「我們來看看氣象預報。」「我要傳訊息給爸爸，請他回家路上買點起司通心麵。」到了三或四歲，小孩就可以加入你，加點表情符號到訊息裡，或是用語音輸入問問題。

我的家長調查裡有位媽媽，一屋子都是青少年，她就奉行這種做法。「小孩看我用電腦時，我就跟他們分享我正在利用科技做什麼事。」她說。她知道在以前的世代裡，小孩會藉由觀摩父母而學習，現在也是一樣。

「多數『事情如何運作』的學習，在過去，對小孩來說，就是直接觀察那件事的運作（看著媽媽讀早報，看爸爸打他的履歷表等等）。如今這些事的細微差別，視覺上看不出來，也更難區分。誠實和小孩分享你在螢幕上做什麼，還有談談你這麼做的目的，是很重要的。在螢幕前寫履歷、打電動、付帳單、與朋友聊天、閱讀新聞等等，看起來都一樣，這個做法也讓我有點節制自己在電腦前做的事。如果孩子看著我的時候，我不好意思告訴她們我在電腦前做什麼的話，也許我就沒有管控好自己的時間／科技使用，我應該要改進。」

LESSON 8

避開陷阱：安全的育兒社群

當我撥通蕾莎・布萊克畢爾（Lesa Brackbill）的手機時，她正在郵局排隊，她女兒朵莉有自己的郵政信箱。蕾莎定期會收到來自世界各地善心人士的包裹。

布萊克畢爾一家是虔誠的基督徒，祈禱了兩年才有孩子。二〇一四年七月，朵莉出生了。大概五個月大時，她開始出現症狀，她罹患的是克拉伯氏症（Krabbe disease），一種罕見的遺傳疾病，會摧毀大腦和全身的神經髓鞘。二〇一五年的冬天，我和蕾莎談話時，朵莉無法行走、也無法說話，不太可能活過兩歲。她二十個月大時走了，那是二〇一六年三月。

在上一個世代，布萊克畢爾這樣的父母可能會在親友與教會的協助之下，跌跌撞撞地走過這段煎熬。他們不太可能遇到同是天涯淪落人的家庭，因為每十萬名孩童中只有一名罹患克拉伯氏症。

但如今，有個新的地方可以求助，就是社群媒體。

線上家長會

我愈是進行這本書的研究，就愈了解到，不談及父母的行為，是不可能討論兒童的3C習慣的。我們在開創家庭背景脈絡，做出不管是有意識還是無意識的選擇，而這些選擇每天都會影響我們的孩子。

美國成人每天花很多時間上網。為人父母者花更多，尤其是新手父母，甚至是在我們成為父母前就開始了：二〇一三年的市場研究調查發現，懷孕相關APP的下載次數超過一般健康類APP[179]。臉書在二〇一六年回報，寶寶一出生，美國新手媽媽的動態時報，跟不是父母的用戶相比，發文數量是二・五倍，貼的照片是三・五倍，上傳的影片則是四・二倍[180]。而且和寶寶有關的貼文獲得更多的「讚」及其他心情，比起一般貼文多了四七%。一份二〇一六年由英國非營利組織所做的調查指出，父母在孩子五歲以前，平均會在網路上分享一千張孩子的照片[181]。

除了分享（還有偶爾過度分享），我們許多人都試著要回答問題。在二〇一五年公布的一份皮尤民調中，四三%的母親表示自己依靠育兒書、雜誌和網站來獲得建議；二八%特別說她們會看線上留言板、通訊論壇或社群媒體，來獲得回饋[182]。有大學教育程度的母親和有幼兒的母親，比較會這麼做。在我自己不是這麼嚴謹的調查中，回覆的五百個家庭有九〇%說他們會去找某種形式的線上資源，以獲取育兒資訊，而「網際網路搜尋」是最常提到的、非常豐富的資源。

不難看出為什麼社群媒體會對我們這麼有吸引力。育兒極度私密，本質上卻又是共同的經驗。你需要支持、慰藉、建議與肯定，而且你整天不停地需要，尤其是在前幾年。但是今日的父母比較不可能有家人住附近，比較有可能要長時間工作，即使當我們適應了不成眠的夜晚。我們缺乏社交時間，沒辦法跟朋友見面聊聊。「手機媽媽」通常在做的事，事實上和幾個世代前的媽媽們沒什麼兩樣：和鄰居交換新鮮事、請教親戚意見、跟朋友敘舊。

然而，就像管理孩子的3C使用出現了新的挑戰和機會，我們自己的也一樣。數位媒體所提供的連結根本就不中立。它們可能是救命索，也可能讓生活變得相當不愉快，甚至是危險。它們可以肯定你的選擇，或把你丟在自我懷疑中翻騰。它們可以把你家人的隱私曝光給營銷人員、駭客，或網路小白，它們也可以讓你獲得豐富的友誼與美好的新經驗。

我在寫這本書時，假新聞和網路騷擾的散播越了線，從看似小小的麻煩變成重大的公共問題。在這一章裡，我有個祕密的動機。身為父母，我們都是下一代的引導者，我希望我們能用道德權威，把網路的互動方式成功地推向正軌。本章會提出許多個案討論以及想法給你參考，讓你從挑選（想參與的）線上育兒社群的過程中獲得最多，一切開始於有意識地去做選擇。

臉書上的讚與祝福

蕾莎・布萊克畢爾從大學開始，寫部落格十幾年了。「回頭看，那些文章都好蠢，想到哪就寫到哪。」她說。但當她的小女娃開始出現可怕奇怪的症狀、失控尖叫好幾個小時，她開始在部落格上張貼最新的醫學新聞，如此一來，她可以簡化很多流程，不用打很多通電話給擔心的親友，就能讓大家掌握最新消息。

「本來有點像傳話遊戲，傳到最後都糊塗了，」她說，「寫下來大家都可以同時讀到。」而且，有時候在文中好好描述發生了什麼事，會比用講得容易。「要用言語描述很多情況變得很困難，尤其是當我們發現她時日不多之後。這件事我一開始沒有辦法說出口，但是用打字的還可以。」

網友的支持

蕾莎固定在臉書和部落格貼文，她會放朵莉的照片：大大的眼睛，被包裹著的身軀撐坐在推車裡，鼻子底下垂著氧氣導管。她的貼文被廣傳分享。「我開始收到幾百則交友邀請，都是素昧平生的人，我花了一陣子才想到應該開個專頁。」她說。公開的臉書粉絲專頁「朵莉的勝利」（Tori's Triumph），最後有約一萬三千個讚。「她確診的那一天，全世界有超過三萬人在讀我的部落格。」蕾莎說。她很快接著說，「我們不是為此寫部落格的。」意思是說，不是為了想紅而這麼做，更不可能是為了得到物資。確實，布萊克畢爾的社群媒體頁面，依然沒有任何廣告，或是要大家捐款的訴求。

反而，她的部落格和臉書頁面滿滿都是禱告、激勵人心的小語，還有朵莉的人生願望清單更新：全家出遊捉螢火蟲、去熊熊工作室、逛逛迪士尼樂園、看看大峽谷。快樂童年所有美好的一切，全都擠在短短的幾個月內發生。

我們多半都會以某種方式來策劃組織線上生活。蕾莎告訴我，線下生活中，日復一日地照顧病入膏肓孩子的現實，比起朵莉部落格上的那些微笑照片，那些日子的色調實在黯淡無光太多了。某種程度上，這也是蕾莎在回應她的觀眾。「我們一直聽到大家說他們受到了希望與正能量的啟發。」她表示。

蕾莎每天花十八個鐘頭照顧朵莉，她先生布瑞南專心工作養家。夫妻倆會輪流夜班；朵莉的呼吸管必須頻繁抽吸，所以她不可能一夜好眠。

蕾莎一週更新部落格、推特和臉書好幾次。她常常一隻手在手機上做這些，另一隻手抱著沉睡的女兒。「因為我嚴重睡眠不足，影響了我的表達能力；」她說，「寫部落格可以讓我闡述得更清楚，比面對面更能溝通。」而且她不用離開家就能做到這件事，或套用她的說法，不用「犧牲我和女兒的寶貴時光。」

她說，在社群媒體上獲得最大的回報，就是和其他同病相憐的家庭連上線，他們有個不公開的臉書社團，成員好幾百人。「要不是臉書，我們不可能會找到他們，」她說，「他們歡迎我們加入，並且說，真的很遺憾你們必須加入，但這是個好地方。我不知道如果當初我們沒有發現這個社群，我們的生活會變成怎樣。」二〇一五年夏天，布萊克畢爾一家把朵莉和她所有醫療設備搬上車，開了四個半小時去參加克拉伯氏症病童的家庭大會，還有人從紐西蘭遠道而來。

藉由這種方式，對各式各樣的族群來說，社群媒體成了不可或缺的資源。由成員主導的線上社群蓬勃發展，為各類家庭提供了情感支持、資訊交換，以及一個發聲的平台，如 LGBTQ 家長及／或小孩、跨種族被收養者、患有自閉症、注意力不足過動症的人或過敏者……等等。

部落格和臉書專頁是蕾莎的作業。很多方面來說，那成了她生活的一部分。她先生布瑞南很支持，不過他自己沒有發過文。

部分家人很難理解，為什麼蕾莎想要那麼公開、那麼鉅細靡遺地記錄他們的生活。她說，反對聲音主要來自上一代。「有些家人一開始不太喜歡我們選擇分享資訊的方法。」她說。但是布瑞南和蕾莎站在同一陣線。「這是第一次我們夫妻一起出來承擔，說我們就是要這樣做。」幾個月過去，家人們慢慢能接受，這些分享對蕾莎來說是很重要的情緒出口，還有支持的源頭。

動機

我想知道到底是什麼給了朵莉的「粉絲」動機。她們絕大多數是女性，會在部落格和網站貼文，也會傳訊息、寄信和送長頸鹿娃娃給他們，那是朵莉的吉祥物。她們說她們在為朵莉祈禱，甚至說自己夢見朵莉，夢到她好起來。朵莉過世之後，她們繼續留言，比方說「她生前我沒有見過她，但我希望將來能在天堂相遇。她真是個小可愛。願神祝福妳接下來的旅程。」

有時候，在網路上搜尋這類感同身受的情感體驗，可能會轉變成那種剝削的、令人不寒而慄的訊息。分享相片的平台IG必須處理「領養角色扮演」的出現，有人會在網路上複製嬰幼兒的照片當作是自己的，加入偽造身分和背景故事，再把照片傳出去。商業科技雜誌《Fast Company》二〇一四年有報導過這個現象：「有時候，這個扮演遊戲採取更惡意的口吻，比如 @adoption_rp 這個帳號，角色扮演常常以迷戀哺乳和『光溜溜』為特色。」[183]

在螢幕的另一端，有時候有人會假裝和蕾莎同病相憐，為了個人利益什麼的，甚至有更陰險的動機。要嘛小孩是虛構的，要嘛他們的病可能完全造假。但是有個最惡意的案例：二〇一五年，一名叫雷希・斯畢爾（Lacey Spears）的女性因為二級謀殺，被判處二十年徒刑——她用鹽毒害自己的兒子賈尼特・斯畢爾（Garnett Spears）致死[184]。斯畢爾會寫部落格和在臉書上發文，敘述兒子幾年來離奇的慢性病。檢察官表示，斯畢爾引發了那些疾病，最終把兒子折磨至死，她罹患的是「代理型孟喬森症候群」（Munchausen by proxy）[185]。

面對這樣令人震驚的案例，我會因為網路上還存在著足夠的基本信任，讓布萊克畢爾這樣的家庭還能夠伸手出去、與彼此連結，而覺得很寬慰。當大家在次文化中團結在一起時，社會凝聚力或許會比較強烈，就像布萊克畢爾家的基督教社群。

蕾莎說，在她數千名讀者和追蹤者之間，沒有人曾經逾越任何界線，也沒有人很負面。她說，最不好的回饋是，有些評論家質疑帶朵莉在大太陽底下逛奧蘭多的主題樂園很不明智，因為每一張照片裡的她都在睡覺。

珊曼莎・雷諾（Samantha Raynor）住的地方離蕾莎好幾個州遠、從未和布萊克畢爾一家見過面，但她變成他們家的忠實支持者，一直有在追蹤。她其中一個孩子，也是女兒，比朵莉大幾個月，罹患了叫「單側增生過度」（Hemihyperplasia）的罕見疾病，讓她身體的右側不受控地長大，罹患腫瘤的風險也與日俱增。這種病很危險、很難受，但不會立即威脅到生命。「和克拉伯氏症不同。」雷諾說。

她一發現朵莉的臉書頁面，「真的讓我們好好檢視生命，並且幫助了我。他們激勵了每個人。」雷諾深受感動，套用她的說法，決定要「把愛傳出去」。她打電話請某位在動物園任職的朋友幫忙，為布萊克畢爾一家安排一場費城動物園私人長頸鹿探訪行程。

「一切都非常美好，我們感受得到大家的支持，很多都是素昧平生的陌生人，但他們愛我們，也愛我們的女兒，關心我們。」布萊克畢爾說。「社群媒體上雖然有人作惡，但是為善的也不在少數。」朵莉離世之後，她繼續寫部落格。她有個目標：把克拉伯氏症檢測納入美國各州的新生兒篩檢項目。如果在症狀出現前就能查出來，就可以治癒。[186]

公審與霸凌

芮貝卡・舒曼（Rebecca Schuman）也在網路上開誠布公地書寫她的母職體驗。不過，她的經驗和布萊克畢爾家不太一樣。「非常可怕，非常痛苦，」她說，「我必須要先暫停我的工作。」而且，非常諷刺，她說，當她在處理不良影響時，「在之後的兩週，我成了非常差勁的家長。」

任何人都可能看到你的文章

舒曼是家住聖路易的作家，供稿給線上雜誌《石板》[187]。輪到她變成自嘲的「網路上最爛的女人」是二〇一五年八月的事，當時她發表了一篇文章，名為〈我對我睡著的寶寶比中指何錯之有？一份哲學探究〉。

舒曼言語辛辣，之前待過學術圈。正如她的文章一開頭所寫，她希望你知道，她很晚才生的女兒「是我的寶貝，超越所有想得到的過去個人依戀。她讓我的生命與慈愛更深更廣，有了新的意義。我瘋狂愛她。愛到讓人覺得噁心。」

但是跟很多嬰兒一樣，她的寶貝女兒不太容易入睡。「我女兒是甜美的小東西，而且很難搞。」舒曼告訴我，「她就是有時候即使累得半死，也不屈服，不肯睡就是不肯睡。」有一天，她說，「我花了三小時才把她放下來，十分鐘之後，她又醒了。」她貼了一張照片在臉書上，照片裡，她對著終於入睡的女兒比中指。然後她開始固定發這種自拍照，好像用嘲弄的方式慶祝自己終於把女兒哄睡。

《石板》雜誌一位跟她還算熟識的編輯，看過她的臉書貼文後，鼓勵她以此事撰文。「她覺得很驚世駭俗，但很好笑。」顯然，舒曼在臉書上的朋友和她七千名推特的追蹤者也這麼認為。於是舒曼發表了文章。為了表現她是貨真價實的學術人，她引用了康德、亞里斯多德、約翰・史都華・彌爾和維根斯坦；大意是說，既然她女兒不知道她比了中指，也不可能了解其意，她大概還是會繼續這麼做，即使她確實因此覺得有一點點罪惡感。

舒曼那無可否認的粗俗手勢和很多當代的育兒幽默很一致。喜劇演員路易・C・K（Louis C.K.）經常表演的一套大受歡迎的劇目就是對女兒比中指，還說她們真的很「北七」。他在舞台上的段子之一：「我是個父親。」（掌聲）「你們拍什麼手？我可能是全宇宙最爛的父親。」

許多育兒部落格、IG與推特帳號把自己定位在講真心話的顛覆特區，用的名字都像是「恐怖媽媽」、「混蛋父母」、還有「閉上你的嘴家長」。《媽的快去睡》（*Go the Fuck to Sleep*）是一本「床邊故事」，雖然沒有人真的會讀給小孩聽，卻是暢銷排行榜的大熱門，也是媒體的當紅炸子雞。

這類幽默可能有淨化作用。就像所有不道德的鬼扯或跟自己人聊天，這樣的幽默在一群信得過的朋友圈裡說說，效果最好。這也適用於挑選過的線上社群，裡面的成員都了解基本原則。問題是，像這樣的對話很容易被誤解[188]。在網路世界，任何的言論都很容易傳到你料想不到的觀眾那裡。研究社群媒體的學者，包括達娜・博依德和愛麗絲・馬維克（Alice Marwick），都將這個現象稱為「語境崩解」（context collapse）。

在強・朗森（Jon Ronson）二〇一五年的書《鄉民公審》（*So You've Been Publicly Shamed*）中，他講了好幾個案例：有人貼了庸俗、欠考慮、甚至種族歧視的言論到一小群追蹤者的圈子裡，沒想到這些言論卻被瘋傳，搞到最後叫罵指責如海嘯般席捲而來。當中有些人連工作都丟了，還得在虛擬世界裡躲起來。

網路小白

有一類更令人擔心的數位暴民埋伏著等待女性，特別是那些敢言的女性。在這個情況下，語境就是父權主義；崩解則是在匿名的螢幕後，任何近似客氣的言語。讓人無法接受的現實就是，如果你是女性，在網路上書寫像是電玩、接受脂肪運動、墮胎、政治、性、人際關係，或許許多多其他的主題——或者你只是用了交友APP——隨時你都可能會引發一連串來自陌生人的影像強暴和死亡威脅。

林迪・韋斯特（Lindy West）是女性主義作家，她書寫的內容從自己的經驗取材，她是個充滿自信、婚姻幸福美滿、「肥到不行」的女性（她自己的用詞）[189]。在她遇到的網路小白當中，有個完全不認識的人在推特上假冒她過世的父親。她循線找到那個人，並且為廣播節目《美國生活》（This American Life）錄下兩人之間的對話，後來她得到那名男子的道歉。不過，二〇一六年美國總統大選過後，韋斯特還是宣布退出推特，說推特「除了小白、機器人和獨裁者之外，完全不能用。」[190]

線上騷擾者可能傷害一個人平和的心境和心理健康。比較少見的是他們也會做出物質傷害。一種做法是針對特定目標「肉搜」，也就是查出特定目標的住址及其他個資，把這些公布在網路上，讓眾人皆知。另一個線上騷擾字彙則是「假報警」（swatting），就是打九一一謊報事件，讓警方信以為真，出動武裝警力到某人家門口。

上述總總，證明特別是母親，在網路上貼文的時候，其實冒著實質的風險。把我們和恐怖的地下世界相隔的，只有一層薄紗。社群媒體並沒有透明或好上手的程序，來保護大家不被騷擾。這些社群媒體公司享受美國法律的豁免權，即便他們的使用者發表了毀謗或攻擊的言論，公司也不用為後果負責[191]。執法單位常常對社群媒體上的風險不夠了解，也不願意去涉入「只是」言語傷害的案件[192]。凱瑟琳・克拉克（Katherine Clark）是來自麻州的民主黨眾議院議員，她已成為聯邦政府內首要的倡議者，大聲疾呼應該要有更完善的保護措施，讓大眾不受網路騷擾[193]。「我們沒辦法全面預防，」克拉克告訴《Elle》雜誌，「但是必須要有資源和訓練，給大家合理程度的保護和安全。」她一直在推行法案，要資助針對這些違法行為的研究，還要適切地訓練執法單位。她的辦公室也直接和推特、臉書、Reddit 等網路公司合作，以改善他們的騷擾通報政策與執行現況。當然，因為她的努力，克拉克自己在網路上也被霸凌、被肉搜、甚至也被假報警。

被重新包裝？

對舒曼而言，語境完全崩解是《石板》在臉書貼出她的文章時。「我開始接到排山倒海的酸言酸語，很多人在我個人頁面和粉絲頁面留下拼字亂七八糟、充滿幹譙字眼、叫我去死的刻薄言語。」她說。有個叫凱蒂・馬奎爾（Katie McGuire）的女性，她都用 GOPKatie 這個帳號推文和發文，她擷取舒曼的文章（連同照片），重新包裝，重貼在 thefederalistpapers.org 部落格上，給她的右翼觀眾看，標題是〈看看小孩生病時，這個媽媽在臉書張貼的照片裡做了什麼好事〉。「十足的釣魚文，完全就是 Upworthy 的相反，」舒曼說。Upworthy 是個新聞網站，致力重新包裝振奮人心或對社會有正面意義的故事。「簡直就可以叫 Downworthy。」

舒曼覺得被突襲了。她一直把自己的文章看成是大對話的一小部分。對她來說，和她之前寫的東西相比（比方說流產），這篇文章無論語氣也好，坦誠度也罷，都頗為一致。馬奎爾的貼文（《石板》可以因為她違反著作權而要求她刪文）把舒曼說成文化墮落的化身。另外一個張貼這篇文章的右翼部落格寫道：

「令人厭惡、卑劣、垃圾、任性、精神錯亂的自由主義者。」

一般大眾更誇張。「我每小時都收到三則訊息，威脅要用暴力對付我。我得關閉私人的臉書，改名換姓，讓我自己無法被肉搜到，手動登入臉書去移除死亡威脅。」她說，在幫她壓制辱罵狂潮這一點上，臉書一點忙也沒幫上。「網路酸民咒我的小孩應該死掉，好給我一點教訓；而臉書的態度就好像，沒差啊。」

就在一個月前，舒曼已經預測到她的窘境。她發表了一篇文章，也是在《石板》雜誌上，副標題是〈要是我差勁的育兒選擇爆紅怎麼辦？〉[194]。文章環繞在一起事件上，該事件很快地在網路上傳了開來：一家人在緬因州的小餐館裡點了份煎餅，送餐延誤了四十五分鐘，一名幼兒在搗蛋，餐館老闆對著那家人大吼。令人難以理解的是，雙方接下來都把這個爭端搬到商店評論網站Yelp上，然後是臉書，然後是部落格和新聞網站，而這些新聞網站（比方說《華盛頓郵報》）被大眾認為應該有更重要的事情可以報導吧。

「稀鬆平常的小孩胡鬧現在可以變成國家大事，而且還經常如此。」舒曼當時這麼寫。

的確。但為什麼？

瘋傳的育兒瘋言瘋語

約拿・博格（Jonah Berger）是華頓商學院的教授，也是《瘋潮行銷》（*Contagious*）的作者。我向他請教為什麼有那麼多育兒相關的內容瘋傳——稱為媽媽釣魚文。他告訴我，首先，任何會勾起強烈情緒的內容，不管是正面還是負面，本來就比較容易傳播。弱小可愛的嬰幼兒的故事，當然也符合這個情況。

再者，只要有衝突，大家就非常想要為自己支持的立場發聲，或是攻擊反對聲浪。「我覺得育兒就有點像是洋基對紅襪，」他說，「感覺就好像有對有錯一樣。」當今育兒世界裡瀰漫著高度的焦慮，部分是因為我們已經失去某種程度的社會凝聚力和階級，過去還因為前述力量，或許鼓勵了之前世代的父母去順從老一輩、神職人員或醫師的權威。同時，當前主流的育兒意識形態，就是密集母職和精心栽培，這些都要求你得做很多研究，以做出獨立的育兒決定，每一起決定都可能有高度風險。你會購買和閱讀本書就是一例，表示你很認真想找出事實。

然後，博格說，投資了那麼多時間和精力去找出睡眠訓練這種事情的結論，「我們想要相信我們是對的。」這讓父母更容易為自己的選擇而改變信念，而且還反對任何歧見。這種傾向有其危險，而且不只是威脅到像芮貝卡・舒曼這樣的母親的心靈平靜。

以「疫苗爭議」為例

育兒社群媒體出差錯最極端的例子，大概就是當代的反疫苗接種運動。一九九八年，重要的英國醫學期刊《刺胳針》（*The Lancet*）發表了一篇研究，該研究大意是說，麻疹、腮腺炎、德國麻疹混合疫苗（MMR）與泛自閉症障礙有關聯[195]。這篇論文在二〇一〇年正式撤銷，該作者也在專業上遭到譴責。但是對於疫苗接種危險的陰謀論已甚囂塵上。疫苗接種比例在多州急遽下降，包括加州、華盛頓州、科羅拉多州、康乃狄克州、肯塔基州與亞利桑那州[196]。原本被認定已於二〇〇〇年絕跡的麻疹，又有案例傳出[197]。麻疹若發於幼童身上，可能有致命危險，或造成永久的聽力喪失。

家長把小孩留在家裡不去看醫生，醫療界就不會有利潤。反疫苗接種運動由家長主導，而且通常是富裕、受過教育的家長，甚至是珍妮・麥卡錫（Jenny McCarthy）和小羅伯特・甘迺迪（Robert F. Kennedy Jr.）這樣的名人，他們直接在社群媒體上發聲，告訴大眾他們認為此乃嚴重的公衛威脅。對陰謀論有強烈偏好的川普總統接待了甘迺迪，也接受了他的看法[198]。

芮妮・迪雷斯塔（Renee DiResta）住在舊金山灣區。她的第一個孩子快滿一歲時（這年紀還太小，無法全面接種），媒體報導，某個感染麻疹的人搭了舊金山灣區捷運，有可能讓數千名其他人接觸到這個疾病[199]。「我真的覺得很困擾，因為我會搭大眾運輸工具，而且麻疹會致命。」迪雷斯塔說。她開始查當地幼兒園的疫苗接種率，在加州，這會公開在網路上。她家附近的兩間學校，接種率低於四〇%，據推測是因為富裕、受過教育的家長選擇不接種。「我嚇死了。」

身為高需求寶寶的母親，又與丈夫分隔兩地，迪雷斯塔仰賴線上育兒社群來得到支持與建議。但是她在科技產業工作，她深知這類溝通隱藏的危險，她稱之為「激情的不對稱」，葉慈知名的詩句也捕捉到這個概念——「最好的，缺乏該有的信念；而最壞的，卻充滿激情。」

迪雷斯塔解釋，如果你是一般的父母，會聽小兒科醫師的醫囑，接受疫苗有益處的醫界共識，你不會有什麼動機要特別告訴別人這件事。但是如果你因為小孩被診斷出有自閉症但原因無解，或你開始相信其中必有隱情，且層級高達美國疾病管制與預防中心，你因而痛苦煎熬，那你就有十足的理由對此大聲嚷嚷了。而愈多父母傾向在社群媒體上彼此交流，不聽傳統的專家見解，他們就愈有可能聽從陰謀論者的說法，而非理性的聲音。

陰謀的傳染性

迪雷斯塔在二〇一六年為《Fast Company》雜誌撰寫的一篇文章中指出，網路本身內建的技術小缺失，就是會「提高陰謀活動的信號」[200]。如果你在臉書上搜尋疫苗接種相關的社群，反疫苗者會先跳出來，因為數量比較多。如果你點擊一篇反疫苗文章，Google 的演算法打著個人化的名義，傾向顯示更多這類的文章給你看。社群媒體沒有使用任何過濾技術，去區分「醫界接受的證據」和「胡說八道」。二〇一五年，Google 宣布公司正在採取行動，要處理這個問題，方法是利用一款叫「知識圖譜」（Knowledge Graph）的資料庫，當大家搜尋健康相關的詞彙時，就會去強調經過審查來自醫學權威的資訊[201]。

不過，套用博格的話，陰謀論的傳染度極高。「一份二〇一六年的研究檢視 Pinterest 和 IG 上（這兩個社群媒體都是媽媽們聚集之處）贊成和反對疫苗內容的相對百分比。」迪雷斯塔寫道，「七五％與免疫相關的內容中，是反對疫苗的，這是很驚人的改變，二〇〇〇年代初期針對社群媒體的研究不是這樣的，當時負面內容的百分比估計大約二五％。」

迪雷斯塔和一群的家長成立了一個叫「為加州接種」（Vaccinate California）的組織，平凡的媽媽們代表常識，在網路上發聲，企圖提供一道平衡的力量。他們和公共衛生組織合作，遊說通過法案，讓加州的孩子得強制接種疫苗，杜絕之前因家長「個人信念」而不去接種的情況。因為她的努力，迪雷斯塔被肉搜，而且持續被網路上的陰謀論者鎖定為騷擾的對象。

「網路上很多反對聲音，既狠毒又不堪。」她承認。但她同時也說，「但我認為我們所達到的成就的好處，勝過於麻煩不便。」她給家長的訊息就是，不要害怕站出來說話，有理走遍天下，常識不容扭曲。為了我們的孩子，也為了我們自己，我們必須盡一己之責、大聲疾呼，走出同溫層。

個資寶庫

傳播這些憤慨與煽動情緒，到底對誰有好處，這個問題相當重要。在網路上分享育兒經驗對個人來說有好有壞，這樣的做法也留下資料的線索，使他人受惠。社群媒體的所有者與投放廣告的公司，都可以從家長在網路上所花的時間和關注中得到好處。然而，不管是處理騷擾問題，或是處理散播危險的假消息，他們似乎都反應慢半拍。

以家長為目標的網際網路很寬廣、很強大，也有利可圖。營銷商知道，在二十一世紀，升格為父母可能象徵著轉大人。在之前提到過的二〇一五年冬季的皮尤調查中，九四％的家長說，為人父母這個身分，對他們來說「非常」或是「相當」重要。

當我們有了新的身分時，會感到很無助。我們正在養成新習慣和忠誠行為。我第一次懷孕時，遇到一個老朋友和她十四個月大的小寶寶。我記得我那嬌小的朋友要把嬰兒車弄下車時，著實折騰了好一陣子；她奮力揹起龐大的尿布袋，努力要逗小寶寶對我笑，結果小寶寶反倒哭了起來，讓她超級尷尬。

那種笨拙與狼狽、想要給人好印象的心意、想像有人在旁盯著自己一舉一動——突然之間我明白了，朋友和我都是過來人，我們在青春期就經歷過這種感覺了。

懷孕和初為人母的感覺就像是第二次青春期。當然，會有那尷尬的身體變化，身體被荷爾蒙和情緒連番攻擊。除此之外，還有適應新角色的感受，以及隨之而來的關係改變。拚命尋求慰藉、博取別人認可。

之前提過的學者達娜・博依德研究社群媒體。她認為，社群媒體宛如一座競技場，讓人發展與測試新的身分，所以青少年才這麼愛社群媒體。也因如此，歷史上被邊緣化的族群與次文化，從銳舞者（raver）、技客、哥德、動漫場景到同志和非裔美國人，也經常利用社群媒體。新手爸媽也一樣，需要安全的空間來釐清自己的定位。一九九〇年代的青少年在購物商場遊蕩，消費者文化和身分認同的形成之間有明顯的關聯。帥哥酷妹都穿那種牛仔褲，喝著那種汽水。社群媒體就像購物商場一樣，都是商業空間。但當大家在網路上遊蕩時，使用的貨幣是不一樣的。你的個資就是商品。那些遊戲吸引你的注意力，才有機會曝光廣告。

「從消費者觀點來看，媽媽就是聖盃。」莫拉・阿倫-米爾（Morra Aarons-Mele）說，她在電子行銷公司任職，一九九九年起就在幫品牌打入媽媽市場。「只要是做行銷的，都很哈網路上的千禧世代媽媽族群。」

根據《金融時報》，對行銷來說，一個懷孕媽媽的身分，價值高過兩百個人的年紀、性別與地點[202]。也因如此，像「目標百貨」（Target）這樣的公司，建立了資料探勘演算法，會審查購買決定的模式，去探查某人是否可能懷孕[203]。《紐約時報雜誌》報導，明尼蘇達州有個青少女一懷孕，目標百貨就開始寄廣告文宣到她家，內容都是孕婦裝和嬰兒房家具，在她還沒跟爸媽說這個消息之前，就洩了她的底。微軟研究員說，他們單靠網路搜尋，就能預測孕期，準確到妊娠第幾週都知道。

諜對諜

我朋友珍妮特・維特西（Janet Vertesi）是普林斯頓大學的科技社會學者。她的研究主題都很有意思，比如說以分享火星探測車影像為基礎的文化、NASA的內部組織機密等。二〇一四年，維特西做了一個既個人又專業的實驗，她試圖隱瞞懷孕一事，不讓大數據知道。當時她正在研究大眾有多小心保護自己在網路上的個資，以及他們要這麼做時，有哪些選擇。

網際網路是日益重要的溝通媒介，把我們相連在一起，其功能宛如公用設施，如國道公路或全國輸電網。我們或多或少也用這種心態來看待：天經地義，理所當然。但是我們所用的網站和平台並不像國道公路那麼大眾，而是私人企業為了自己的利益而打造維護的。為了行銷而蒐集你的個資是主要的目的之一。

「在當代網際網路公司的世界裡，個人資料至高無上。」維特西在針對該主題發表的論文裡寫道[204]。就像有線電視、電線、水管藏在你家客廳的牆壁裡一樣，有一整個看不見的基礎建設已架好，要來捕捉你在網路上活動的所有資料：

「機器人、cookies、追蹤者伺服器、canvase 布局，還有其他的資料監聽工具，迫不急待地要記錄使用者點了什麼、按了哪些讚、買了什麼東西。」

為了揭露這個基礎建設的運作，她開始躲避它們。她不要給行銷人員知道她即將當媽媽這個超寶貴的訊息，要花多少代價呢？

這並不容易。維特西不用 Chrome，也不用 Safari，她用 Tor 來上網，這個瀏覽器經由外國路由網路流量，被視為是恐怖主義和其他非法活動的避風港——而她只不過用來查寶寶的名字。所有和嬰兒有關的購物，她都用現金交易，捨棄方便與會員的折扣。在網路上購物時，她用現金購買的禮物卡付款，貨送到儲物櫃，而不是她家。她禁止家人和朋友在社群媒體上提到她懷孕的事情，當她叔叔在臉書訊息上提到此事時，她就刪叔叔好友。她必須對叔叔解釋，即使個人的臉書訊息是不對外公開的「隱私」，網站本身還是保留權利去存取訊息的文字，並用來找出更精準的廣告目標。同樣矛盾的「隱私」模式適用於電子郵件，甚至我用來打這一章的 Google 文件也一樣……安全，也許啦，其他人確實看不到，但是在網路上沒有什麼叫做安全。基本上，維特西為了不要和大數據分享她子宮裡的內容，就必須像個間諜和罪犯一樣躲躲藏藏。

生產前幾週，維特西在一個小型的網際網路文化會議上演講，透露了她這個專案[205]。然後，當然啦，此事馬上就在網路上瘋傳。線上版《時代》雜誌、《富比士》、ThinkProgress、NPR、Jezebel、Salon、《赫芬頓郵報》、Mashable等等媒體都有報導。她在家坐月子時，電視節目打電話來，想邀請她上節目當來賓。她說自己不慎讓此事曝了光，結果一發不可收拾，自此停止針對這個主題受訪。

隱私

維特西的實驗提出了這個問題：家長應該怎麼看待網路上的隱私？只是我們自己的，還是小孩的也要？我們大多數不會像維特西那麼極端。而且事實上，她這麼做，部分是為了要證明在現在的環境下，此事有多不可行。

正如我們在第六章所討論的，此處的法律和道德議題仍動盪不定。你在方便和隱私之間選擇的條件交換，會根據你心中最看重的考量而定。

如果讓你超惱怒的是寄垃圾信件的人或公司，你可以選擇設第二個電子郵件信箱專收廣告，用少一點APP，定期刪除瀏覽器的cookies。

如果你氣的是政府監控這個想法，你就得遠離社群媒體。如果你想保護自己不被騷擾，也一樣得這麼做。或至少保有另外的帳號，平台許可的話就使用假名（臉書就堅持要用真名）。我有一些比較積極參與政治的朋友，就會用加密的訊息平台，如Signal。

如果你擔心身分遭盜用，有個辦法就是在信用卡通報中放入盜刷警示或鎖卡，並使用密碼管理工具，如LastPass或Dashlane，為你不同的線上帳號產生安全獨特的密碼。

如果你曾經歷家暴或跟蹤，就更有正當理由使用上述所有的方式。「終結家庭暴力全國網路」（National Network to End Domestic Violence）的「安全網路計劃」（Safety Net Project）是個好的資源。

就我個人而言，因為我是媒體的一分子，我的真名和照片早就公諸於世了。我盡量定期更換密碼，取消訂閱不必要的電子郵件發送清單。而且大家也都知道，我會使用Google Chrome的「無痕模式」來進行某些搜尋，這樣就不會出現在我瀏覽器的歷史記錄裡。（我不會告訴你是哪些的。）

你會上傳孩子的照片嗎？

貼有關我女兒的文章又是另一回事。我實質上是在為她們建造數位身分的基礎，而且我沒辦法控制這個訊息在別的時間、別的情境下會怎麼持續。有些家長隱私倡議者主張，有小孩正面臉孔的照片應該都不要貼，畢盡臉部辨識系統日新月異，很快就能辨識並追蹤一個三歲小孩二十年後的樣貌。有些家長以小孩的名義在社群媒體上建立帳號，以保有對「智慧財產權」的控制，也就是他們的身分。還有其他數位道德者認為，應該有權利刪除或是封存十八歲以下小孩的數位身分，但沒說實際上要如何達成。

和美國相比，歐洲有關當局普遍支持比較嚴格的隱私限制，包括所謂的「被遺忘的權利」。二〇一四年歐盟有個裁決，給予公民權利去請願，要求商業網站和 Google 這類搜尋引擎，把可能不正確或不相關的訊息下架。

法國和德國警方已公開警告家長，不要張貼令人難堪的照片[206]。在法國，要是在網路上侵犯他人隱私（包含家庭成員的），可被判處一年徒刑以及最高四萬三千美元（注：約一百三十六萬台幣）的罰款。

我們回到小孩五歲前在網路上平均被分享一千張照片這件事。我自首，我至少分享了兩倍之多。我們都是隱私犯嗎？

在倫敦政經學院與桑妮雅・利文斯通合作「數位未來的教養」專案的學者艾莉西亞・布蘭－羅斯，針對分享一事訪談了家長。她採取的立場比較引發人思考，而非直接羞辱像我這樣會把小孩照片貼在網路上的家長。她認為這些議題一直不斷在變動，她說，「你不應該一味告訴家長他們不能做那些他們覺得有用、安心，或實際上有幫助的事情。」只因你打著小孩「想像中的未來隱私權」的名號。

我不會公開女兒的全名或生日或我家的住址。目前，用 Google 搜尋大女兒，只會找到她曾祖母的訃聞。我對照片比較沒那麼謹慎，雖然我知道很多人喜歡傳訊息或用電子郵件來分享照片，或者是和一小群人透過 Google 相簿這樣的分享服務來分享，而非在社群媒體上。不管用什麼方式，照片對 Google 或手機通訊業者的內部追蹤系統來說，都還是看得到的，只不過不對大眾公開。我從來沒有不徵詢別人意見，就張貼別人家小孩的照片在網路上，因為各家的做法不同。我也不會在網路上張貼裸照或覺得難堪的照片。

隨著女兒漸漸長大，我也愈來愈需要先問過她，才能在社群媒體上發表跟她有關的任何內容。二〇一六年密西根大學有個研究，詢問兩百四十九對親子關於使用社群媒體的原則[207]。年紀介於十歲到十七歲之間的孩子，普遍希望父母在社群媒體上張貼任何有關他們的事情之前，要先問過他們；家長則比較沒意識到這是個問題。

未來我不會堅持要在社群平台上，要我女兒加我好友，但我會不時查看。

我會提醒她，在分享任何內容前要先停下來，想一想她的老師和爺爺奶奶讀到那些內容會怎麼樣。她的線上身分會慢慢變成她自己來經營。

網路安全

我和自稱家庭隱私專家的琳內特・歐文斯（Lynette Owens），在線上隱私這個主題上，有段滿令人沮喪的對話。歐文斯是一家安全軟體公司的執行長，她創辦了非營利組織「兒童與家庭網路安全」（Safety for Kids and Families，簡稱ISKF）。同時，她也是「家庭網路安全組織」（Family Online Safety Institute）的董事會成員，這個組織專門協助家長保有網路安全。兒童與家庭網路安全組織派遣志工到全國各地的親師組織，一同談論孩子的網路安全與線上判斷力。

以下列出他們一些基本要點：把小孩行動裝置的位置感知功能關掉、把IG和Snapchat帳號預設為不公開、絕不公布家裡地址、關掉平板和手機APP內的購買功能、不同的服務使用不同的密碼。

不過，我們訪談一半時，我問她：「照妳這麼說，所有的人都在這些網站上，如果你關掉像地理位置這樣的功能，妳也就沒辦法用了。隱私權條款真的不易理解、一直在變，真的很難控制。即使妳的小孩沒有貼文，他們的朋友也會公布有關他們的資訊。我們真的只能舉雙手投降嗎？」

「妳知道嗎，某個角度來說，我想是吧。」她回答。

這回答實在難以讓人滿意。

人比人，氣死人

有句話是這麼說的（有些人認為是老羅斯福總統的名言）：「與人比較會偷走你的快樂。」我們在網路上想尋找身分認同、想與他人有連結，卻因為我們所使用的平台走偏了而打了折扣，那平台力求抓住我們的注意力，讓我們渴求更多——沒有舒緩受傷的心情、沒有回答問題、沒有引領我們去尋覓真實的聊天，反而增加了我們的焦慮、煽動了我們的憤怒。社群媒體從新手父母的戰爭中茁壯成長：不管是身體的、情緒的、心理的、社會的還是財務的。這麼做之下，只會擴大戰爭。

一般的父母不會像布萊克畢爾一家那樣，仰賴網際網路作為他們的情感生命線。而且，但願多數人都不會像芮貝卡・舒曼那樣，榮登「網路上最差勁的媽媽」。但是身為社群媒體上的父母，有些小小的情緒陷阱還是存在。

二〇一六年針對育兒和社交媒體研究的一份文獻探討中，澳洲坎培拉大學的黛博拉．路普頓（Deborah Lupton）觀察到，「育兒表現的某些部分變得比較開放給他人觀看（與潛在的批判）。」[208]

當我想到「育兒的公開表現」，我真的想起一些很私密的時刻。

「馬麻——來我房間坐著嘛，然後……。」這是開放用 3C 之後的睡前儀式。大概在璐璐三、四歲時，她吃完青菜，吃過一匙冰淇淋、洗過澡、撿起玩具、把貼紙貼在乖寶寶計分欄裡，讀完三本書。璐璐穿著冰雪奇緣的睡衣，拎著粉紅色的小兔兔。兩盞夜燈都亮著。為了減低她的分離感、幫助她入睡，亞當和我有時候會，好吧，是經常會，安靜地坐在她房間裡，使用我們的筆電。

在 Amazon 和新鮮直達網站上採購日常用品、回覆工作的電子郵件、瀏覽 Netflix 之間，我在看什麼呢？

- 瑜珈媽媽一邊餵兩歲小孩喝奶，一邊在夏威夷的沙灘上倒立。
- 時尚媽媽讓她們的小孩穿上迷你的 Tory Burch 平底鞋和西裝外套擺姿勢。
- 錙銖必較的媽媽不買衛生紙，而是剪破布來當「布衛生紙」（這是真的）。
- 烘焙媽媽把珍珠翻糖疊成《海洋奇緣》裡的山丘。

- ■奉行無麩質、無堅果、原始人飲食法的媽媽。
- ■實施在家自學的媽媽把聖經金句藏在小孩的早餐穀片碗下。

還有……簡樸媽媽的小孩拿著一籃松毬和沙灘小石頭就能快樂地玩上幾個小時。便當媽媽做出憤怒鳥形狀的午餐。有四個不滿三歲小孩的 #fitspo（fitness〔健康體適能〕和 inspiration〔鼓舞〕的組合字）媽媽秀出六塊肌的照片，底下標著激勵人心的口號「妳還有什麼藉口？」。生活風格媽媽整理先生和小孩的行裝，放入 Airstream 頂級露營車，車裡掛著手工織成、品質最好的蕾絲窗簾，沿著加州一號公路開，在大索爾的沿岸野餐，吃著他們才剛摘下的有機草莓，最後回到奧勒岡州的十九世紀農家房舍，裡頭養了稀少的純種公雞在院子裡扒著地。

她們一片祥和。她們都好美麗。她們只存在於黃金時刻。我弓背朝著螢幕藍光傾身，瞇起眼睛。很快地我張開大腿，眼角露出魚尾紋。密集母職的崇拜透過媽媽部落格和社群媒體，找到最初的表現力，我們沒有人能合格。

如果我們不是在懲罰自己，就是在對別人丟石頭。英俊健壯的演員萊恩・雷諾斯（Ryan Reynolds）在網路上貼了一張父親節當日他抱著六個月大女兒的照片，但因為用寶寶背巾揹女兒的姿勢不對，就收到幾千則負面評論。其中一篇批評他的文章還提到[209]：「金・卡戴珊（Kim Kardashian）一直被說是差勁的媽媽，她分享的女兒照片一直遭到批評……記不記得威廉王子沒有把新生兒喬治正確固定在安全座椅上（這超級嚴重的）？布萊德・彼特曾說他給小孩喝可樂，讓小孩早上有活力，大家都在看，這樣做對嗎？噢，老天，記不記得小甜甜布蘭妮開車時讓寶寶坐在她大腿上？」

十或十五年前，我們還在擔心無法取得名人父母的照片，現在他們和大家都一樣，都很容易遭受社群媒體的羞辱。但至少布萊德・彼特和金・卡戴珊有名聲有本錢，可以賠給這些網路攻擊。當你四周眾星雲集，還愈來愈多，而那些看似普通的平凡女性，卻有辦法貼出完美的照片，問題就變成了「妳還有什麼藉口？」

我只在晚上看這些東西。睡意漸增，我的智商也跟著下降。晚上九點，我可能在寫作、編輯、瀏覽《紐約客》雜誌，但是到了十一點半時，就只能看Pinterest、IG或《赫芬頓郵報》親子版了。捲動，捲動，點擊，點擊。

《赫芬頓郵報》是流量最高的網路媒體之一[210]，而親子版又一直是該網站表現最好的版面，尤其是行動裝置版——畢竟那些媽媽只能騰出一隻手，因為另一隻手忙著抱小孩或用微波爐加熱食物。《赫芬頓郵報》的資深社群媒體編輯伊森・斐迪達（Ethan Fedida）說：「你知道的，媽媽們很愛那些『不要再拖拖拉拉，趕快去睡覺』、『不要再上網了』的貼文。」《紐約時報雜誌》有篇文章的標題是：〈雅莉安娜・赫芬頓那不太可信的、無法滿足欲望的內容機器〉，作者大衛・席格（David Segal）談到，「有些最成功的貼文以媽媽為目標對象，這些媽媽深夜裡上臉書查看動態消息，顯然渴望被告知她們不應該在那個時間使用臉書。」沒錯，逮到我了。

你的罩門是什麼？優越感、沒自信，還是令人作嘔的兩者綜合？蕾莎・布萊克畢爾或是芮貝卡・舒曼？是那個承認自己從沒出現在家庭照片中，是因為產後增加了七公斤讓她羞於見人的部落客；還是那個女性拓荒者，憑一己之力經營一整座牧場，養大四個自力更生、勤奮工作、金髮碧眼的小孩，還有令人銷魂的布朗尼蛋糕與玉米片食譜，擠牛乳、養家餬口，而且做這些事的時候還光彩奪目、明亮動人？

媽媽釣魚文

媽媽釣魚文，淺嘗一下，是無傷大雅的娛樂。但是在很多研究中，重度使用社群媒體，尤其是臉書，已經和憂鬱症狀相關。根據二〇一五年休士頓大學和密蘇里大學的研究，讓雙方之間有關聯的特定社交行為，就是拿自己跟別人比。在深夜迷航的路上，我常常忘記育兒媒體（無論有沒有社交功能）畢竟還是**媒體**。這絕對不只是媽媽們在後院曬衣服時的閒話家常。這是出版者、廣告商、企業家勢不可擋的強大力量，每一天，這三方都在密謀策劃如何抓住我們的注意力。這裡的賭本是不可計數的龐大金額：有七〇％的經濟仰賴消費者支出[211]，這當中七〇％到八五％又由女性主控[212]。他們在鍵盤上彈奏每一個牽動情緒的音符，讓我們點擊，一次又一次，然後購買。

媽媽部落客從家庭小工業，逐漸成長為巨大的規模。根據估計，有超過一千四百萬的媽媽有在寫部落格[213]，占所有部落格的三分之一（不管她們本來是否都寫育兒相關內容）。

媽媽部落客、IG使用者、YouTuber、Snapchat使用者，充其量，都像當今的露西兒・鮑爾（Lucille Ball）或爾瑪・邦貝克（Erma Bombeck）。她們為了名利，從自己的家居生活中挖掘故事，發展成小說化且多半諷刺的版本。但是在社群媒體的年代裡，生產者對於產品沒有什麼掌控力。相機並沒有跟著鮑爾回家，去捕捉她跟德西・阿南茲（Desi Arnaz）結縭二十年之後離婚的所有細節。邦貝克是報紙專欄作家和電視名人，並沒有使用她小孩或丈夫的真名或影像。

媽媽部落格與現在 podcast 世界裡廣告的顯赫地位，令人覺得刺眼，這點在電視的早期也可以見到。部落格貼文從由衷記述產後憂鬱，轉變為提供讀者窗戶設計的折扣。

情感連結

往前回溯至二〇〇八年，沃爾瑪超市聘用一群媽媽部落客，請她們針對節目、產品、商店、服務提供回饋，並且幫忙建立「省錢社群」[214]。二〇〇九年，「通用磨坊」（General Mills）建立起自己的網路，上面有超過九百位部落客，其中八〇％是媽媽[215]。這群人會收到要他們評論的產品，還有折價券與贈品。大部分其他的大消費品牌也都做這種拓展和延伸，像莫拉・阿倫－米爾的公司就專門媒合品牌和部落客。

二〇一五年《Fast Company》雜誌刊了一份蘇珊・彼得森（Susan Petersen）的專題報導，她是位全職媽媽，住在猶他州的普若弗（Provo），她因為在部落格做置入性行銷，而成為成功的企業家[216]。根據彼得森的說法，「讀者之所以會對這些部落客推薦的產品有信心，是因為她們有一層更深的情感連結：和作者同為人母的經驗。」

「媽媽這個角色有一些非常孤寂的部分。」彼得森告訴撰稿者。時機正好，可以賣東西給我們。

近來，以媽媽為導向的媒體已從部落格轉變為更視覺導向的平台，像是IG、Pinterest和Snapchat，網際網路的其他部分也是一樣。「我認為注意力停留時間變短了，所以我不認為部落格在千禧世代媽媽間會一樣受歡迎。」克里斯汀・豪爾頓（Kristen Howerton）為這個轉變做了摘要。二〇〇七年，她以「對小卡車暴怒」（Rage Against the Minivan）為網站名，開始寫部落格，當時她正在辦領養第四個孩子的手續——他們家是跨種族的，有兩個親生小孩，以及兩個從海地領養的小孩。該部落格二〇一〇年成為她全職的收入來源，她仍然頻繁發文，談論的主題有的很嚴肅，如種族歧視相關與國際領養；有的較輕鬆，如生活風格。

但是這些日子以來，她的部分精神拿去維護IG帳號「混蛋父母」（assholeparents），內容包含上傳哭泣小孩的照片，下面加上一行無傷大雅的說明描述，比方說「我跟她說不可以吃餅乾……因為已經要上床睡覺了。」豪爾頓說：「我不認為廣告商有趕上這個改變，他們願意花錢請部落客寫開箱文，但其實他們在IG上應該會得到更多關注。」

雖然媽媽部落客世界有其限制，我們的集體注意焦點從獨立撰寫與公開發表的部落格，轉變成以影像為導向、共同的媒體平台，這代表某種損失。過去我花在網路上的那些長夜裡，讀到了一些超級好的文章，幫助了我、感動了我、教導了我，並且讓我對育兒重拾信心。這些都很難從有濾鏡的 Snapchat 和一大叢 hashtag 中得到。

線上育兒導師

我還是新手媽媽時，常常連到一個部落格，也常常想賴在那裡，就是「請教茉西」（Ask Moxie），那是個相當溫暖、令人安心、沉著的地方，也可以獲取育兒建議。不只是因為貼文和網站的極簡設計，還有那些留言，都很尊重、支持多元的看法，拼字和文法也都正確。茉西最熱門的頁面，是嬰兒睡眠指導，還有她對「睡眠退步」（基於發展原因，好發於某些年紀）理論的解釋。對於她親身經歷離婚之後共同教養這部分，以及和兒子談同意權與種族歧視這類的議題，茉西的部落格很感人，也很有幫助。但她也常常回到那個口號：「對你的孩子來說，你就是最棒的父母。」這話我們百聽不厭。

我用電話聯絡上茉西（她的真名是瑪格達・佩西尼〔Magda Pecsenye〕）時，我知道自己被迷倒了。那有點像在跟歐普拉說話，我期待著一劑智慧與仁慈強心針，而我也得到了。

佩西尼說：「二〇〇五年我開始寫『請教茉西』時，我家小孩分別是三歲半和六個月。對於網路上關於育兒觀念的分歧，我真的覺得很無力。」

和博格說的一樣，她表明這種分歧是有市場的。「要嘛就是希爾斯醫師，主張把小孩用背巾揹在身上，不然就是斯波克醫師，堅持把小寶寶綁在椅子上，每四小時去察看一次。」

「請教茉西」拒絕為任何一邊站台。她的貼文都是關於找出最適合你的方法。「我真的不在乎大家怎麼做。我希望大家都滿意自己的決定。我的目標是在網際網路上開闢一方小天地，讓大家可以坦誠相對、提供支持，不需要所有人都做一樣的事。」

我很快地了解到，這個網站之所以會如此與眾不同，是因為佩西尼從來沒有直接以此營利。她擔任經營顧問，同時透過電話提供育兒指導。（嬰兒教養者資源專家珍娜特・蘭斯貝里有類似的模式，她的部落格也是個令人放鬆的地方。）

佩西尼說，「請教茱西」冷靜正經語調，來自於她母親的啟發。「我能夠培養促進這個社群，有部分原因是因為當媽媽不見得每分鐘都是快樂的，這個概念沒有特別對我造成衝突。我這輩子每一刻，我媽媽都對身為母親表現出沮喪與挫折。我從來沒有期待過每一刻都是陽光普照的，我也不覺得必須隱瞞此事。而這點對許多我在網路上認識的人形成強烈對比，他們覺得自己被欺騙了。」

她去深掘這個世代媽媽們的不滿、甚至是苦惱。這些媽媽受過高等教育，是有成就的女性，對自己和別人的期待都相當高。「她們在職場上表現傑出，覺得自己當媽媽也要不同凡響。但是為人母並沒有所謂可以達到的標準，讓妳覺得自己做對了。」

「她們從來都不知道，**沒成功也沒失敗**確實存在。當我開始寫出『儘管我不喜歡這樣的事實，但育兒的確沒有正確答案，妳就忍著點吧』，大家都像在回應，『我也這樣覺得！』」

「請教茱西」對於媽媽釣魚文的價值與歷史定位有她自己的想法。「如果我們都還住在小村莊裡，妳根本不用上網去找人談。但這不是我們生活的方式。我們已經建立起這個社會，一個人或兩個人帶一個小孩。如果你整天和那個小孩待在家裡……根本就是，噢我的老天，你要怎麼活下去啊？」

她指出，這不是個新問題。「是因為現在有網路的我們比較幸運，還是穿越到一九六三年貝蒂・傅瑞丹寫《女性的奧祕》（*The Feminist Mystique*）、女性都在嗑藥的時代的我們比較幸運？」當然，這兩者並非不可能同時存在，就「媽咪（買醉）的吸嘴杯」（Mommy's sippy cup）和「酒點鐘」（wine o'clock）進入媽媽部落格詞彙中而言。

建立良好關係

就和所有其他的育兒議題一樣，茉西見到使用社群媒體的中庸之道。「端看你對此事的見解。」她說，「如果你知道自己在做什麼，看重的是實際和人真正的關係，那就很棒。如果你用社群媒體只是要昭告天下，想要累積『讚』和『愛心』，那遲早會毀了你。」佩斯大學二〇一五年發表的一份研究指出[217]，憂鬱症狀和一個人在IG上追蹤的陌生人人數相關，因為負面社會比較容易造成危險。

「請教茉西」告訴我，網路上給家長的園地，還是有一些充滿支持的對話與充實的訊息。這些網站不是意外，而是透過網站管理員共同的努力而來，再加上監督者（通常是志工）會執行社群的規範。

「全球原住民」（Global Natives）就是個大規模育兒社群的例子，該社群致力於改善人與人互動的方式。網站於二〇〇九年創立，有大約二十五萬來自世界各地的活躍會員。主要的目的在於組織文化和教育交流，特別是為青少年。和傳統透過學校或非營利組織的交換計劃不同，「全球原住民」協助家庭配對與直接交換。這比正式的計劃來得便宜，而且因為雙方家庭在之前就建立了友好關係，這樣的關係可以延續好幾年。有年幼孩子的家庭也使用這個網站，去安排全世界的假日寄宿家庭拜訪。

二〇一五年，網站創始人妮娜・普丁格（Nina Prodinger）開始進行癌症治療。這個經歷讓她與創辦夥伴開始展開對話，談談這個社群應該可以實現「更深入人們的真實生活、了解他們的煩惱和希望」的目標，心理學家麥可・吳（Michael Wu）這麼解釋，他主持的研究實驗結果也是如此。他們請社群群組的成員，以明確的詞彙發言，自動「廢話少說，講重點。」不要因為疏漏、假謙虛、掩蓋真相而說謊。不要對別人直接或間接做出詆毀貶損的言論。還有除非你與對方很熟，不然請避免討論政治或宗教。

從好的方面來說，成員同意「簡明扼要」、「直話直說」、「擁抱多元」，並且描述自己家庭的資產與缺點，提供他們希望別人會與他們分享的資訊。

大約有一萬兩千名成員同意這些條款長達一年多。麥可之後調查了很多人。「九一%的參與者表示，他們會遵守這套規則，而且也打算在所有線上的活動都遵守這樣的規範，從每天收電子郵件到公司網路與其他社群媒體都如此，而且最後他們覺得在線上坦誠以對，已顯著地改善了他們的生活。」他這麼報告。

找出正向的育兒空間

整體來說，我在非商業的實名制私密網路社團裡，有最正向的經驗。現在，我至少每週會在兩個育兒社團中貼文——一個是我們社區的，有幾千名成員；另一個是精挑細選的清單，由三十位職業婦女中的其中一位所創立，這些媽媽很多都成為我真實世界的朋友。這是二十一世紀的後院籬笆，不管何時何地我有需要，我都可以在此得到實際的幫助、二手衣、靈感，以及情感支持。最棒的是，我用電子郵件寫的內容不會出現在Google搜尋結果裡，這樣比較不會被廣告追蹤。

我用臉書的時候，只會把重點放在與我實際認識的人對話。我會在臉書問問題，或是提供訊息，我現在也會很有經驗地避開那類注定會擦槍走火的討論串。核對一下自己的狀況、呼吸和心跳，下一次你使用社群媒體時，你就會有滿好的指標，可以知道你日後會不會後悔發表了哪篇文章。

把你的虛擬人際圈拉緊密一點。如果你沒有找到喜歡的社群，那就自己開創一個。找大約十幾位父母來對話，你就會有很強大的支援與訊息來源。

LESSON 9

人性與趨勢：數位育兒的未來

我瞄準身高一八〇公分紅色絨毛怪艾摩的肚子，給他一記迴旋踢。我的腿貫穿他的身體時，他的腹部崩裂成一塊塊碎片。接著，我走向他的朋友高華（Grover），愈來愈近、愈來愈近，最後我把頭直接放入他那黑漆漆的嘴巴深淵裡。

這詭異的情境並非夢境，而是參觀史丹佛大學虛擬人類互動實驗室時的景象[218]。科技領域經過數十年的發展，3D身臨其境的視聽環境在二〇一四年又往前邁進了一步，成為我們生活的一部分。當時臉書宣布以二十億美元收購新創公司Oculus Rift[219]。而臉書的執行長馬克・祖克柏也親臨這間實驗室，與傑若米・拜倫森會面[220]。拜倫森是史丹佛大學通訊系的教授，也是許多家大科技公司的顧問，他一手創建了該實驗室來設計並測試虛擬體驗，教導我們成為更好的人。於是才有目前與《芝麻街》的實驗階段合作：讓我們看看二〇二〇年出生的孩童或許會視為理所當然的媒體世界，長什麼樣子？

這一章我會把已經闡述過的觀念，放入即將起步的科技世界脈絡裡。我們也會遇到幾位企業家，許多也都為人父母，正在以其人之道還治其人之身：用科技來創新，以回應分心閃神這類的挑戰，並且努力增加家庭的親密感。

未來的空氣

虛擬實境、擴增實境、混合實境、人工智慧，以及物聯網，這些科技會漸漸形塑出我們未來的經驗。

虛擬實境目前指的是套上頭戴式裝置，變換你的整個視野。向四面八方轉轉頭、移動身體，你就會體驗到無邊無際的視聽環境幻象。HTC Vive 和 Oculus Rift 就是為了這個目的所設計的頭戴式裝置；Samsung 和 Google 有比較便宜的版本，使用智慧型手機當作螢幕。

擴增實境指的是使用位置感知、感應器、機器視覺與機器聽覺，在你周遭的世界加一層訊息與互動。第一代所謂的抬頭擴增實境顯示器 Google Glass，證實了它的確是個劃世代之作。但行動 APP 正提供更低調、較不打擾別人的實境擴充。如果你下載《Zillow》這個房地產APP，你可以體驗到一種類似X光的透視圖。要是你走在街上，經過一棟棟的房子，你都可以用APP虛擬參觀、或看看房屋平面圖。或者來個比較陰險的，你可以拍下某人的照片，然後用臉書或Google的臉部辨識功能來指認其身分。

混合實境顧名思義，就是擴增和虛擬實境的混合。二〇一六年夏天爆紅的手遊《精靈寶可夢》（Pokémon Go）讓全世界都認識了這個概念，這款遊戲在推出後短短幾天，就攻下iPhone和Android付費下載APP的榜首[221]。數百萬人開始在城市裡漫遊，四處抓寶。

人工智慧這個詞已被過度延伸，有失去本意之虞。最簡單來說，就是使用電腦科技來完成之前我們認為只有人類才能做到的複雜任務，如語音辨識。Amazon推出一種家電產品，叫做Echo，你可以對它的虛擬助理Alexa說話，請它放音樂、查天氣、關冷氣，或是訂披薩。

而物聯網這個詞，指的是無線傳輸與感測器嵌在日常物品中。這個概念最知名的大眾文化表現，就是發現牛奶快喝完時會自動訂購牛奶的冰箱，但目前還不算太普遍。今日的物聯網科技讓人可以透過手機，控制家裡的燈光、保全系統和空調溫度，即使人不在家裡。還有一整類的物聯網科技產品，直接行銷給焦慮的父母，如監控嬰兒脈搏的「智慧襪」Owlet[222]。

那麼，我們到目前為止所探討的數位育兒觀念，要如何對抗即將來臨的科技世代呢？這是個大哉問。「螢幕使用時間」這個概念會繼續存在，也是因為有個相反的「非螢幕使用時間」概念可以對應。有「上線」就表示有「離線」。這些正是未來科技世代可能會消融的界線。如同維克多．史特拉斯柏格所告訴我的，早就有感覺「研究媒體就像在研究我們所呼吸的空氣」了，而此話只會更貼切而已。

如果一名四歲幼兒一整天都有混合實境的人工智慧艾摩（看得到的假想朋友）陪伴，這樣算是「螢幕」使用時間嗎？那現在市面上人工智慧驅動的塑膠娃娃「我朋友凱拉」（My Friend Cayla）呢？那是娃娃還是電腦遊戲呢？那麼在外頭玩耍的九歲男孩呢？之所以能夠放心讓他玩，是因為有虛擬拴繩；如果男孩離開特定範圍，媽媽的手機就會發出警鈴聲。這些科技愈來愈身臨其境、無所不在，以禁止為主的教養方式將會愈來愈困難。對媒體採正向態度的育兒方式也變得更有必要。

把家裡弄成聖地，毫無數位連線，就算是短時間也可能造成不便。要有完全不插電的家庭晚餐時間更為困難，因為微波爐也正參與對話。但我們還是可以追求平衡，當作重要的價值觀。

了解我們孩子目前接觸的內容，一如往常地重要。為了做出可信靠的調解，我們必須共同參與。隨著愈來愈多的APP回到共享的實體空間，這可能會變得比較容易。

而這個新的媒體世界提供大量表現與創新的能力。明日的大藝術家與首席設計師的想像力，正在今日孩童的身上甦醒。贊助、安排、鼓勵他們的媒體事業將會更為重要。

虛擬實境

虛擬實境作為一種表現力十足的媒體，剛起步時引發了一些內省。正如十九世紀觀眾可能會被盧米埃兄弟一八九五年的電影《火車進站》嚇得花容失色[223]（注：電影中有衝著觀眾而來的列車移動畫面，對當時的人是很大的衝擊），我們二十一世紀的知覺系統對於3D身歷其境的強大威力仍有幾分天真。我去參觀史丹佛大學實驗室時，在我們的參訪團中，我見到頭戴著虛擬實境裝置的成年人噁心嘔吐、怕到尖叫，並且拒絕往前踩踏穩固的地板，只因為他們的眼睛告訴他們目前站在懸崖邊。我們可以預期年紀更小的觀察者有可能會更敏感。有鑑於此，我會有點擔心是否身歷其境的射擊遊戲會日漸成為主流。

「大腦還沒有演化到能區分引人入勝的虛擬經驗與實際經驗的差別。」史丹佛大學的拜倫森曾這麼說過。他認為我們應該從倫理道德的角度，認真看待虛擬實境體驗的威力，並用來製造他所謂的「頓悟」時刻。舉例來說，他打造了一個虛擬實境遊戲，你可以像超人一樣飛在城市上空，發送胰島素給糖尿病童[224]。他的實驗室設計了另一款遊戲，讓你可以虛擬進入不同性別、年齡、種族人士的身體裡，做角色取替的練習。在這些研究中有個典範[225]：有化身過「老扣扣版」的自己「走過一哩路」的大學生，在之後的假設練習中，會分配更多資金到退休儲蓄裡。事實上，他們對未來的自己產生同理心。

就和之前的媒體類型一樣，我們擔心孩童會被這些效果過度影響。而我們也擔心他們會覺得媒體太引人入勝。「實驗中發現，三歲以下的孩子不肯戴上頭戴裝置。」另一個虛擬實境重鎮紐約大學媒體研究實驗室（Media Research Lab）的肯・培林（Ken Perlin）表示。比較小的幼兒覺得那個很怪，黑漆漆的，又笨重又不舒服。但是，培林說：「四歲以上的孩子就很愛。到了八、九歲，他們的反應會讓人聯想到吸食古柯鹼，簡直是為之瘋狂。他們相當自在，一戴上裝置，就能開始進行活動。最近一場研討會中，有人說也許這個東西對十三歲以下的孩童不安全；但我認為，也許這只適合十三歲以下的小孩。」

我表示反對，畢竟我們不會認為吸食古柯鹼對孩童有利。但培林這位不怕批評的行動派，把這些科技看作是一種想像力的怪誕道場：藉由試驗可能與不可能的世界，來打造心靈的力量與彈性。

他援引我們的演化命運來支持他的論點。「我們的大腦心智多變，是多用途的機制結構，可以處理許多可能的現實情況。人類大腦製造了這個多用途的處理機制，於是能演化來應付所有可能出現的情況。」然後培林表示，做我們本來就演化來要做的事，感覺非常好。

「運用那個處理機制令人愉快。我們本能地知道『擴展大腦可以應付的情況』是有幫助的。這可能是個效力強大的方法，去體驗我們的大腦有多少能耐。」所以他修正了他的陳述；虛擬實境提供大腦食物，而非毒品。而可塑性特別高的年輕大腦特別享受這種食物。

但是培林認為自闢天地、身歷其境的虛擬實境只會是市場一隅。還有「茶几問題」——你一戴上無線頭戴裝置、進入虛擬世界，你客廳裡的家具就成了危險的賽道障礙。

單獨的虛擬實境市場可能只占所有玩家的一小部分，比例和當今被視為死忠派的電腦遊戲玩家差不多。而且，毫無疑問地，同樣呈現出強迫使用的危險。

所以，如果我們沒有要一天二十四小時、每週七天住在虛擬宇宙裡，那虛擬實境真正的未來在哪裡呢？培林喜歡這麼說：「全像甲板（holodeck）的重點不是空間本身，而是與其他人一起交流。」（全像甲板是《星艦迷航記》（*Star Trek*）劇中角色使用的虛擬實境環境，用來進行運動訓練及玩遊戲。）他和他的實驗室所創造的體驗，通常能讓兩個以上的人互動，不管他們是實際站在同一個房間內，還是分隔數千里遠。他們目前打造的體驗中，許多其實很像蒙特梭利教室的工作區[226]：允許大家合作畫一張巨幅的虛擬實境圖畫，或者與其他人一起演奏半空中的假想樂器，或是操控四維的幾何圖形，或操縱大型木偶，甚至相隔五千英里玩傳接球。

對培林來說，任何的媒體經驗——小說、電視劇、電玩、或臉書——都饒富意義且引人入勝，甚至可以激發或增進我們的互動感。共享經驗的概念又回來了。這意味著我們可以投射到虛構角色的生活，或是與作者或導演的想像力交流。但理想上，在真實世界與他人的互動中，這種體驗達到蓬勃高峰。「我們所在乎的，就是我和另外一個人之間的交流」他表示，「而任何能夠增進交流的媒介都是成功的；任何取代交流的媒介就算失敗的。」

假想的亡靈節遊行在小孩旁邊登場，聽起來比把小孩丟在電視前看卡通有趣多了。如果培林說得對，從今日的 Wii 及 Kinect 電玩所延伸出的多人虛擬實境及混合實境體驗，可能會比有界限的螢幕更讓人覺得彼此相連，因為它們把遊戲移回共享的實際空間中。

身為新興類型的愛好者，培林認為還有另一個文化上的理由，可以支持我們應給孩子頭戴裝置，並且在有創意的環境下隨他們自由活動的主張：作為一種藝術形式的成熟虛擬實境作品，總有一天會由今日的嬰兒與未來世代創作出來。「語言學家知道，人一超過八歲就不會發展自然語言了。」他說，意思是指如果八歲之後你才接觸到一個新語言，那個語言永遠都只能是你的第二語言，講得不太溜、帶一點口音。有些研究者則認為年齡界限比較接近十歲，但觀點不變。

培林說，根據同樣的理由，成長時把虛擬實境視為理所當然的人，才能真正流暢地使用。「虛擬實境界的希區考克和史蒂芬・史匹柏都還沒出生。」

人工智慧

「嘿，你叫什麼名字？我是Alex[227]。」Alex八歲，性別看不出來，身穿polo衫，膚色淺棕，捲髮，長度到下巴。在匹茲堡一間特許學校的教室裡，其他三年級學童坐在Alex對面進行科學活動。他們要一起討論一張恐龍的照片，盡可能找出答案。

Alex不見得聽得懂每個人所說的話，有時候還會提供不恰當的回應，如「我也是」。但有個對話的幻象真不錯，就Alex來說，他是個人工智慧替身，由卡內基美隆大學打造。

在某些方面，虛擬實境和混合實境所引發的育兒挑戰較容易概念化，因為尚存在於「媒體」的框架中，也就是由其他人類大腦所設計打造的環境與故事，你可以開機、關機，可以進去、離開，你知道那不是「真實的」。

人工智慧比較複雜，也比較難抵擋。下一個世代的人工智慧程式可能會模糊人機互動、以及人與人互動的界線；或者，建立出互動的第三種類型。

前幾章提過，賈絲汀．卡塞爾長期致力創造能夠在社交、情感上吸引人的科技。說得更廣一點，她對智能的交易本質有興趣——智能行為會在對話與溝通中產生，不僅僅存在一個人的腦海裡。過去二十年來，她打造了《傾聽者》程式，鼓勵孩童說故事。有些是以自閉症患者為目標，有些則是針對英語學習者。孩童可以創造自己專屬的角色聽他講故事：有個孩子是籃球迷，他就選了俠客・歐尼爾。和這些程式互動顯示出使用語言的自信與熟練度都增加了，這樣的能力也移轉到與真人的對話上。（類似的治療是用狗來代替。）「某些方面來看，電腦是理想的傾聽者，如果設計良好的話，」卡塞爾表示，「電腦不會遲到，一直都有空，非常有耐性。」

「終生學伴」的概念在十幾年前由早期的人工智慧研究者首次引介，強調學習的社會本質。想想看：我們已經把全世界的知識放進了口袋，卻仍未見我們的聰明才智有明顯的增長。但就像睿智的假想朋友一樣，學伴不僅在社交上能吸引孩童，在智識上也能。他們可以提問、提供即時鼓勵、提供建議並連結相關資源，幫助孩童理解困難概念。長時間下來，學伴會「學到」愈來愈多孩童知道的事物、孩童的興趣所在，反映出孩童的樣貌並反饋給他們，就像位優良導師。

Alex 是由卡塞爾的博士班學生莎曼莎・芬可史坦（Samantha Finkelstein）所主導的研究案，算是踏上這條路的前幾步。芬可史坦與卡塞爾對於「語碼轉換」（code-switching）這個現象特別好奇。當英語學習者與非主流階級種族的其他孩童上學時，他們會遇到所謂的外國方言：標準英語。美國八〇%的公立學校教師都是白人[228]，而公立學校現行的策略就是遵行標準英語，並堅持學生也應當如此。學生精通語法及詞彙的能力，決定了他們在求學與職場上能否能平步青雲。但學生的家鄉方言依然還是他們流利使用、且有歸屬感的語言。「語碼轉換」這個詞由語言學家所創[229]，指的是在正確情境下、使用正確語言風格所必備的靈活度。

芬可史坦與卡塞爾用恐龍活動設計了實驗，在匹茲堡九九%都是黑人的特許學校進行。其中一個情境裡，Alex全程使用標準英語；在另一個情境中，Alex則在一開始的相見歡與腦力激盪時間，使用學童的方言。Alex可能會說：「我想我們要搞清楚，這傢伙怎麼吃、怎麼動什麼的。」或者是：「你覺得用那個尖尖的抓兔崽子可以嗎？」

然後，等到要到跟老師報告時，Alex會說：「要做口頭報告時，老師總是希望我使用學校所教的文法。」接著開始用標準英語發言。

在有使用語碼轉換的實驗情境中，學童表現出較佳的口頭科學推論，也有較多由觀察所支持的假設。另一方面，芬可史坦告訴我，當Alex使用標準英語時，孩子們有時候會變得頗有敵意。他們會存心激怒Alex，說出「哎喲不錯喔，你這個黑屁孩」這樣的評語，或甚至「你都看哪種 A 片？」」她認為這可能是學童對於不真實感的反應，因為這個創造出來的兒童角色看起來跟他們很像，但說話卻儼然是個主流文化的成人。我懂她的意思。我自己在虛擬實境中面對那異常平和的艾摩和高華時，也經歷過挑戰界限的衝動，想試圖戳破幻象。

和 Alex 對談後，弄清楚共同終生學伴的概念是好幾年以後的事[230]。Alex 是針對一個預選主題的單一簡短活動，被煞費苦心創造出來的。幾乎每個他所說的單字片語，都是根據之前在匹茲堡某教室錄下的同齡學童對話為基礎而成。而且 Alex 還沒辦法完美流暢地對話。要客製這種會講幾百種方言、能談論數千種主題，更不用說要像在美國公立學校裡流通上百種語言的程式——至少在所謂「自然語言處理」的這塊，還得要躍進一大步。（而人工智慧應用程式的優勢就是倚賴打字，而非聲音。）

另一方面，在我觀看的實驗影片中，孩子們和 Alex 的互動自然到令人吃驚，我找不出更貼切的詞了。孩童很清楚 Alex 並非真人（卡塞爾說要是這樣問孩子，他們就會大翻白眼），但他們還是會合作參與。而且實驗結果顯示，孩童從 Alex 身上獲得真實的感受，不管社會認可還是社交威脅，端看 Alex 怎麼和他們交談。

多數孩童不會接觸到在實驗室裡為特定教育目的悉心設計的人工智慧學伴，他們接觸到的多半是商業產品，如二〇一五年聖誕季上市的「哈囉芭比」（Hello Barbie）[231]，有八千則預錄的對話台詞，包括像「可以學習到許多服裝知識的地方就是學校！」這樣的箴言。顧客評價說還是有很多錯誤。

在我的觀察中，孩童似乎很喜歡和設計給成人的第一代聲控人工智慧「助理」互動，如 Amazon 的 Alexa 與 iPhone 的 Siri。評論網際網路未來的佼佼者阿尼爾・達什（Anil Dash）[232]，在部落格平台 Medium 二〇一六年的貼文裡記錄下他的觀察：「在有小小孩的家庭裡，Echo 面臨的殺手 APP 就是計時器……小小孩沒辦法解鎖手機、打開計時器 APP、然後開始倒數計時，但是直接說『Alexa，設定五分鐘計時器』就沒費那麼多力氣。」

如果一想到自家小孩和電腦程式建立關係，就覺得很詭異或格格不入的話，我們有一些顯著先例。其一是超級同儕，也就是孩童和他們最愛的角色所建立的擬社會人際關係，不管是超級英雄、公主，還是大布偶。另一個是移情對象[233]，那是發展心理學家唐諾・溫尼考特給泰迪熊、毯子，或是其他心愛物品的名稱，多數健康孩童在嬰兒期持有這些物品，整個童年階段都能從中得到慰藉。擁抱這些物品有助於他們將小時候媽媽一直都在的踏實感、逐漸轉換內化成個人的安全感。但這些填充玩偶也在有生命和無生命之間，占據了一個假想的空間。正如同被遺忘的絨毛兔（Velveteen Rabbit）在令人難忘的同名童書中所言：「當一個小孩愛你很久很久，不只是跟你玩而已，而是**真的**很愛你，那你就會變成真的。」

卡塞爾認為，我們實際上有能力把情感轉到成年時期的物品上。「那不會消失。我真的認為會持續。」事實上，你隨時帶著的那個會發出聲音的行動裝置，或許就是你的心愛物。

物聯網

和人工智慧不同，物聯網不會展現出類社會智能的存在威脅，反而會把我們連到一個看不見、無所不在、持續不斷的網路，使用軟體和感測器一點一滴地形塑我們的知覺與互動。這個環境以「科技褓姆」之姿，特別令家長著迷。

野口勇是知名雕塑家與設計師[234]，他最有名的設計就是幾何形狀的和紙燈具，一九三七年他創造出全世界第一台嬰兒監聽器——「無線電褓姆」（Radio Nurse），這是歷史上一段奇怪的小插曲。該款監聽器用電木塑膠製成，由天頂無線電公司（Zenith）和美國廣播電視公司行銷，因為一九三二年查爾斯．林白（注：Charles Lindbergh，美國飛行員，史上首位成功完成單人不著陸飛行橫跨大西洋的人）的兒子從嬰兒房被綁架撕票，造成了全國恐慌，而讓這款監聽器大賣。

嬰兒監視器

今日，嬰兒搖籃裡的監聽監視遙控器，是可支配收入達到某種層級的家庭常見的育兒配備。舉例來說，Infant Optics DXR5 Video Baby Monitor 是 Amazon 網站上最受歡迎的十大新生兒禮品之一[235]。

不過，監控的層級現在又提高了一個檔次。遙測科技，如 Owlet 襪，能夠監測嬰兒的脈搏與含氧量，並且將資料無線傳輸到世界任何地方的手機上。有一款一千多美元的「智慧搖籃」叫做 Snoo，是麻省理工設計的[236]，知名小兒科醫師哈維．卡爾普（Harvey Karp）也有參與；搖籃全面配備感測器，可以用噓哄及搖動來回應嬰兒的啼哭，也可以用智慧型手機操作。

我們已經開始聽聞這些科技意想不到的結果。二〇一五年有位女性寫信到雜誌的諮詢專欄[237]，抱怨她之前把小孩遠端監控器的密碼給了自家爸媽，結果卻換來他們不斷地插手。「只要他們看到螢幕上出現他們看不過去的狀況，他們就要讓我知道。我不斷地被騷擾，比如說什麼兒子睡覺時我沒給他穿襪子。那鏡頭有個功能，讓觀看者可以跟我們對話，所以我們在兒子房間時，我父母會突然跟我或我兒子說話。如果我兒子正在鬧脾氣，我爸媽就又來說『別讓他哭！』」

又或者是更令人擔憂的情況：如果你的嬰兒監視器沒有嚴密的密碼保護，任何有興趣的人都可能監視你的小孩。安全專家丹・藤特勒（Dan Tentler）告訴科技部落格 Ars Technica，這類不安全的網路攝影機大概有幾百萬個[238]。甚至還有個別報導說駭客接管音訊頻道，去騷擾搖籃裡的幼兒。二〇一五年，華盛頓州有三歲男童訴說晚上會害怕[239]。最後他父母從男童的監聽器中聽到一個聲音傳來：「醒醒，把拔在找你。」

確實是惡鬼。

隱私倡導者擔心的不只是惡作劇的人，還有政府監控。二〇一六年，隱私團體向聯邦貿易委員會投訴，會說話的娃娃「我朋友凱拉」[240]這款玩具可以錄下兒童的對話，透過網路傳輸資訊到兩家不同的軟體公司。其中一家公司「Nuance」是做語音辨識軟體的，他們有個執法、軍事、情報單位在用的資料庫，用來比對聲紋。

很可怕，即使目前只在推論階段。但另一種威脅是由內而來。我們採用科技來擴展父母的警覺範圍之際，也存在著風險，會破壞我們自己的保護本能，轉為惱人的衝動。換句話說，有時候窺探者就是自家人。

我有個朋友罹患產後強迫症。生下第一胎後，她會整晚一直驚醒，去查看孩子是否還在呼吸。她想買個呼吸監控器，那是幾年前的事，當時市面上有種產品，是把感測器嵌在床墊裡。但她先生出面制止了。先生堅持正確的解決之道是冥想和治療，也許服藥，而非增加令她焦慮的數位裝置。

無人機家長

這種衝動的另一種表現就是我們所謂的「數據化的嬰兒」（quantified baby）。幾年前，有位父親拿著他小孩過去五天以來的詳細體溫圖表，走進珍妮・拉德斯基醫師位於西雅圖的診間。這就是一例。

醫師說：「幾乎可以說是使用科技的直升機家長，過度重視數據，而非全人兒童樣貌。」我有位朋友是Google的工程師，他也是一名幼兒的父親，他開玩笑地給這種風格取名為「無人機家長」。

我在自己兩個孩子的嬰兒時期，都用《Baby Connect》這個APP來計時與追蹤每一次的餵食、睡眠時段與換尿布。當我累到無法思考時，這個 APP 能幫我發現她們的睡眠模式改變；我雇用的褓姆也可以更新資料，如此一來，我就可以透過手機知道什麼時候下班就能即時哺餵飢餓的寶寶。

然而，一般來說，這些新科技和其他給成人「自我量化」的小裝置，如智慧手環「Jawbone Up」，會在入手半年後使用頻率大幅下降[241]。而主要原因或許是長期下來沒那麼實用，除非你有特定情況，如有小孩、或是正在控管飲食、或需要定期服用藥物。

科技部落格 Mashable 上，有篇文章的標題是〈過去我用數字帶寶寶，現在我後悔了〉[242]。「我兒子奧利弗悄悄地累積了足夠用一輩子的統計數字」，提姆・闕斯特（Tim Chester）寫道，「而我卻錯過他的發展里程碑，一股腦兒死盯在手機螢幕前處理數字。我企圖用小裝置和 APP 來簡化育兒，但卻有悖常理地讓此事複雜許多。至於心平靜氣，算了吧。」他引述了另一位「無人機家長」的同感：「我花太多心思在 APP 的資料上（例如試圖在某個時間鼓勵寶寶小睡，因為之前那個時段寶寶睡得很沉），其實讓人心煩。」她說，「這麼做叫人洩氣，沒有用。到頭來只是資訊而已；其實很多時候你也不能怎樣，因為資訊源頭是個無法操控的小嬰孩。」

維若妮卡・巴瑞西（Veronica Barassi）等學者所使用的「嬰兒監控」（Babyveillance）一詞[243]，提供了監控的錯覺；一開始很受歡迎，不過一旦和這些我們共處一室的心愛小生物打交道、面對其根本上的高深莫測，監控的幻象很快就會消失無蹤。

同時，這些科技產品的問世，引發潛在的軍備競賽，提高了社會對於無微不至照顧的標準。我們父母那代宣布寶寶誕生的消息時，會提到新生兒體重幾公克；也許我們下一代會期待寶寶前三百天呼吸速率的數位讀值。

我們不是要監控你

一旦孩子大一點，可以自己探索真實與虛擬世界後，當代父母也必須決定監控他們的密切程度。《Life360》是二〇〇八年推出的APP，孩子出門在外時，《Life360》會告訴你所有家庭成員的智慧型手機在地圖上的哪個位置。你也可以預設「地理圍欄」（geofence）範疇，一旦孩子越界，你就會收到警訊。該APP也和BMW上的導航系統整合，更能管束青少年駕駛人。《Life360》有八千萬名註冊用戶[244]，是同類型APP中最受歡迎的，《尋找我的iPhone》則是另一個。

史蒂芬・巴爾坎（Stephen Balkam）對《Life360》很滿意，但他青春期的女兒卻不然。巴爾坎是「家庭線上安全研究院」（Family Online Safety Institute）的創辦人，矢志要提高對於線上騷擾、網路霸凌、網路糾纏、復仇色情與其他威脅你和你小孩之網路弊端的警覺。他的機構都在支持一些保護孩童的政策，像是避免孩子的數據情報過度曝光給商業組織或政府機關，或是防護孩子免於名譽上的威脅；儘管如此，他也對自己的小孩進行家庭監控。他告訴我：「她開始開車後，我們的手機全都有安裝這個APP，她知道，她雖能理解但不情願。」他表示，「我說，這麼做就不用傳訊息給妳。我們可以看到妳在外環道上、在回家的路上，還是要去跑夜趴。我們不是要監控妳，但是我們會在緊急情況、或是妳晚回家的時候用，或者當妳不在我們以為妳應該在的地方時。」我想起了當年在紐奧良、身為青少年的我，去過的那些刺激有趣的地方，那時我其實也應該在別的地方的。

同時，當小孩上網時，《網路褓姆》軟體[245]讓家長可以阻擋色情及其他令人反感的素材，並能看到孩子所造訪的網站清單、設定時間限制、追蹤孩子在社群網站的活動，如果他們發表或瀏覽和網路霸凌或色狼「誘姦」有關的用語，就會發出警訊。

因為我們做得到這些事，就代表我們應該這麼做嗎？如果我們把孩子圈在虛擬警察國家的臂彎裡，我們傳遞出的最終訊息是什麼？

某方面來說，設定邊緣案例還比較容易。葛瑞芬對於控制自己使用科技產品有嚴重困難，於是他參與「內地不插電」（Outback Unplugged）荒野治療課程。像他這樣的青少年，事先限制可能會對他有幫助，也就是「奧德修斯把自己綁在船桅」法。他的母親諾薇爾也可能從她設定的那些嚴格限制中得到幫助。現在，如果她覺得兒子玩過頭的話，就會把電玩主機鎖在車子裡一整夜。

卡瑞爾・巴隆這位爸爸因為太太對於青少年女兒的限制，而找家庭諮商師商量。對他來說，全家一起討論出 iPhone 的宵禁時間大概是最好的做法，而非在沒有協商的前提下，單方面安裝「鎖死」功能。

在多數情況下，美國法律規定執法單位必須有可能理由，才能取得令狀去竊聽普通老百姓。那個令狀有期限，一段時間後必須更新。在家裡，我們大概應該採用某種類似的自由標準，甚至應該更寬容。在沒有正當理由的前提下，對你的孩子進行數位軟禁[246]，會種下逃避與反抗的禍因。如果我們在自家要求那樣的服從，究竟會傳達出怎樣的訊息？

我們用來提升保護與心安的科技產品，不管是「網路褓姆」還是「無線電褓姆」，最後可能反而損害了我們家庭的安全、隱私與互信感。這簡直諷刺，完全違背行銷的宗旨；但從另一個觀點來看，這完全是可以預期的。隱私與安全、自主與保護、信任與查證，永遠且必然互相拉扯，對於民主國家的公民與家庭裡的孩童也同樣如此。先進的資訊科技只是觸動了這個拉扯。

醫師兼作家阿圖・葛文德（Atul Gawande）在他的重要著作《凝視死亡》（*Being Mortal*）中，談到臨終照顧的倫理兩難；他說照顧者面臨的問題，就是我們每個人都想要「自己享有自主權，而我們愛的人安全」[247]。身為父母，我們神聖的責任就是確保孩子安全無虞；而鼓勵他們邁向自主這個責任，也一樣神聖。即使你抵擋了衝動，不採取「網路褓姆」那種表面專制的做法，還是有可能會被過度使用（或濫用地更巧妙）的科技產品——科技褓姆——深深吸引，或把你的小孩交給科技褓姆控管。

喪失自律能力

我開始寫這一章的那天早上，大女兒璐璐不願意起床，因為她的「該起床了」（Time to Wake）時鐘沒有變綠色。那是個神奇的小裝置，推薦給所有小孩滿三歲左右的父母，讓孩子掌握以下概念：你把時鐘設在預先決定的時間，比方說早上七點，然後小孩就得待在房間裡自娛，直到那個神奇時刻到來。不過，時鐘那天早上沒有正常運作，搞得我很難說服璐璐我真的要她起床。

我愛「該起床了」時鐘。我也愛手機裡的《S Health》APP。二〇一五年秋季我被診斷出有前期糖尿病的血糖數值時，連續三個月，我記錄了攝取的每一大卡、每一公克碳水化合物，還有我走的每一步。我減去了一點體重，讓血糖值回到了正常範圍。

量化顯然是個強大的工具，可以修正行為。然而，要是過度使用，這類APP可能讓人過度依靠，且干擾一個人發展內在動機與自律的過程。

這對父母來說是特別關鍵的重點。發展心理學家認為，自律是種核心能力，有自律才能過有效能且快樂的生活[248]。為了發展自律，孩童在發展對於周遭環境與自我感受的意識時，需要支持。他們需要詞彙來表達周遭發生的事情，以及自我感受；他們也需要安全感與支持，知道自己可以表達難受的情緒，並發展策略來應對。如此一來，他們就能在充滿挑戰的情境下保持冷靜，並能延遲滿足，以達成深具挑戰的目標。

風險就在於任何種類的量化——學業成績、家裡的貼紙集點卡——都會施加外在計量，干擾這個過程。我們或我們的孩子一心放在鑽漏洞，而非自己決定什麼是該做的。傑森・沙多斯基（Jathan Sadowski）在一篇論科技褓姆的文章中寫道[249]：「科技褓姆的危險不會以倉促唐突的方式顯現，反而會透過慣性漸漸浮出台面，因為我們把 Siri 和其他 APP 融入了日常生活。我們和 APP 之間的共生關係嚴絲合縫；我們甚至不會察覺到我們的倫理道德日漸低落。最壞的情況下，智慧型手機會讓我們活得毫無自我意識與自我控制。」

不過，上述最壞的情況並非無法避免。量化有其目的。關鍵在於不要拋棄我們更好的判斷力、不要完全受裝置的左右。

簡而言之：媒體變得更無所不在、更讓人身歷實境。科技變得更主動出擊、更充斥各處。使用 3C 已不限於盯著螢幕。社群媒體的定義可能隨著人工智慧進步而改變。

干擾

家長要共同參與——使用 3C 的出發點是連繫，不只是檢查——民主威信型的調解將會變得愈來愈重要，即使「螢幕使用時間」這個概念本身會逐漸消失。培養自主權與連結感的重要性與日俱增，前所未見。

但是，對於媒體充斥的現實社會，有個回響很有意思、也充滿創意：消費者開始要求較為平和的科技產品，來協助我們更有效地花時間共處。這些產品當中，有些是由家長發明的。

之前在Google擔任設計倫理師的崔斯坦・哈里斯，為了「善用時間」（Time Well Spent）的概念努力奮鬥[250]。他一直試著號召時下最會利用3C、讓我們最有可能上癮的設計師，反過來承諾「不造成傷害」。要是使用者介面提供預設值、協助我們把干擾減到最小會怎麼樣？比如有「請勿打擾」設定或更好上手的使用時限？

藉由這麼做，他背道而馳，不跟從網際網路的核心邏輯思維：注意力經濟，也就是使用者眼球焦點等同於廣告進帳。他的想法實屬少數，但很有說服力，尤其對家長而言，為人父母者或許願意付錢換取一點安寧。

有些新一代的科技是由家長所設計，來幫助家庭掌控居家的科技生活，甚至增進關係。他們身處集體智慧的浪頭上，致力把數位媒體放到適切的位置。科技的設計者與批評家都在提高大眾對於演算法效價的意識，這些演算法設計來吸引我們上鉤、操縱我們的情緒、濫用我們的資料、給我們過度與錯誤的訊息。我們處於這些對話的開端，結果都還未定。但是這樣的思辨需要道德權威感，那是身為父母的我們特別擁有的。

我特別關注怎麼把干擾減到最小，依個人需要設定手機上的通知訊息。我可以把所有社群媒體的通知訊息關掉，好讓我能掌握自己每天要查看手機的次數。但是我無法找出只顯示來自重要人士的電子郵件和訊息的方法。有個叫Ringly的裝置是個電池式的雞尾酒戒指[251]，可以透過藍芽與手機連線。設定好之後，先生或褓姆來電或傳訊過來時，戒指就會閃出特定顏色的光，售價兩百六十美元。有點貴，專門針對女性設計，但我喜歡這個設計的概念，可以讓我看電影或在遊樂場時把手機留在包包裡。

有個APP叫《Moment》[252]，開發者凱文・霍樂許（Kevin Holesh）一開始是把它當業餘專案在做，出發點是想要和他的新婚妻子聯繫。用這個APP來處理3C問題頗有意思。登入後，你可以看到家庭的每個成員當天花多少時間在智慧型手機上。霍樂許說這個激發了他和太太之間的良性競爭——過了一段時間後，他降低了每天平均使用手機的時間，從九十分鐘降到四十五分鐘；而太太也等比例降低，從三小時降到九十分鐘。根據APP裡的許可，你可以為家庭成員設定限制。時限一到，每當他們拿起手機，討人厭的通知就會跳出來。而或許最有趣的是，你可以設定「闔家晚餐時間」，在每天設定的時間區塊內，每個人的電子裝置都會斷線。

這個 APP 符合「網路褓姆」的概念，但目的是為了要達到更民主的家庭決策。舉例來說，霍樂許開玩笑說，「我讓很多家長很火大」，因為這個 APP 讓孩子和家長**都**能設定「闔家晚餐」活動。

提升家庭功能

雪莉．皮沃斯特是位心理學家，幾年前擔任一家風險投資育成中心的「員工心理師」，幫助科技創業家處理經營新創公司會遭受的社交與情緒磨難。她自己有三個小孩，分別是十三歲、十歲和六歲。「有一天我以為老大生病了，我帶他去看醫生，結果才知道他連續六週每天都熬夜玩《麥塊》。所以我一邊掉淚一邊回去上班，我對自己的管理能力信心全失，也不知道要怎麼解釋。」比她年輕很多的同事成了她的「科技雪巴人」（注：Sherpa 是居在喜馬拉雅山上的民族，常會受雇當登山者的嚮導），幫助她用不同的觀點來看待這件看似糟糕的沉迷事件。

治療情況良好。但是受到她新工作環境的影響，皮沃斯特也決定要用科技來對抗科技。她和幾位設計師及開發人員合夥，開發了一個名為《myTorch》的「智慧路由」，讓家長在家中可以掌握並控制網際網路的使用。你可以晚餐時間

「暫停」網路，並且在夜間設定宵禁。你也可以透過URL看到小孩都上哪些網站。「對我來說，有一扇窗可以查看孩子的網路探索真的非常珍貴。身為家長，這是我的職責。我認為我應該介入。」她表示。他們目前在進行另一個解決方案，去阻擋行動網路。

聽起來非常科技褓姆。運用時要小心。不過，即使是在皮沃斯特開發這項商品期間，她的看法也開始動搖，不再只是完全禁止，而是慢慢偏向積極的媒體教養。「朋友之間這類的對話激增，在社群媒體上也都討論得沸沸揚揚。幾年前真的就只是問我該怎麼設限？我該怎麼保護孩子？而現在對話變成我該如何讓孩子準備好迎接數位未來，幫他們找到更多運用科技可以做的創意活動？」她希望她的公司可以打造內容夥伴關係，幫助家長為孩子找到更好的線上活動。

有些人把目標放在控制3C使用，有些人則設計科技產品來對抗數位分散注意力一事，並促進共同參與。我曾為美國公共廣播電台撰寫了以下文字：

傍晚時，我和四歲大的女兒在一起，一邊跟她玩、一邊準備晚餐。此時手機叮咚作響[253]。

平常我會因馬上查看手機而感到內疚，但不看的話又有點分心。然而這次手機不是在提示我有推特訊息，也不是編輯寄來了電子郵件，而是一則《Muse》APP送出的即時建議。

> 內容如下：「試著跟女兒玩『老師說』，用一些表達方向的語彙，如後面、周圍、中間。（如：『老師說站在椅子和椅子中間。』）」
>
> 我們就這樣玩。超有趣的。我甚至可以一邊切菜、一邊喊出指令。雙贏。

幾年前我第一次見到諾瑪和薇薇安．明（Norma and Vivienne Ming），她們是同志伴侶，也是工作夥伴，共同開發《Muse》。諾瑪是認知科學家，而薇薇安是理論神經科學家；兩個人都是卡內基美隆大學的博士。她們是串列科技創業家，特別對人工智慧應用在人類的成功有興趣。

薇薇安．明之前所待的公司是人力資源網站「Gild」，她的工作內容是「建立模型以預測一般人對於從來沒做過的工作表現會有多好。」該公司有一億兩千兩百萬位專業人士的資料，而系統顯示，學業成績和標準化測驗分數較不能預測某個特定職務的成功，比較相關的是更高階因素的模式，像是學習與適應環境的速度。

正如我在美國公共廣播電台所寫的文章：

但是薇薇安‧明對於使用人工智慧來評估或預測並不滿意。她稱這種方式為「被詛咒的水晶球」。有時候，一點點的預知可能就很危險：「如果你告訴某人：『嘿，你女兒有一天會拿諾貝爾獎。』就會讓此事發生的機率變低；但如果你說：『你兒子國三時可能會慘遭退學，』那此事就更有可能會發生。」

反而她想知道，我們是否有可能用人工智慧來「優化人生結局」，把目標放在從小孩出生起，就給他們小小的介入？

每天，《Muse》APP會問一道是非題。題目設計的取向，是為了蒐集對孩子的人生結局而言重要的訊息、或是引發家長的反思。

舉個比較久之前出現過的題目為例：「妳（母親）是家族裡第一個上大學的嗎？」之後的題目還有：「你的孩子喜歡當領導者嗎？」明希望這個APP的未來版本可以上傳短片或圖片，比方說孩子的畫，如此更能給予符合客戶需求的回饋。

這些並不只針對你孩子的年紀設定，還參酌之前你對於興趣與能力的回答。如果你很好奇，可以輕觸「為什麼」按鈕，就能知道這些活動的目的。

舉例來說，我們加了方位詞的「老師說」遊戲，顯然「提升了多元思考、獨創力、適應力與流體智能的發展。」

小小遊戲可真不簡單。

透過手機提升親職行為品質的這個概念，背後是有證據支持的。從二〇一〇年起，「Text4Baby」服務會依照時程傳訊息給媽媽們[254]，主題從產前健康到嬰兒睡眠安全準則都有。這個服務與類似的「手機健康訊息」計劃（如預防接種等主題）的評估顯示，家長的態度與知識都有提升，對孩童的健康也有正面影響。在相同脈絡下，《Bedtime Math》這個平板APP提供家長符合孩童年紀的簡短應用題，晚上可以和孩子討論[255]。有個研究（由該公司贊助）發現，每週至少使用該APP兩次的一年級生，在整學年的數學課上都有顯著的進步。而且有趣的是，使用該APP似乎可以消弭兩類孩童表現的差距：一類是其父母對數學感到焦慮的孩童，另一類是父母對數學感到較為自在的學童。

「Povi」則是另一個不同的嘗試，利用科技來建立家庭聯繫與社交情緒技巧。正如我在美國公共廣播電台的文章所言：

創辦人林秀吟（音譯，Seow Yin Lim）以前描述自己為「虎媽」[256]，超級重視學業成績。她的大兒子念六年級時，學校輔導老師告訴她：「妳的小孩很聰明，但不快樂。」

那是一記當頭棒喝。林女士馬上辭掉她位高權重的科技公司高階主管，埋頭在最新的教養育兒文獻中。

她發現培養同理心、毅力、情緒控管、適應力及成長心態的重要。而且，在過程中，她發現像她這樣的父母需要幫助。

「大家都很忙，而且注重學業。」她解釋，「家長都很擔心過度使用 3C，但他們束手無策。而我們正在使用科技來增進人類互動。」

Povi 是個可以抱的絨毛娃娃，內建喇叭，還有表情生動的 LED 眼睛。Povi 會直接對孩子「說話」，用第一人稱講故事。比方說，「今天有些小朋友下課的時候跟我說，我不能跟他們玩球。妳可以幫我理解我的感受嗎？」Povi 的顧問之一黛芙娜・朗姆（Daphna Ram）是研究依戀關係的，她說：「有很多證據顯示，談論情緒、學習情緒、讓情緒變得不可怕，都能幫助孩童理解情緒有其價值。有了 Povi，我們確實可以聚焦在一些方法上，讓父母協助孩童處理情緒。」

林女士說，他們刻意做出一個玩具，企圖讓體驗不那麼虛擬。「一開始我們想做個在手機APP上的動畫角色，但心理學家們都反對。我們希望小孩把注意力放在爸爸或媽媽身上，然後看著彼此的眼睛，而不是盯著螢幕。」《Vroom》也是個類似的APP，是由Amazon創辦人傑夫・貝佐斯的家庭基金會資助的。

所以我們邁向的未來，可能是科技褓姆遇上超級褓姆：這些科技產品想要形塑我們的育兒行為，以激勵我們與孩子有更多、可能品質更佳的真實生活互動。《Muse》最初的測試者凱蒂・威爾森（Katie Wilson）在舊金山灣區的一家大科技公司任職，有個快兩歲的女兒，她說：「那些每日提醒滿不錯的。不要只忙於例行公事，那個每秒都在學習的人就在你家。《Muse》的提醒短暫又受歡迎，提醒我把手機放下，和孩子互動。」薇薇安・明表示，那正符合設計宗旨。她說：「我對教育遊戲或APP通常沒那麼熱衷，我們的願景是小孩完全不使用硬體，而家長只需要花一點時間讀內文就好了。」

巨大荒原

從《Muse》、Povi、《Moment》和《myTorch》這些科技產品，可以看出創意滿點的從業人員努力要凝聚家庭、而非把我們分開。但是舉這些正面的例子，並不代表我認為未來都是光明的。

從歷史就可得到教訓。這章一開始我提到《芝麻街》的高華是有原因的。一九六〇年代，對於愈來愈無所不在的「巨大的荒原」——也就是電視——出現了文化恐慌。

「當電視好的時候，沒有什麼比得上，電影、雜誌、報紙都不行；但是，當電視壞的時候，也沒有比它更壞的了。」聯邦傳播委員會主席紐頓・米諾（Newton Minow）一九六一年在他知名的演講中這麼說過[257]。《芝麻街》的製作人之一瓊安・岡茨・庫尼（Joan Ganz Cooney）也同意。她在一九六七年的指標性論文〈電視在學前教育的可能用途〉中寫道：「平心而論，多數商業贊助的節目似乎都過度吵雜且內容空洞。」[258]

製作《芝麻街》的「兒童電視工作室」編劇群，以及《羅傑斯先生的鄰居們》節目中的明星傅瑞德・羅傑斯（Fred Rogers）承擔起職責，散播反訊息，說電視是積極正向、振奮人心的媒體，值得大眾支持。一九六九年五月一日，羅傑斯在美國參議院通訊評議會上作證，捍衛公共電視：「我每天都給每個孩子關愛的表情。」[259]

傅瑞德・羅傑斯很有說服力。但是紐頓・米諾是對的。多數媒體都不是《羅傑斯先生的鄰居們》也不是復刻版的《小老虎丹尼爾》，因為多數節目實屬商業目的，製作時並沒怎麼考量大眾利益。羅傑斯大概會同意。「我進入電視圈，是因為我討厭它的生態。」他二〇〇一年接受CNN訪問時這麼說[260]。

不管是《芝麻街》目前正在尋求與虛擬實境和人工智慧科技創造者的合作，或是公共廣播電視兒童台和《ScratchJr》的聯盟合作，都把媒體的大眾使命帶進了二十一世紀。

但我很在意教育內容、公益目的、創意玩法、以及其他因為漫不經心使用媒體的道歉言語，或將媒體視為生活支柱的說法。當孩童是目標觀眾時，這特別容易發生。「我們家信任公共廣播電視。」親職調解研究者艾瑞克・羅斯穆森如是說。當經驗法則是沒問題啦，但是對四歲小孩來說，一天看四小時公共廣播電視並不妥當。

關於新型態媒體，有件事不算新鮮，就是媒體的走向是被公司利益所控制的。好萊塢、電視產業與矽谷賜給我們偉大的藝術、娛樂與啟迪。然而，如果我們要提倡媒體經驗對小孩來說是正向的、不單單只是利潤的話，家長還有很大的努力空間。提防含垃圾（真實的或形象上的）內容的圖像、及其可能造成的負面影響，心中存著正向教養模樣的意象，證明我們有調節自己的能力，這麼一來，有資源有能力的家長就能更有信心地行動。能幫助我們的決策者、或是像哈里斯這種與產業連結的聲音，都實在是太少了。

事實上，我們和孩子終究都希望科技和媒體並肩而行。我們想要獲取新知，想找樂子，不要沉悶。想要投入，不要無聊。想要連結，不要斷線。要消費，**也要**創造。我們尋求的是樂趣，既不是交差了事，也不是在乏味的瑣事中頻頻閃神。

虛擬實境與行動連結有時似乎四處滲透，且威脅到我們最人性的部分。商業利益擊敗了公共領域意識。「個人化」擊敗了個人。你的注意力就是目標，目光就是進帳。

光是嚷著這些力量很強很大，並不能免了我們身而為人該盡的責任，也就是積極地選擇。認定我們所開發使用的媒體，能表達並實現人類需求或利益，就讓我們有能力改善經驗。卡塞爾說：「我們最先考量的，一定要是我們在乎的，那就是我們身而為人的特質。在這個數位時代裡，找出方法加以保存並加強這些特質，就是我研究的主要內容。」

當然，我會擔心孩子遇到虛擬世界的危險和暴行，就像我擔心他們在真實世界也有可能遇到一樣。但是孩子一向會展現人類適應的能力。

孩子可以激發我們最深的愛與關懷、我們發自內心深處的同理心，他們重新喚起我們的好奇心與對周遭的驚奇。

面臨這種訊息無窮但意義未定的全新現實，我們在努力進化與回應之際，可以施展那呵護慈愛的驚奇感受，那是孩子從我們身上帶出來的。和孩子一起，我們會——也必須——找出如何建立這個世界、找出行進的方向，同時又保留完整無缺的人性。

這些正是我們所需、來對抗機器人軍團的超能力，並建造更為人道的數位世界。我個人很期待未來的發展。

LESSON 10

懶人包：五分鐘抓住重點

如果你沒空讀這本書其他章節的內容，我沒意見。接下來是我撰寫本書時所整理的內容，也是你需要知道的內容。

享受 3C，**一起參與，適可而止**。

如果你丟掉罪惡感，欣然接受 3C 提供的好處，並能在其他要事與 3C 間取得平衡，你會變成更有效能的家長，全家更能樂融融。

當有疑惑時，試著把 3C 產品當作**建立關係**的工具。

以下十點，幫助你迅速掌握本書內容。

1

平均來說，今日的學齡兒童，每週花在電子媒體的清醒時間，比花在任何其他單一活動的時間都還要長，這包括在校的使用。同時，成年人把絕大多數的清醒時間花在電子媒體上。就這樣[261]。

2

過度接觸媒體，包括（像電視那樣開著的）背景，會對各個年齡的孩童有微小但可估量的負面影響。這些影響中，肥胖和睡眠干擾這兩點，有最強而有力的證據支持。此外，這些影響也有幾個小風險，像是３Ｃ成癮、攻擊行為增加（特別和暴力內容有關）、注意力不足，以及情緒問題等等。若孩童在年紀更小時接觸３Ｃ，亦有證據指出影響會更深。沒有所謂的既定安全使用量，也沒有既定的危害使用量——每個孩子皆不相同[262]。

3

媒體也能發揮顯著的正面影響，在閱讀、入學準備程度、專注力與學習上皆然。媒體可以是家庭凝聚力、探索、創意表達與樂趣的必要資源[263]。

4 學齡前是習慣養成的黃金期，家長此時最能掌控。不過，要有正面影響力永遠不嫌晚；不同的年紀需要不同的教養方式[264]。

5 家長對於科技的規定與態度，對於青少年以上的孩子有顯著且正向的影響[265]。

6 3C和睡眠勢不兩立。

我完成本書的研究並和幾十位專家談過之後，發現有一點很重要，家長應該注意，或說，其實，所有年齡層的人都應該注意。這個原則你一定沒想到，但此事有最無可爭辯的證據。

睡前一小時（或以上）不要使用3C。小孩臥室不要有電視，不要讓3C成為睡前儀式，也不允許行動裝置在臥室裡過夜。如果有必要的話，你可以考慮安裝電子「鎖死鍵」（kill switch），如《myTorch》，來執行這個宵禁規定。

睡眠品質不佳與睡眠不足，都會加劇每個3C使用帶來的有害症狀。限制晚間的3C時間能直接命中兩個最大的風險因子：肥胖與睡眠，也有助於抑制過度使用的傾向。就把這個規定叫做「小精靈」（Gremlins）條款吧，此名稱源於一九八〇年代的同名電影。（午夜過後不要餵食牠們！）[266]

7

有些家庭希望能執行3C時間規定。時間是清楚、可理解的計量方式，而且利用行動裝置上的APP與設定，執行方式愈來愈多。從兩歲到小學階段，考慮平日以一到兩個小時為目標，以電腦做功課的時間不算，週末則是兩小時。上述使用時間包含「背景」電視。和家人視訊或通話聊天的時間不見得要計入。偶爾為之的例外，如生病、旅遊、糟糕的天氣、假期都無傷大雅。別忘了，3C本身並非洪水猛獸[267]。

8

如果你不想限制時間，那就從當務之急和警訊的方向思考。不要使用硬性規定，而是從共同設定限制與決定優先順序著手，特別是對大孩子們而言，這樣比較講理。

■ 當務之急：孩童需要天天運動，最好在戶外。他們需要健康飲食與吃飯時不受干擾的平靜環境。他們需要和你、和其他成年照顧者、和同儕有面對面的互動。他們大概需要避開多工處理的誘惑，練習一次專注在一件事情上。此外，再次重申，他們需要符合自己年紀的睡眠量。

■ 警訊：體重增加。睡眠不足；上床睡覺和起床都要奮戰一番、過動、易怒。學校表現出狀況。交友出問題。對其他喜愛的活動失去興趣。情緒多變、憂鬱、躁進。若出現上述情況，最好暫停3C一小時、一天或一週[268]。

其他絕佳做法以及有證據支持的策略：

9

為確保孩子都能做出好的選擇，並且獲得最佳學習助益，孩子使用3C時，至少部分時間和他們一起用，並且積極主動溝通調整使用規定。和小小孩一起窩在沙發上看卡通，就像親子共讀繪本一樣，指認物體，說出名稱。至於大孩子，和他們討論故事情節、角色感受，聊聊他們在社群媒體上最愛的發現，或者向孩子們請益如何打電動。問他們「今天在網路上有什麼新鮮事？」就像問「今天在學校怎麼樣？」一樣。你可以尋求可信賴的家庭友人與親戚當「線人」，保持聯繫，鼓勵孩子在社群媒體的好習慣，而不是直接監視你的孩子。

從孩子小時候，就開始鼓勵他們用 3C 發揮創意表現，比如說使用素描 APP《Paper》來裝飾賀卡，或是用《ScratchJr》學怎麼寫程式，或是看 YouTube 研究火山的原理。贊助並安排孩子使用 3C 的學習經驗，不管是在學校、夏令營、課後、或其他任何地方。基本上就是足球媽媽會做的事，只不過把足球換成《麥塊》[269]。

10

家庭裡的每位成員，包括父母，都應該遵守在某些特定的場合不用 3C，如吃飯時間。管理好你自己的 3C 使用，才能夠真的成功幫助孩子自我管理。

獎勵卡或兌換券（例如：三張兌換券，每張可以換一週使用 iPad 二十分鐘）、家事清單（你得倒好垃圾、把床鋪好才能看電視），以及家庭 3C 規範都是很好的方法，可以溫和地改變習慣，並且取得共識，達到一個對大家都好的平衡點。

我們的目標是在信任與支持的氣氛下，養出負責任的小孩。監視無法達到這個目標。請用你允許小孩到朋友家玩的標準，來看待他的線上社交空間，信任、查證、然後尊重他們的隱私[270]。

注釋

LESSON 1

1 Dimitri Christakis, "Media and Children," TED Talk, December 2011, https://www.youtube .com/watch?v=BoT7qH_uVNo.

2 Pew Research Center, Social & Demographic Trends, "Parenting in America," December 17, 2015, http://www.pewsocialtrends.org/2015/12/17/parenting-in-america/.

3 Victoria J. Rideout, Ulla G. Foehr, and Donald F. Roberts, "Generation M2: Media in the Lives of 8- to 18-Year-Olds," Kaiser Family Foundation, January 2010, https://kaiserfamilyfoundation.files.wordpress.com/2013/04/8010.pdf.

4 Pediatrics, "Media Use by Children Younger than 2 Years," October 11, 2011, http://pediatrics .aappublications.org/content/early/2011/10/12/peds.2011–1753.

5 Pediatrics, "Media and Young Minds," October 21, 2016, http://pediatrics.aappublications.org/content /early/2016/10/19/peds.2016–2591.

6 Michael Pollan, *In Defense of Food: An Eater's Manifesto* (New York: Penguin, 2009).

LESSON 2

7 "Television and Behavior. Ten Years of Scientific Progress and Implications for the Eighties. Volume I: Summary Report." National Institute of Mental Health (DHHS), 1982, https://eric.ed.gov/?id=ED222186.

8 P. Sweetser et al., "Active Versus Passive Screen Time for Young Children," *Australasian Journal of Early Childhood*37 (2012): 94–98. Victoria J. Rideout, "The Common Sense Census: Media Use by Tweens and Teens," Common Sense Media, 2015, www.commonsensemedia.org/research/the-common -sense-media-use-by-tweens-and-teens.

9 A. M. Lampard, J. M. Jurkowski, and K. K. Davison, "Social-Cognitive Predictors of Low-Income Parents' Restriction of Screen Time Among Preschool-Aged Children," *Health Education & Behavior* 40, no. 5 (2012): 526–530; Trish Gorely, Simon J. Marshall, and Stuart J. H. Biddle, "Couch Kids: Correlates of Television Viewing Among Youth," *International Journal of Behavioral Medicine* 11, no. 3 (2004): 152–163.

10 Pooja S. Tandon et al., "Preschoolers' Total Daily Screen Time at Home and by Type of Child Care," *Journal of Pediatrics* 158, no. 2 (2011): 297–300.

11 Victoria J. Rideout, Elizabeth A. Vandewater, and Ellen A. Wartella, "Zero to Six: Electronic Media in the Lives of Infants, Toddlers and Preschoolers," Kaiser Family Foundation, October 1, 2003, http://kff.org/other/report/zero-to-six-electronic-media-in-the/.

12 Victoria J. Rideout, "The Common Sense Census."有些學者批評這個普查結論的方法，尤其當同時一種類型以上的媒體被使用時，會重複計算。

13 E. N. Sokolov, "Higher Nervous Functions: The Orienting Reflex," *Annual Review of Physiology* 25, no. 1 (1963): 545–580.

14 Michael Davis, *Street Gang: The Complete History of Sesame Street* (New York: Viking, 2008), p. 144.

15 Cynthia Hoffner, "Children's Wishful Identification and Parasocial Interaction with Favorite Television Characters," *Journal of Broadcasting & Electronic Media* 40, no. 3 (1996): 389–402; Emily Moyer-Gusé, "Toward a Theory of Entertainment Persuasion: Explaining the Persuasive Effects of Entertainment Education Messages," *Communication Theory* 18, no. 3 (2008): 407–425.

16 Bruno Bettelheim, *The Uses of Enchantment* (New York: Knopf, 1976), pp. 66–70.

17 Dimitri A. Christakis, J. S. B. Ramirez, and Jan M. Ramirez, "Overstimulation of Newborn Mice Leads to Behavioral Differences and Deficits in Cognitive Performance," *Scientific Reports* 2 (2012): 546.

18 Jennifer Falbe et al., "Sleep Duration, Restfulness, and Screens in the Sleep Environment," *Pediatrics* 135, no. 2 (2015): e367–e375.

19 Lanaj Klodiana, Russell E. Johnson, and Christopher M. Barnes, "Beginning the Workday yet Already Depleted? Consequences of Late-Night Smartphone Use and Sleep," *Organizational Behavior and Human Decision Processes* 124, no. 1 (2014): 11–23.

20 Brittany Wood et al., "Light Level and Duration of Exposure Determine the Impact of Self-Luminous Tablets on Melatonin Suppression," *Applied Ergonomics* 44, no. 2 (2013): 237–240.

21 這個關係頗為複雜。見Meena Kumari et al., "Self-Reported Sleep Duration and Sleep Disturbance Are Independently Associated with Cortisol Secretion in the Whitehall II Study." *Journal of Clinical Endocrinology & Metabolism* 94, no. 12 (2009): 4801–4809.

22 Rebecca Spencer, interview by author, November 17, 2015. 有一類似研究，請見Amanda Cremone et al., "Sleep Tight, Act Right: Negative Affect, Sleep and Behavior Problems During Early Childhood," *Child Development*, January 27, 2017, doi: 10.1111/cdev.12717.

23 Bo-Yuan Ding et al., "Myopia Among Schoolchildren in East Asia and Singapore," *Survey of Ophthalmology* (2017), http://dx.doi.org/10.1016/j.survophthal.2017.03.006; Brien A. Holden et al., "Global Prevalence of Myopia and High Myopia and Temporal Trends from 2000 Through 2050," *Ophthalmology* 123, no. 5 (2016): 1036–1042.

24 Mark Rosenfield, "Computer Vision Syndrome (aka Digital Eye Strain)," *Optometry* 17, no. 1 (2016): 1–10.

25 Perrie E. Pardee et al., "Television Viewing and Hypertension in Obese Children," *American Journal of Preventive Medicine* 33, no. 6 (2007): 439–443.

26 "Childhood Obesity Facts," Centers for Disease Control and Prevention, January 25, 2017, https://www.cdc.gov/healthyschools/obesity/facts.htm.

27 "How Does Type 2 Diabetes Affect Children?," WebMD, http://www.webmd.com/diabetes/type-2-diabetes -guide/type-2-diabetes-in-children#1, accessed April 23, 2017.

28 Jennifer E. Lansford, "Bobo Doll Experiment," *Encyclopedia of Personality and Individual Differences*, November 30, 2016, https://link.springer.com/referenceworkentry/10.1007/978-3-319-28099-8_1214-1.

29 Werner H. Hopf, Günter L. Huber, and Rudolf H. Weiss, "Media Violence and Youth Violence," *Journal of Media Psychology* 20, no. 3 (2008): 79–96.

30 Bruce D. Perry, "The Neurodevelopmental Impact of Violence in Childhood," in D. Schetky and E. Benedek (eds.), *Textbook of Child and Adolescent Forensic Psychiatry* (Washington, DC: American Psychiatric Press, 2001), pp. 221–238.

31 Victor B. Cline, Roger G. Croft, and Steven Courrier, "Desensitization of Children to Television

Violence," *Journal of Personality and Social Psychology* 27, no. 3 (1973): 360.

32 Joanne Cantor, "Fright Reactions to Mass Media," *Media Effects: Advances in Theory and Research* 2, no. 2 (2002): 287–306.

33 John Gramlich, "5 Facts About Crime in the U.S.," Pew Research Center, February 21, 2017, http:// www.pewresearch.org/fact-tank/2017/02/21/5-facts-about-crime-in-the-u-s/.

34 舉例來說，法國、瑞典、日本和韓國十萬人當中不到一個人犯下殺人案，美國則是十萬人當中有八人。見"Intentional Homicides (per 100,000 People)," Indexmundi.com, June 30, 2016, http://www.indexmundi.com/facts/indicators/VC.IHR.PSRC.P5/compare?country=oe#country=ca:fr:oe:se:us.

35 "The TV Parental Guidelines," http:// www.tvguidelines.org/. 按照順序，從最適合到最不適合的分級為：TVY、TVY7、TVY7FV、TVG、TVPG、TV14、以及 TVMA。會引起反對的內容有 D（暗示性對話）、L（粗俗語言）、S（性相關內容）、V（暴力）和 FV（「虛構暴力」）。

36 J. T. Piotrowski and P. M. Valkenburg, "Finding Orchids in a Field of Dandelions: Understanding Children's Differential Susceptibility to Media Effects," *American Behavioral Scientist* 59 (2015): 1776–1789, doi: 10.1177/0002764215596552.

LESSON 3

37 Jerry Mander, *Four Arguments for the Elimination of Television* (New York: Morrow, 1978).

38 Amanda Lenhart et al., "Teens, Video Games, and Civics," Pew Research Center, Internet & Technology, September 16, 2008, http://www.pewinternet.org/2008/09/16/teens -video-games-and-civics/.

39 M. R. Hauge and D. Gentile, "Video Game Addiction Among Adolescents: Associations with Academic Performance and Aggression," poster presented at the 2003 Society for Research in Child Development Biennial Conference, Tampa, FL, 2003.

40 Lauren A. Jelenchick et al., "The Problematic and Risky Internet Use Screening Scale (PRIUSS) for Adolescents and Young Adults: Scale Development and Refinement," *Computers in Human Behavior* 35 (2014): 171–178.

41 這些也不是沒有爭議。一家「位於山東省的中心，九月登上新聞版面，因為一名病患弒母。她宣稱在治療營裡的強制排毒養生時段遭受虐待，因而挾怨報復。」見 Mike Ives, "Electroshock Therapy for Internet Addicts? China Vows to End It," *New York Times*, January 13, 2017, https://www.nytimes .com/2017/01/13/world/asia/china-internet-addiction-electroshock therapy.html; and Martin Fackler, "In Korea, a Boot Camp Cure for Web Obsession," *New York Times*, November 18, 2007, https://www.nytimes.com/2007/11/18/technology/18rehab.html.

42 Sara Malm, "Does Your Toddler Play on an iPad? Taiwan Makes It Illegal for Parents to Let Children Under Two Use Electronic Gadgets …and Under-18s Must Limit Use to 'Reasonable Lengths," *Daily Mail Online*, January 29, 2015, http://www.dailymail.co.uk/news/article-2929530/Does-toddler-play-iPad-Taiwan-makes-ILLEGAL-parents-let-children-two-use-electronic-gadgets-18s-limit-use-reasonable-lengths.html.

43 Victoria L. Dunckley, *Reset Your Child's Brain: A Four-Week Plan to End Meltdowns, Raise Grades, and Boost Social Skills by Reversing the Effects of Electronic Screen-Time* (Novato, CA: New World Library, 2015).

44 Nicholas Kardaras, *Glow Kids: How Screen Addiction Is Hijacking Our Kids—and How to Break the Trance* (New York: St. Martin's Press, 2016).

45 Ethan S. Bromberg- Martin, Masayuki Matsumoto, and Okihide Hikosaka, "Dopamine in Motivational Control: Rewarding, Aversive, and Alerting," *Neuron* 68, no. 5 (2010): 815–834.

46 M. J. Koepp et al., "Evidence for Striatal Dopamine Release During a Video Game," *Nature* 393, no. 6682 (1998): 266–268.

47 Glen R. Van Loon, Leonard Schwartz, and Michael J. Sole, "Plasma Dopamine Responses to Standing and Exercise in Man," *Life Sciences* 24, no. 24 (1979): 2273–2277; Valorie N. Salimpoor et al., "Anatomically Distinct Dopamine Release During Anticipation and Experience of Peak Emotion to Music," *Nature Neuroscience* 14, no. 2 (2011): 257–262; Bridgit V. Nolan et al., "Tanning as an Addictive Behavior: A Literature Review," *Photodermatology, Photoimmunology & Photomedicine* 25, no. 1 (2009): 12–19.

48 Benjamin Rolland et al., "Pharmacology of Hallucinations: Several Mechanisms for One Single Symptom?" *BioMed Research International* 2014 (2014): 1–9, http://dx.doi.org/10 .1155/2014/307106.

49 A. Must and S. M. Parisi, "Sedentary Behavior and Sleep: Paradoxical Effects in Association with Childhood Obesity," *International Journal of Obesity* 33, suppl. 1 (2009): S82–S86.

50 Laura Holson, "Vamping Teenagers Are Up All Night Texting," *New York Times*, July 3, 2014, https://www.nytimes.com/2014/07/06/fashion/vamping-teenagers-are-up-all-night-texting.html.

51 Jenny S. Radesky et al., "Infant Self- Regulation and Early Childhood Media Exposure," *Pediatrics* 133, no. 5 (2014): e1172–e1178.

52 Jon Hamilton, “Jump in Autism Cases May Not Mean It's More Prevalent,” NPR, March 27, 2014, http://www.npr.org/sections/health-shots/2014/03/27/295317351/higher-autism-numbers-may-not-mean-more-kids-actually-have-it.

53 Micah O. Mazurek and Colleen Wenstrup, “Television, Video Game and Social Media Use Among Children with ASD and Typically Developing Siblings,” *Journal of Autism and Developmental Disorders* 43, no. 6 (2012): 1258–1271.

54 Michael Waldman et al., “Autism Prevalence and Precipitation Rates in California, Oregon, and Washington Counties,” *Archives of Pediatrics & Adolescent Medicine* 162, no. 11 (2008): 1026.

55 Karen Frankel Heffler and Leonard M. Oestreicher, “Causation Model of Autism: Audiovisual Brain Specialization in Infancy Competes with Social Brain Networks,” *Medical Hypotheses* 91 (June 2016): 114–122.

56 根據這個統合分析，「長期、全面的 ABA 介入，在自閉症兒童的心智功能、語言發展、日常生活技巧習得、社交功能等面向，都導致（正向的）中至大效應值。」Javier Virués-Ortega, “Applied Behavior Analytic Intervention for Autism in Early Childhood: Meta-Analysis, Meta-Regression and Dose-Response Meta-Analysis of Multiple Outcomes.” *Clinical Psychology Review* 30, no. 4 (2010): 387–399.

57 她的部落格在 http://www.squidalicious.com/。

58 Ron Suskind, *Life, Animated: A Story of Sidekicks, Heroes, and Autism* (Disney Electronic Content, 2016).

59 Yalda T. Uhls et al., “Five Days at Outdoor Education Camp Without Screens Improves Preteen Skills with Nonverbal Emotion Cues,” *Computers in Human Behavior* 39 (2014): 387–392.

60 Edmund L. Andrews, "F.C.C. Adopts Limits on TV Ads Aimed at Children." *New York Times*, April 10, 1991, http://www.nytimes.com/1991/04/10/business/the-media-business-fcc-adopts-limits-on-tv-ads-aimed-at-children.html.

61 Nancy Carlsson-Paige and Diane E. Levin, *The War Play Dilemma: Balancing Needs and Values in the Early Childhood Classroom* (New York: Teachers College Press, 1987); Nancy Carlsson-Paige, *Taking Back Childhood: Helping Your Kids Thrive in a Fast-Paced, Media-Saturated, Violence-Filled World* (New York: Hudson Street Press, 2008).

62 Sarah M. Coyne et al., "Pretty as a Princess: Longitudinal Effects of Engagement with Disney Princesses on Gender Stereotypes, Body Esteem, and Prosocial Behavior in Children," *Child Development* 87, no. 6 (2016): 1909–1925.

63 Jennifer L. DePaoli et al., "Building a Grad Nation: Progress and Challenge in Ending the High School Dropout Epidemic," Johns Hopkins University, October 4, 2016.

64 "Teenagers," Insurance Institute for Highway Safety, April 16, 2017, http://www.iihs.org/iihs / topics/t/teenagers/fatalityfacts/teenagers.

65 "Monitoring the Future Survey: High School and Youth Trends," National Institute on Drug Abuse, December 2016, https://www.drugabuse.gov/publications/drugfacts/monitoring-future-survey-high-school-youth-trends.

66 "Trends in Teen Pregnancy and Childbearing," US Department of Health and Human Services, June 2, 2016, https://www.hhs.gov/ash/oah/adolescent-development/reproductive-health-and-teen-pregnancy/teen-pregnancy-and-childbearing/trends/index.html.

67 “Trends in the Prevalence of Sexual Behaviors and HIV Testing, National YRBS: 1991– 2015,” Centers for Disease Control and Prevention, https://www.cdc.gov/healthyyouth/data/yrbs/pdf/trends/2015_us_sexual_trend_yrbs.pdf.

68 R. Kachur et al., “Adolescents, Technology, and Reducing Risk for HIV, STDs, and Pregnancy,” Centers for Disease Control and Prevention, 2013, https://www.cdc.gov/std/life-stages-populations / adolescents-white-paper.pdf.

69 David Finkelhor and Lisa Jones, “Have Sexual Abuse and Physical Abuse Declined Since the 1990s?” Crimes Against Children Research Center, November 2012, http://www.unh.edu/ccrc/pdf/CV267%20Have%20SA%20PA%20Decline%20FACT%20SHEET%2011-7-12.pdf.

70 Michael Planty et al., “Female Victims of Sexual Violence, 1994–2010,” US Department of Justice, March 2013, https://www.bjs.gov/content/pub/pdf/fvsv9410.pdf.

71 “Juvenile Arrest Rate Trends,” US Department of Justice, Office of Juvenile Justice and Delinquency Prevention, March 27, 2017, https://www.ojjdp.gov/ojstatbb/crime/JAR_Display.asp?ID=qa05201.

72 “Overview and Statistics,” National Eating Disorders Association, https://www.nationaleatingdisorders.org/learn/by-eating-disorder/osfed/overview, accessed April 19, 2017.

73 Summary Health Statistics: National Health Interview Survey, 2015.

74 How Many Teens Are Actually Sexting?” Center for Innovative Public Health Research, January 26, 2015, https://innovativepublichealth.org/blog/how-many-teens-are-actually-sexting/.

75 Elizabeth Englander, “Coerced Sexting and Revenge Porn Among Teens,” Virtual Commons,

Bridgewater State University, 2015, http://vc.bridgew.edu/psychology_fac/69/.

76 "Student Reports of Bullying and Cyber-Bullying: Results from the 2013 School Crime Supplement to the National Crime Victimization Survey." National Center for Education Statistics, US Department of Education, April 2015, https://nces.ed.gov/pubs2015/2015056.pdf.

77 Elizabeth Englander, "Coerced Sexting and Revenge Porn Among Teens," Virtual Commons, Bridgewater State University, 2015, http://vc.bridgew.edu/psychology_fac/69/.

78 danah boyd, *It's Complicated: The Social Lives of Networked Teens* (New Haven, CT: Yale University Press, 2014).

79 G. S. O'Keeffe and K. Clarke-Pearson, "The Impact of Social Media on Children, Adolescents, and Families," *Pediatrics* 127, no. 4 (2011): 800–804.

80 Jean M. Twenge et al., "Egos Inflating over Time: A Cross-Temporal Meta-Analysis of the Narcissistic Personality Inventory." *Journal of Personality* 76, no. 4 (2008): 875–902.

81 Sara H. Konrath, Edward H. O'Brien, and Courtney Hsing, "Changes in Dispositional Empathy in American College Students over Time: A Meta-Analysis." *Personality and Social Psychology Review* 15, no. 2 (2011): 180–198.

82 正如 L. E. Buffardi and W. K. Campbell, "Narcissism and Social Networking Web Sites." *Personality and Social Psychology Bulletin* 34, no. 10 (2008): 1303– 1314; and David G. Taylor and David Strutton, "Does Facebook Usage Lead to Conspicuous Consumption?" *Journal of Research in Interactive Marketing* 10, no. 3 (2016): 231–248.

83 Joseph B. Bayer et al., "Sharing the Small Moments: Ephemeral Social Interaction on Snapchat," *Information, Communication & Society* 19, no. 7 (2016): 956–977.

84 “American Academy of Pediatrics Announces New Recommendations for Children's Media Use.” American Academy of Pediatrics, October 21, 2016, https://www.aap.org/en-us/about-the-aap/aap-press-room/pages/american-academy-of-pediatrics-announces-new-recommendations-for-childrens-media-use.aspx.

85 Elisabeth McClure and Rachel Barr, “Building Family Relationships from a Distance: Supporting Connections with Babies and Toddlers Using Video and Video Chat,” in Rachel Barr and Deborah Nichols Linebarger (eds.), *Media Exposure During Infancy and Early Childhood* (New York: Springer, 2017), pp. 227–248.

86 R. A. Richert et al., “Word Learning from Baby Videos,” *Archives of Pediatric & Adolescent Medicine* 164, no. 5 (2010): 432–437.

LESSON 4

87 舉例來說，見Melissa Kearney and Phillip Levine, “Early Childhood Education by MOOC: Lessons from Sesame Street,” National Bureau of Economic Research, Working Paper no. 21229, June 2015, http://www.nber.org/papers/w21229.

88 Eric E. Rasmussen et al., “Relation Between Active Mediation, Exposure to Daniel Tiger's Neighborhood, and US Preschoolers' Social and Emotional Development.” Journal of Children and Media (2016): 1–19.

89 Heather L. Kirkorian, Ellen A. Wartella, and Daniel R. Anderson, “Media and Young Children's Learning,” Future of Children 18, no. 1 (2008): 39–61; Shalom M. Fisch, H. Kirkorian, and D. Anderson, “Transfer of Learning in Informal Education,” in Jose P. Mestre (ed.), Transfer of

Learning: Research and Perspectives (Charlotte, NC: Information Age, 2005), pp. 371–393; Heather L. Kirkorian and Daniel R. Anderson, "Learning from Educational Media," in Sandra L. Calvert and Barbara J. Wilson (eds.), The Handbook of Children, Media, and Development (Malden, MA: Wiley-Blackwell, 2008), pp. 188–213.

90 Sandro Franceschini et al., "Action Video Games Make Dyslexic Children Read Better," Current Biology 23, no. 6 (2013): 462–466.

91 C. S. Green and D. Bavelier, "Learning, Attentional Control, and Action Video Games," Current Biology 22, no. 6 (2012): R197–R206.

92 J. L. Rowland et al., "Perspectives on Active Video Gaming as a New Frontier in Accessible Physical Activity for Youth with Physical Disabilities," Physical Therapy 96, no. 4 (2015): 521–532.

93 Jyoti Mishra et al., "Video Games for Neuro-Cognitive Optimization," Neuron 90, no. 2 (2016): 214–218.

94 Bjorn Carey, "Stanford Experiment Shows that Virtual Superpowers Encourage Real-World Empathy," Stanford News, January 31, 2013, http://news.stanford.edu/news/2013/january/virtual-reality-altruism-013013.html.

95 Emily F. Law et al., "Video-game Distraction Using Virtual Reality Technology for Children Experiencing Cold Pressor Pain: The Role of Cognitive Processing," Journal of Pediatric Psychology 36, no. 1 (2011): 84–94.

96 Melvin Kranzberg, "Technology and History: 'Kranzberg's Laws,'" Technology and Culture 27, no. 3 (1986): 544–560. Worth reading in its entirety. I also recommend L. M. Sacasas, "Kranzberg's Six Laws of Technology, a Metaphor, and a Story," The Frailest Thing, August 25, 2011, https://

thefrailestthing.com/2011/08/25/kranzbergs-six-laws-of-technology-a -metaphor-and-a-story/.

LESSON 5

97 "The Nielsen Total Audience Report: Q4 2016," Nielsen.com, April 3, 2017, http://www.nielsen.com/us/en/insights /reports/2017/the-nielsen-total-audience-report-q4-2016.html.

98 "The Common Sense Census: Plugged-In Parents of Tweens and Teens 2016," Common Sense Media, https://www.commonsensemedia.org/research/the-common-sense-census-plugged-in-parents-of-tweens-and-teens-2016, accessed April 25, 2017.

99 NarrowbackSlacker, "How I Limited Screen Time by Offering My Kids Unlimited Screen Time," May 13, 2014, https://narrowbackslacker.com/2014/05/13/how-i-limited-screen-time-by-offering-my-kids-unlimited-screen-time/.

100 Lynn Schofield Clark, *The Parent App: Understanding Families in the Digital Age* (Oxford, UK: Oxford University Press, 2013).

101 R. Maddison et al., "Screen-Time Weight-Loss Intervention Targeting Children at Home (SWITCH): A Randomized Controlled Trial," *International Journal of Behavioral Nutrition and Physical Activity* no. 11 (2014): 111, doi:10.1186/s12966–014–0111–2. 亦見 Lei Wu et al., "The Effect of Interventions Targeting Screen Time Reduction: A Systematic Review and Meta-Analysis," *Medicine* 95, no. 27 (2016): e4029.

LESSON 6

102 在〈給我們女兒的一封信〉中，臉書創辦人祖克柏和太太普莉希拉・陳（Priscilla Chan）承諾把他們在臉書九九%的股份，等同於四百五十億美元，捐給各種名義的學習開發，包括「個人化學習」。「妳能夠學習、體驗比我們現在還多一百倍嗎？」他們問女兒。「妳會擁有知道妳什麼情況下學得最好的科技，知道妳哪裡需要加強。在妳有興趣的科目上，妳會進步得很快；在對妳來說最有難度的領域裡，妳會得到妳需要的所有幫助……個人化學習是可擴增的方法，給所有的小孩更好的教育和更平等的機會。」Mark Zuckerberg and Priscilla Chan, "A Letter to Our Daughter," Facebook, December 1, 2015, https://www.facebook.com/notes/mark-zuckerberg/a-letter-to-our-daughter/10153375081581634/. 在二〇一三年西南偏南教育（South by Southwest Education）教育科技大會的主題演講上，微軟的比爾・蓋茲談到：「過去幾年來，科技終於成了我們學校的一大部分，而且還會持續擴大。」Anya Kamenetz, "Bill Gates Gives South By Southwest Education Conference Keynote, Cites $9 Billion 'Tipping Point' in Education," *Fast Company*, March 6, 2013, https://www .fastcompany.com/3006708/creative-conversations/bill-gates-gives-sxsw -education-conference-keynote-cites-9-billion-ti.

103 Eric Westervelt, "Meet the Mind- Reading Robo Tutor in the Sky," NPR, October 13, 2015, http://www.npr .org/sections/ed/2015/10/13/437265231/meet-the-mind-reading-robo-tutor-in-the-sky.

104 Anya Kamenetz, "Remembering a Thinker Who Thought About Thinking," NPR, August 5, 2016, http://www.npr.org/sections/ed/2016/08/05/488669276/remembering-a-thinker-who-thought-about-thinking.

105 "Seymour Papert at Bates College—2000," Vimeo, January 31, 2010, https://vimeo.com/9106174. Found via The Daily Papert, a rich multimedia archive of Papert's works maintained by Gary Stager

106 Kathy Hirsh-Pasek et al., "Putting Education in "Educational" Apps: Lessons from the Science of Learning," *Psychological Science in the Public Interest* 16, no. 1 (2015): 3–34.

107 Stephan Schwan and Roland Riempp, "The Cognitive Benefits of Interactive Videos: Learning to Tie Nautical Knots," *Learning and Instruction* 14, no. 3 (2004): 293–305.

108 Julia Parish- Morris et al., "Once Upon a Time: Parent-Child Dialogue and Storybook Reading in the Electronic Era," *Mind, Brain, and Education* 7, no. 3 (2013): 200–211.

109 Alice Ann Howard Gola et al., "Building Meaningful Parasocial Relationships Between Toddlers and Media Characters to Teach Early Mathematical Skills," *Media Psychology* 16, no. 4 (2013): 390–411.

110 Children's Technology Review, http://www.childrenstech.com.

111 Common Sense Media, https://www.commonsensemedia.org.

112 Actually 1.8 to 1. "Students, Computers and Learning: Making the Connection," Organization for Economic Cooperation and Development, http://www.oecd.org/pisa/keyfindings/PISA-2012-students-computers-us.pdf, accessed April 27, 2017.

113 "Sales of Mobile PCs into the US K–12 Education Market Continue to Grow, as OS Battle Heats Up," Futuresource Consulting, March 2, 2017, https://www.futuresource-consulting.com/Press-K-12-Education-Market-Qtr4-0317.html.

114 Kyle Wiggers, "Google's G Suite for Education App Platform Now Has Over 70 Million Users," Digital Trends, January 24, 2017, http://www.digitaltrends.com/web/google-g-suite-70-million/.

115 Kif Leswing, "Apple iPads Are Getting Crushed in a Key Market by What Tim Cook Calls 'Test Machines,'" Business Insider, June 4, 2016, https://finance.yahoo.com /news/apple-ipads-getting-crushed-key-140000709.html.

116 "Primary Sources, Third Edition," Scholastic, http://www.scholastic.com/primarysources/, accessed

June 16, 2016.

117 Ismael Peña-López, "Students, Computers and Learning. Making the Connection," OECD, September 15, 2015, http://www.oecd.org/publications/students-computers-and-learning-9789264239555-en.htm.

118 Neil Selwyn and Scott Bulfin, "Exploring School Regulation of Students' Technology Use—Rules That Are Made to Be Broken?" *Educational Review* 68, no. 3 (2016): 274–290.

119 Sonia Livingstone and Julian Sefton-Green, *The Class: Living and Learning in the Digital Age* (New York: NYU Press, 2016).

120 Gary Miron and Charisse Gulosino, "Virtual Schools Report 2016," National Education Policy Center, April 20, 2016, http://nepc.colorado.edu/publication/virtual-schools-annual-2016

121 "A Call to Action to Improve the 132 of Full-Time Virtual Charter Public Schools," National Alliance for Public Charter Schools, June 16, 2016, http://www.publiccharters.org /publications/call-action-improve-quality-full-time-virtual-charter-public-schools/.

122 Catrina Stewart, "Bridge International Academies: Scripted Schooling for $6 a Month Is an Audacious Answer to Educating the Poorest Children Across Africa and Asia," *The Independent*, July 28, 2015, http://www.independent.co.uk/news/world/africa/bridge-international-academies-scripted-schooling-for-6-a-month-is-an-audacious-answer-to-educating-10420028.html.

123 Graham Brown-Martin, "Education in Africa: The Uberfication of Education by Bridge International Academies," Learning imagined, Medium, June 20, 2016, https://medium.com/learning-re-imagined/education-in-africa-1f495dc6d0af.

124 Kate Zernike, "How Trump's Education Nominee Bent Detroit to Her Will on Charter Schools," *New*

York Times, December 12, 2016, https://www.nytimes.com/2016/12/12/us/politics/betsy-devos-how-trumps-education-nominee-bent-detroit-to-her-will-on-charter-schools.html.

125 Gabrielle Russon, "Hack at UCF Compromises 63,000 Social Security Numbers," *Orlando Sentinel*, February 4, 2016, http://www.orlandosentinel.com/features/education/os-ucf-data-hack-students-20160204-story.html.

126 Gennie Gebhart, "Spying on Students: School-Issued Devices and Student Privacy," Electronic Frontier Foundation, April 13, 2017, https://www.eff.org/wp/school-issued-devices-and -student-privacy.

127 Anya Kamenetz, "Software Flags 'Suicidal' Students, Presenting Privacy Dilemma," NPR, March 28, 2016, http://www.npr.org/sections/ed/2016/03/28/470840270/when-school-installed-software-stops-a-suicide.

128 https://epic.org/privacy/student/.

129 Anya Kamenetz, "A Is for App: How Smartphones, Handheld Computers Sparked an Educational Revolution," *Fast Company*, April 1, 2010, https://www.fastcompany.com/1579376/app-how-smartphones-handheld-computers-sparked-educational-revolution.

130 Anya Kamenetz, "Three Rs for the Digital Age: Rockets, Robots and Remote Control," NPR, September 24, 2014, http://www.npr.org/sections/ed/2014/09/24/350645620/three-r-s-for-the-digital-age-rockets-robots-and-remote-control

131 Anya Kamenetz, "E Is for Experimental and Entrepreneur," NPR, November 13, 2015, http://www.npr.org/sections/ed/2015/11/13/454313355/the-incubator-school-e-is-for-experimental -entrepreneur.

132 Anya Kamenetz, "The President Wants Every Student to Learn Computer Science. How Would That Work?" NPR, January 12, 2016, http://www.npr.org/sections/ed/2016/01/12/462698966/the-president-wants-every-student-to-learncomputer-science-how-would-that-work.

133 Anya Kamenetz, "A Kids' Coding Expert Says We're Making Computer Class Way Too Boring," NPR, December 11, 2015, http://www.npr.org/sections/ed/2015/12/11/458782056/a-kids-coding-expert-says-were-making-computer-class-way-too-boring.

134 Elizabeth R. Kazakoff and Marina Umaschi Bers, "Put Your Robot In, Put Your Robot Out: Sequencing Through Programming Robots in Early Childhood," *Journal of Educational Computing Research* 50, no. 4 (2014): 553–573.

LESSON 7

135 Tonya Ferguson, "Dear Mom on the iPhone," 4LittleFergusons, November 14, 2012, https://4littlefergusons.wordpress.com/2012/11/14/dear-mom-on-the-iphone/.

136 "Millennials Grow Up: New Study Explores the First Generation of Digitally Native Moms & Dads," Crowdtap, January 26, 2016, http://www.businesswire.com/news/home/20160126006022/en/Millennials-Grow-Study-Explores-Generation-Digitally-Native.

137 Jennifer Bleyer, "I Need My Cell Phone, But It Doesn't Make Me a Bad Parent," Babble, July 13, 2011.

138 Jenny S. Radesky et al., "Patterns of Mobile Device Use by Caregivers and Children During Meals in Fast Food Restaurants," *Pediatrics* 133, no. 4 (2014): e843–e849.

139 Amy Bleakley, Amy B. Jordan, and Michael Hennessy, "The Relationship Between Parents' and

Children's Television Viewing," *Pediatrics* 132, no. 2 (2013): e364–e371.

140 "Mom Arrested After Children Drowned Bonds Out of Jail," CBS DFW, July 10, 2015, http://dfw.cbslocal.com/2015/07/10/family-supports-mom-arrested-after-children-drowned/.

141 Ben Worthen, "The Perils of Texting While Parenting," *Wall Street Journal*, September 29, 2012.

142 Craig Palsson, "That Smarts!: Smartphones and Child Injuries," Department of Economics, Yale University, October 7, 2014, http://www.palssonresearch.org/wp-content/uploads/2014/10/smartphone_v17.pdf.

143 Nagesh N. Borse et al., "CDC Childhood Injury Report: Patterns of Unintentional Injuries Among 0–19 Year Olds in the United States, 2000–2006," Centers for Disease Control and Prevention, December 2008, https://www.cdc.gov/safechild/images/cdc-childhoodinjury.pdf.

144 Gabrielle Kratsas, "Cellphone Use Causes over 1 in 4 Car Accidents," *USA Today*, March 28, 2014, https://www.usatoday.com/story/money/cars/2014/03/28/cellphone-use-1 -in-4-car-crashes/7018505/.

145 Neal E. Boudette, "U.S. Traffic Deaths Rise for a Second Straight Year," *New York Times*, February 15, 2017, https://www.nytimes.com/2017/02/15/business/highway-traffic-safety.html.

146 Michelle L. Macy et al., "Potential Distractions and Unsafe Driving Behaviors Among Drivers of 1- to 12-YearOld Children," *Academic Pediatrics* 14, no. 3 (2014): 279–286.

147 "Still Face Experiment: Dr. Edward Tronick," YouTube, November 30, 2009, https://www.youtube.com/watch?v=apzXGEbZht0.

148 Edward Tronick et al., "The Infant's Response to Entrapment Between Contradictory Messages in Face-to-Face Interaction," *Journal of the American Academy of Child Psychiatry* 17, no. 1 (1978):

1–13.

149 Dimitri A. Christakis et al., "Audible Television and Decreased Adult Words, Infant Vocalizations, and Conversational Turns," *Archives of Pediatrics & Adolescent Medicine* 163, no. 6 (2009): 554.

150 Dimitri A. Christakis et al., "Television, Video, and Computer Game Usage in Children Under 11 Years of Age," *Journal of Pediatrics* 145, no. 5 (2004): 652–656.

151 Jacob E. Cheadle and Paul R. Amato, "A Quantitative Assessment of Lareau's Qualitative Conclusions About Class, Race, and Parenting," *Journal of Family Issues* 32, no. 5 (2011): 679–706.

152 Sandra L. Calvert et al., "Interaction and Participation for Young Hispanic and Caucasian Girls' and Boys' Learning of Media Content," *Media Psychology* 9, no. 2 (2007): 431–445.

153 Martin Pielot, Karen Church, and Rodrigo De Oliveira, "An In-Situ Study of Mobile Phone Notifications," in *Proceedings of the 16th International Conference on Human-Computer Interaction with Mobile Devices & Services* (New York: ACM Digital Library, 2014), pp. 233–242.

154 Natasha Dow Schüll, *Addiction by Design: Machine Gambling in Las Vegas* (Princeton, NJ: Princeton University Press, 2012).

155 她「一開始幾乎完全配合嬰兒的需求，隨著時間，她逐漸調整，離完全配合愈來愈遠，端看嬰兒處理自己失敗的能力增長多少而定。」Savithiri Ratnapalan and Helen Batty, "To Be Good Enough," *Canadian Family Physician* 55, no. 3 (2009): 239–240.

156 Sharon Hays, *The Cultural Contradictions of Motherhood* (New Haven, CT: Yale University Press, 1996).

157 Deirdre D. Johnston and Debra H. Swanson, "Constructing the "Good Mother": The Experience of Mothering Ideologies by Work Status," *Sex Roles* 54, no. 7–8 (2006): 509–519.

158 Annette Lareau, *Unequal Childhoods: Race, Class and Family Life* (Berkeley: University of California Press, 2003).

159 David F. Lancy, *The Anthropology of Childhood: Cherubs, Chattel, Changelings* (New York: Cambridge University Press, 2015).

160 William Sears and Martha Sears, The Attachment *Parenting Book: A Commonsense Guide to Understanding and Nurturing Your Baby* (Boston: Little, Brown, 2001).

161 "API's Eight Principles of Parenting," Attachment Parenting International, http://www.attachmentparenting.org/principles/api, accessed June 16, 2017.

162 "Basic Facts About Low-Income Children," National Center for Children in Poverty (NCCP), Columbia University Mailman School of Public Health, February 2016, http://www.nccp.org/publications/pub_1145.html.

163 One hundred forty-five countries mandate some paid vacation days. See Alison Earle, Jeffrey Hayes, and Jody Heymann, "The Work, Family, and Equity Index: How Does the United States Measure Up?" Institute for Health and Social Policy, January 2007, https://www.worldpolicycenter.org/sites/default/files/Work%20Family%20and%20Equity%20Index-How%20does%20the %20US%20measure%20up-Jan%202007.pdf

164 Alexander E. M. Hess, "On Holiday: Countries with the Most Vacation Days," *USA Today*, June 8, 2013, https://www.usatoday.com/story/money/business/2013/06/08/countries-most-vacation-days/2400193/.

165 "Parental Leave: Where Are the Fathers?" Organization for Economic Cooperation and Development Policy Brief, March 2016, https://www.oecd.org/policy-briefs/parental-leave-where-

are-the-fathers.pdf.

166 Jim Harter, "Should Employers Ban Email After Work Hours?" Gallup Organization, September 9, 2014, http://www.gallup.com/businessjournal/175670/employers-ban-email-work-hours.aspx.

167 Jim Harter, "Should Employers Ban Email After Work Hours?" Gallup Organization, September 9, 2014, http://www.gallup.com/businessjournal/175670/employers-ban-email-work-hours.aspx.

168 Alain de Botton et al., "The Sorrows of Competition," The Book of Life, http://www.thebook oflife.org/the-sorrows-of-competition/.

169 "Put the Cellphone Away! Fragmented Baby Care Can Affect Brain Development," University of California, Irvine, January 5, 2016, https://news.uci.edu/health/put-the-cellphone-away-fragmented-baby-care-can-affect-brain-development/.

170 James Ragland, "Irving Mother of Three Drowned Children Still Grieving, and Fighting to Get Surviving Kids Back Home," *Dallas Morning News*, November 17, 2015.

171 Jim Douglas, "Drowning Victims' Mom: 'They Can Swim. I Can Swim,'" *Journal News*, August 10, 2015. Salary information via Payscale.com.

172 見例 Leslie M. Swanson et al., "An Open Pilot of Cognitive-Behavioral Therapy for Insomnia in Women with Postpartum Depression," *Behavioral Sleep Medicine* 11, no. 4 (2013): 297–307.

173 S. Offer and B. Schneider, "Revisiting the Gender Gap in Time-Use Patterns: Multitasking and Well-Being Among Mothers and Fathers in Dual-Earner Families," *American Sociological Review* 76, no. 6 (2011): 809–833.

174 Ruth Schwartz Cowan, *More Work for Mother: The Ironies of Household Technology from the Open*

Hearth to the Microwave (New York: Basic Books, 1983).

175 "Parental Time Use," Pew Research Center, http://www.pewresearch.org/data-trend/society-and-demographics/parental-time-use/, accessed June 16, 2017.

176 Adrienne Rich, *Of Woman Born: Motherhood as Experience and Institution* (New York: Norton, 1995).

177 Magda Gerber, *Dear Parent: Caring for Infants with Respect* (Los Angeles: Resources for Infant Educarers, 1998).

178 Janet Lansbury's Respectful Parenting Guide, http:// www.janetlansbury.com.

LESSON 8

179 "Report Finds Pregnancy Apps More Popular Than Fitness Apps," MobiHealthNews, February 14, 2013, http://www.mobihealthnews.com/20333/report-finds-pregnancy-apps -more-popular-than-fitness-apps.

180 Christopher Heine, "You Already Knew Parents Post on Facebook More Than Others. Now Find Out How Much," Adweek, January 11, 2016, http://www.adweek .com/digital/you-already-knew-parents-post-facebook-more-others-now-find-out-how-much-168932/.

181 Alicia Blum-Ross, " 'Sharenting:' Parent Bloggers and Managing Children's Digital Footprints," Parenting for a Digital Future, June 17, 2015, http://blogs.lse.ac.uk/parenting4digitalfuture/2015/06/17/managing-your-childs-digital-footprint-and-or-parent-bloggers-ahead-of-brit-mums-on-the-20th-of-june/.

182 "Parenting in America: Outlook, Worries, Aspirations Are Strongly Linked to Financial Situation,"

Pew Research Center, December 17, 2015, http://www.pewsocialtrends .org/files/2015/12/2015-12-17_parenting-in-america_FINAL.pdf.

183 Blake Miller, "The Creepiest New Corner of Instagram," *Fast Company,* September 23, 2014, https://www.fastcompany.com/3036073/the-creepiest-new-corner-of-instagram-role-playing-with-stolen-baby-photos.

184 Lee Higgins, "Lacey Spears Gets 20 Years In Son's Poisoning Death," *Journal News*, April 7, 2015, http://www.lohud.com/story/news/crime/2015/04/07/lacey-spears-sentenced-death-son-poison-court-rockland-new-york /25431741/.

185 學者也創了「網路孟喬森症候群」這個詞，來描述在網路上裝病的人，不管是他們自己生病，還是家庭成員生病，顯然都企圖要得到憐憫和關注。Marc D. Feldman, "Munchausen by Internet: Detecting Factitious Illness and Crisis on the Internet," *Southern Medical Journal* 93, no. 7 (2000): 669–672.

186 Patricia K. Duffner et al., "Newborn Screening for Krabbe Disease: The New York State Model," *Pediatric Neurology* 40, no. 4 (2009): 245–252.

187 Sample quote: "The reasons I take and post these pictures are varied. I crave emotional release after hours of increasingly desperate nursing, jiggling, rocking, walking, and, my personal favorite, walk-nursing (all wriggling, self-torpedoing 22 pounds of her)." Rebecca Schuman, "How Wrong Am I to Flip Off My Sleeping Infant? A Philosophical Inquiry," *Slate,* August 26, 2015, http://www.slate.com/articles/life/family/2015/08/i_give_my_baby_the_middle_finger _parenting_ethics_101.html.

188 Alice E. Marwick and danah boyd, "I Tweet Honestly, I Tweet Passionately: Twitter Users, Context Collapse, and the Imagined Audience," *New Media & Society* 13, no. 1 (2011): 114–133. Quote:

“Some techniques of audience management resemble the practices of ‘micro-celebrity' and personal branding, both strategic self-commodification.”

189 “If You Don't Have Anything Nice to Say, Say IT IN ALL CAPS,” *This American Life*, January 23, 2015, https://www.thisamericanlife.org/radio-archives/episode/545/if-you-dont-have-anything-nice-to-say-say-it-in-all-caps.

190 Lindy West, “I've Left Twitter. It Is Unusable for Anyone but Trolls, Robots and Dictators,” *The Guardian*, January 3, 2017, https://www.theguardian.com/commentisfree/2017/jan/03/ive-left-twitter-unusable -anyone-but-trolls-robots-dictators-lindy-west.

191 “Section 230 of the Communications Decency Act,” Electronic Frontier Foundation, https:// www.eff.org/issues/cda230, accessed April 27, 2017.

192 Margaret Talbot, “The Attorney Fighting Revenge Porn,” *New Yorker,* December 5, 2016, http:// www .newyorker.com/magazine/2016/12/05/the-attorney-fighting-revenge-porn.

193 Ann Friedman, “Trolls Have Swatted, Doxxed, and Threatened to Kill Katherine Clark. She's Still Going After Them,” *Elle,* July 13, 2016, http://www.elle.com/culture/tech/a37728/katherine-clark-harassment-abuse-legislation/.

194 Rebecca Schuman, “I Am Terrified of Taking My Child Literally Anywhere,” *Slate*, July 25, 2015, http://www.slate.com/articles/life/family/2015/07/crying_toddler_in_maine_diner_i_m_afraid_my_parenting_could_go_viral_too.html

195 Matt Ford, “*The Lancet* retracts paper linking MMR vaccines and autism,” Ars Technica, February 3, 2010, https://arstechnica.com/science/2010/02/the-lancet-retracts-paper-linking-mmr-vaccines-and-autism/.

196 Charles McCoy, "Why Are Vaccination Rates Dropping in America?" *New Republic*, July 24, 2015, https://newrepublic.com/article/122367/why-are-vaccination-rates-dropping-america.

197 Melinda Wenner Moyer, "Measles and Mumps Rebound," *Discover*, January–February 2013, http://discovermagazine.com/2013/jan-feb/57-measles-and-mumps-rebound.

198 Arthur Allen, "RFK Jr. says Trump Still Wants 'Vaccine Safety Commission,'" Politico, February 15, 2017, http://www.politico.com/story/2017/02/robert-f-kennedy-jr-trump-vaccine-safety-commission-235058.

199 Erin Allday, "Peninsula BART Rider with Measles Exposes Other Passengers," *San Francisco Chronicle*, February 26, 2015, http://www.sfgate.com/bayarea/article/A-Peninsula-BART-rider-with-measles-may-have-6103759.php.

200 Renée DiResta, "Social Network Algorithms Are Distorting Reality by Boosting Conspiracy Theories," *Fast Company*, May 11, 2016, https://www.fastcompany.com/3059742/social-network-algorithms-are-distorting-reality-by-boosting-conspiracy-theories.

201 他們指出，每二十個搜尋就有一個與健康有關。"A Remedy for Your Health-Related Questions: Health Info in the Knowledge Graph," Google Blog, February 10, 2015, https:// googleblog.blogspot.com/2015/02/health-info-knowledge-graph.html.

202 "Financial Worth of Data Comes In at Under a Penny a Piece," *Financial Times*, June 12, 2013, https://www.ft.com/content/3cb056c6-d343-11e2-b3ff-00144feab7de.

203 Charles Duhigg, "How Companies Learn Your Secrets," *New York Times Magazine*, February 16, 2012, http://www.nytimes.com/2012/02/19/magazine/shopping-habits.html.

204 Janet Vertesi, "How Evasion Matters: Implications from Surfacing Data Tracking Online," *Interface* 1, no. 1 (2015): 13.

205 Janet Vertesi, "My Experiment Opting Out of Big Data Made Me Look Like a Criminal," *Time*, April 30, 2014, http://time.com/83200/privacy-internet-big-data-opt-out/.

206 "German Police Warn Parents over Facebook Pictures of Children," BBC, October 15, 2015, http://www.bbc.com/news/technology-34539059; David Chazan, "French Parents 'Could Be Jailed' for Posting Children's Photos Online." *The Telegraph*, March 1, 2016, http://www.telegraph.co.uk/news/worldnews/europe/france/12179584/French-parents-could-be-jailed-for-posting-childrens-photos-online.html.

207 Alexis Hiniker, Sarita Y. Schoenebeck, and Julie A. Kientz, "Not at the Dinner Table: Parents' and Children's Perspectives on Family Technology Rules," in *Proceedings of the 19th ACM Conference on Computer-Supported Cooperative Work & Social Computing* (New York: ACM Digital Library, 2016), pp. 1376–1389.

208 Deborah Lupton, Sarah Pedersen, and Gareth M. Thomas, "Parenting and Digital Media: From the Early Web to Contemporary Digital Society," *Sociology Compass* 10, no. 8 (2016): 730–743.

209 Haley Overland, "Ryan Reynolds Slammed for Making a Parenting Mistake," Today's Parent, July 8, 2015, https://www.todaysparent.com/blogs/ryan-reynolds-parenting/.

210 David Segal, "Arianna Huffington's Improbable, Insatiable Content Machine." *New York Times Magazine*, June 30, 2015, https://www.nytimes.com/2015/07/05/magazine/arianna-huffingtons-improbable-insatiable-content-machine.html?_r=0. 赫芬頓已翻開新的一頁，撰寫有關睡眠、生活與工作平衡重要性的書，並創立一間名為 Thrive Clobal 的公司致力於促進社會健康與生育

率。

211 Rick Mathews, "US GDP Is 70 Percent Consumer Spending: Inside the Numbers," Mic, September 21, 2012, https://mic.com/articles/15097/us-gdp-is-70-percent-personal-consumption -inside-the-numbers#.jVBxmVVwr.

212 Estimates vary. "Buying Power: Women in the US," Catalyst.org, May 20, 2015, http://www.catalyst.org/system/files/buying_power_women_0.pdf.

213 Elizabeth Segran, "On Winning the Hearts— and Dollars—of Mommy Bloggers," *Fast Company*, August 14, 2015, http:// www.fastcompany.com/3049137/most-creative-people/on-winning-the-hearts-and-dollars-of-mommy-bloggers.

214 Jessica Ramirez, "Are Mommy Bloggers Corporate Sellouts?" *Newsweek*, July 14, 2009, http://www.newsweek.com/tech-are-mommy-bloggers-corporate-sellouts-82155.

215 Karlene Lukovitz, "General Mills Network Taps Blogger Moms," *Marketing Daily*, April 29, 2009, https://www.mediapost.com/publications/article/105092/general-mills-network-taps-blogger-moms.html?edition=.

216 Elizabeth Segran, "On Winning the Hearts—and Dollars—of Mommy Bloggers," *Fast Company,* August 14, 2015, http://www.fastcompany.com/3049137/most-creative-people/on-winning-the-hearts-and-dollars-of-mommy-bloggers.

217 Katerina Lup, Leora Trub, and Lisa Rosenthal, "Instagram# instasad?: Exploring Associations Among Instagram Use, Depressive Symptoms, Negative Social Comparison, and Strangers Followed," *Cyberpsychology, Behavior, and Social Networking* 18, no. 5 (2015): 247–252.

LESSON 9

218 Stanford University Virtual Human Interaction Lab, https://vhil.stanford.edu.

219 在正式公告裡（當然是在臉書上宣布的），馬克・祖克柏寫道：「在遊戲之後，我們要把Oculus 變成一個提供其他經驗的平台。想像一下，在球賽時享受球場旁邊的座位、在有來自世界各地師生的教室裡學習、和醫師面對面請益——這些都只要在家把眼鏡戴上就可做到。」Mark Zuckerberg, Facebook, March 25, 2014, https://www.facebook.com/zuck/posts/10101319050523971.

220 Lance Ulanoff, "The VR Experience That May Have Convinced Mark Zuckerberg to Buy Oculus," Mashable, March 26, 2014, http://mashable.com/2014/03/26/zuckerberg-tried-stanford-vr-oculus-rift/#wc1RlHR.Kaql.

221 Maureen Morrison, "Pokémon Go Goes Viral with No Big Marketing Blitz," *Ad Age*, July 11, 2016, http://adage.com/article/digital/pokemon-go-viral-marketing/304905/.

222 http://www.owletcare.com.

223 一篇由兩位德國媒體學者撰寫的知名二〇〇四年論文，稱這個故事為「電影的創立神話。」Martin Loiperdinger and Bernd Elzer, "Lumière's Arrival of the Train: Cinema's Founding Myth," *Moving Image* 4, no. 1 (2004): 89–118.

224 Robin S. Rosenberg, Shawnee L. Baughman, and Jeremy N. Bailenson, "Virtual Superheroes: Using Superpowers in Virtual Reality to Encourage Prosocial Behavior," *PLOS ONE* 8, no. 1 (2013): e55003.

225 T. Sims, J. Bailenson, and L. L. Carstensen, "Connecting to Your Future Self: Enhancing Financial Planning Among Diverse Communities Using Virtual Technology," paper presented at the annual

meeting of the Gerontological Society of America, Orlando, FL, 2015.

226 見 Ken Perlin's 部落格 at https:// mrl.nyu.edu/~perlin/.

227 Samantha Finkelstein et al., "Investigating the Influence of Virtual Peers as Dialect Models on Students' Prosodic Inventory," Institute for Creative Technologies, University of Southern California, 2012, http://ict.usc.edu/pubs/Investigating%20the%20Influence%20of%20Virtual%20Peers%20as%20Dialect%20Models%20on%20Students%20Prosodic%20Inventory.pdf; Samantha Finkelstein et al., "Alex: A Virtual Peer That Identifies Student Dialect," in *Proceedings of the Workshop on Culturally-Aware Technology Enhanced Learning in Conjunction with EC-TEL 2013*, Paphos, Cyprus, September 17. 2013.

228 "The State of Racial Diversity in the Educator Workforce, 2016," US Department of Education, July 2016, https://www2.ed.gov/rschstat/eval/highered /racial-diversity/state-racial-diversity-workforce.pdf, p. 1.

229 Most often attributed to John J. Gumperz, *Discourse Strategies*, Vol. 1 (New York: Cambridge University Press, 1982).

230 Tak-Wai Chan and Arthur B. Baskin, "Studying with the Prince: The Computer as a Learning Companion," in *Proceedings of the International Conference on Intelligent Tutoring Systems* (1988), pp. 194–200.

231 Lauren Walker, "Hello Barbie, Your Child's Chattiest and Riskiest Christmas Present," *Newsweek*, December 15, 2015, http://www.newsweek.com/2015/12/25/hello-barbie-your-childs-chattiest-and-riskiest-christmas-present-404897.html.

232 Anil Dash, "Amazon Echo and Alexa Really Matter," Medium, June 22, 2016, https://

medium .com/@anildash/amazon-echo-and-alexa-really-matter-dcc6d817ad6b.

233 D. W. Winnicott, "10. Transitional Objects and Transitional Phenomena: A Study of the First Not-Me," *Essential Papers on Object Relations* (1986): 254.

234 Rebecca Onion, "The World's First Baby Monitor: Zenith's 1937 'Radio Nurse. '" *Slate,* February 7, 2013, http://www.slate.com/blogs/the_vault/2013/02/07/zenith_s_radio_nurse_designed_by_isamu_noguchi_was_the_world_s_first_baby.html.

235 "Amazon Most Wished For." No. 6 as of April 2017. https://www.amazon.com/gp/most -wished-for/baby-products/ref=zg_bsnr_tab_t_mw.

236 Rachel Rothman and Good Housekeeping Institute, "Snoo Smart Sleeper," Good Housekeeping Product Reviews, November 2016, http://www.goodhousekeeping.com/childrens-products /a41743/snoo-smart-sleeper-review/.

237 Emily Yoffe, "Dear Prudence: Mom and Dad Are Watching," Slate, June 25, 2015, http://www.slate.com/articles/life/dear_prudence/2015/06/dear_prudence_i_gave_my_parents_remote_access_to_our_baby_monitor_oops.html.

238 J. M. Porup, " 'Internet of Things'Security Is Hilariously Broken and Getting Worse," Ars Technica, January 23, 2016, https://arstechnica.com/security/2016/01/how-to-search-the -internet-of-things-for-photos-of-sleeping-babies/.

239 "Seen at 11: Cyber Spies Could Target Your Child Through a Baby Monitor," CBS New York, April 21, 2005, http://newyork.cbslocal.com/2015/04/21/seen-at-11-cyber-spies-could-target-your-child-through-a-baby-monitor/.

240 "In the Matter of Genesis Toys and Nuance Communications," Federal Trade Commission,

December 6, 2016, https://epic.org/privacy/kids/EPIC-IPR-FTC-Genesis -Complaint.pdf.

241 Gina Neff and Dawn Nafus, *Self-Tracking* (Cambridge, MA: MIT Press, 2016).

242 Tim Chester, “I Quantified My Baby and Wish I Could Get the Time Back,” Mashable, October 15, 2015, http://mashable.com/2015/10/15/quantified -baby-infant-tracking/.

243 Veronica Barassi, “BabyVeillance: Digital Parents, Online Surveillance and the Construction of Babies' Digital Profiles,” *Social Media & Society*, May 19, 2017, http://journals.sagepub.com/doi/full/10.1177 /2056305117707188.

244 www.crunchbase.com. Accessed August 10, 2017.

245 “NetNanny (for iPhone),” PCMag, March 23, 2016, http://www.pcmag.com/review/342827/net-nanny-for-iphone.

246 “Electronic Surveillance,” Legal Information Institute, Cornell University Law School, https://www.law.cornell.edu/wex/electronic_surveillance, accessed June 16, 2017.

247 Atul Gawande, *Being Mortal: Medicine and What Matters in the End* (New York: Macmillan, 2014), p. 106.

248 Bruce Duncan Perry, “Self-Regulation: The Second Core Strength,” Scholastic, http://teacher .scholastic.com/professional/bruceperry/self_regulation.htm, accessed June 16, 2017.

249 Jathan Sadowski, “Reign of the Techno-Nanny,” New Inquiry, October 5, 2012, https://thenewinquiry.com/reign-of-the-techno-nanny/.

250 See Time Well Spent, http://www.timewellspent.io/.

251 Ringly Smart Jewelry, http://www.ringly.com.

252 Moment, https://inthemoment.io/.

253 Anya Kamenetz, "Apps That Aim to Give Parents Superpowers," NPR, June 8, 2016, http://www.npr.org/sections/ed/2016/06/08/480593689/apps-that-aim-to-give-parents-superpowers.

254 William Douglas Evans, Jasmine L. Wallace, and Jeremy Snider, "Pilot Evaluation of the Text4Baby Mobile Health Program," *BMC Public Health* 12, no. 1 (2012): 1031; Danielle A. Naugle and Robert C. Hornik, "Systematic Review of the Effectiveness of Mass Media Interventions for Child Survival in Low- and Middle-Income Countries," *Journal of Health Communication* 19, suppl. 1 (2014): 190–215.

255 Eric Westervelt, "Where the Wild Fractions Are: The Power of a Bedtime (Math) Story," NPR, October 8, 2015, http://www.npr.org/sections/ed/2015/10/08/446490524/where-the-wild-fractions-are-the-power-of-a-bedtime-math-story.

256 Anya Kamenetz, "Apps That Aim to Give Parents Superpowers," NPR, June 8, 2016, http://www.npr.org/sections/ed/2016/06/08/480593689/apps-that-aim-to-give-parents-superpowers.

257 Laurie Ouellette and Justin Lewis, "Moving Beyond the "Vast Wasteland" Cultural Policy and Television in the United States," *Television & New Media* 1, no. 1 (2000): 95–115.

258 Joan Ganz Cooney, "The Potential Uses of Television in Preschool Education," 1967, http://www.joanganzcooneycenter.org/wp-content/uploads/2014/01/JGC_1966_report.pdf.

259 Jeana Lietz, "Journey to the Neighborhood: An Analysis of Fred Rogers and His Lessons for Educational Leaders," Loyola University Chicago, 2014, http://ecommons.luc.edu/cgi/viewcontent.cgi?article=2096&context=luc _diss.

260 "Mr. Rogers Neighborhood to Air Last Show," CNN, August 31, 2001, http://transcripts.cnn.com / TRANSCRIPTS/0108/31/lad.09.html.

LESSON 10

261 見第一章。
262 見第二、三章。
263 見第四章。
264 見第四章。
265 見第四章。
266 見第二章。
267 見第五章。
268 見第五章。
269 見第四章。
270 見第七章。

螢幕兒童

終結 3C 使用焦慮的 10 堂正向數位教養課

The Art of Screen Time: How Your Family Can Balance Digital Media and Real Life

作　者　安雅・卡曼尼茲（Anya Kamenetz）
譯　者　謝儀霏
主　編　鍾涵瀞
編輯協力　徐育婷

企　劃　蔡慧華
總編輯　富　察
社　長　郭重興
發行人兼出版總監　曾大福
出版發行　八旗文化／遠足文化事業股份有限公司
地　址　23141 新北市新店區民權路 108-2 號 9 樓
電　話　02－2218 1417
傳　真　02－8667 1851
客服專線　0800－221029
信　箱　yanyu@bookrep.com.tw
Facebook　facebook.com/gusapublishing

印務經理　黃禮賢
視覺設計　Didi
印　製　呈靖彩藝有限公司
法律顧問　華洋法律事務所 蘇文生律師

定　價　380 元
初版一刷　2019 年 7 月

版權所有，侵害必究（Print in Taiwan）
本書如有缺頁、破損、或裝訂錯誤，請寄回更換

THE ART OF SCREEN TIME: How Your Family Can Balance Digital Media and Real Life by Anya Kamenetz
Copyright © 2018 by Anya Kamenetz
Complex Chinese translation copyright © 2019
by Gusa Press, a division of Walkers Cultural Enterprise Ltd.
Published by arrangement with author c/o Levine Greenberg Rostan Literary Agency through Bardon-Chinese Media Agency
ALL RIGHTS RESERVED

國家圖書館出版品預行編目（CIP）資料

螢幕兒童：終結 3C 使用焦慮的 10 堂正向數位教養課 / 安雅 . 卡曼尼茲 (Anya Kamenetz) 著 ;
謝儀霏譯 . -- 初版 . -- 新北市 : 八旗文化 , 遠足文化 , 2019.07
384 面 ;14.8×21 公分
譯自 :The Art of Screen Time : How Your Family Can Balance Digital Media and Real Life
ISBN 978-957-8654-75-4(平裝)

1. 親職教育 2. 親子關係 3. 網路沈迷

528.2　　108010408